PROKLA 188
Gesellschaftskritik und 150 Jahre Kritik der politischen Ökonomie

PROKLA-Redaktion: Editorial 342

Silke van Dyk: Krise der Faktizität? Über Wahrheit und Lüge in der Politik und die Aufgabe der Kritik 347

Tilman Reitz: Kritik als Ideologie. Selbstreflexion und Herrschaftsanteile der akademischen Linken. 369

Alex Demirović: Gesellschaftskritik und Gerechtigkeit 389

Emma Dowling, Silke van Dyk und Stefanie Graefe: Rückkehr des Hauptwiderspruchs? Anmerkungen zur aktuellen Debatte um den Erfolg der Neuen Rechten und das Versagen der „Identitätspolitik" 411

Michael Heinrich: 150 Jahre „Kapital" – und kein Ende Unsystematische Anmerkungen zu einer unendlichen Geschichte 421

Lukas Egger: Der „schreckliche erste Abschnitt". Zu Louis Althussers Kritik an der marxschen Werttheorie. 435

Hans-Peter Büttner: Kritik der Politischen Ökonomie im 21. Jahrhundert. Zur neueren Debatte um das marxsche „Transformationsproblem" 453

Außerhalb des Schwerpunkts

Andrea Kretschmann und Aldo Legnaro: Ausnahmezustände. Zur Soziologie einer Gesellschaftsverfassung 471

Einspruch

Daniel Mullis: Das Ende der Postdemokratie, den Pessimismus überwinden 487

Felix Syrovatka: Ein Ende mit Schrecken – Frankreich nach den Wahlen 495

Summaries 505
Zu den AutorInnen 507

PROKLA-Redaktion

Editorial: Gesellschaftskritik und 150 Jahre Kritik der politischen Ökonomie

Seit einigen Jahren hat Gesellschaftskritik in der Soziologie (wieder) Hochkonjunktur – und mit ihr die disziplinäre Selbstverständigung darüber, welche Möglichkeiten und Aufgaben einer (wie auch immer zu definierenden) „kritischen" Soziologie zukommen sollte. Der Heftschwerpunkt „Perspektiven der Gesellschaftskritik" widmet sich der Frage, ob die neueren Debatten über sozialwissenschaftliche Kritik in der gegenwärtigen Situation veränderte Bedeutung erhalten. Ausgangspunkt hierfür ist zunächst eine doppelte Wahrnehmung: Zum einen, dass es in Teilen des akademischen Diskurses – nachdem Gesellschaftskritik der etablierten Soziologie jahrelang als anrüchige Tätigkeit galt – zu einer erfreulichen Wiederkehr der Gesellschaftskritik gekommen ist; zum anderen jedoch die entsprechenden Debatten häufig merkwürdig formal und abstrakt bleiben. Zahlreiche Monografien und Sammelbände haben die Facetten sozialwissenschaftlicher und politisch-philosophischer „Kritik" erkundet, dabei aber häufig die „Sachkritik", das heißt die Kritik der konkreten gesellschaftlichen Verhältnisse, zugunsten umfassender selbstreflexiver Verständigungen vernachlässigt. Oftmals wurde und wird nicht deutlich, wer oder was – und warum eigentlich – von wem kritisiert werden soll.

Angesichts dessen rekonstruiert der Beitrag von *Tilman Reitz* die gegenwärtige Kritik-Debatte mit Blick auf jüngere Ausprägungen der kritischen Theorie (u.a. an der Frankfurter Universität). Sein Beitrag zeigt, dass und wie die abstrakte Konzentration auf die Reflexion kritischer Prinzipien und Verfahrensweisen den Anspruch sachhaltiger und politisch wirksamer Kritik untergräbt. Er diskutiert, wie sich diese Selbstbezüglichkeit aus den akademischen Rahmenbedingungen der Kritikproduktion erklären lässt. *Silke van Dyk* widmet sich dem (derzeit vor allem mit dem „System Trump & Co." verbundenen) Phänomen der „alternativen Fakten" und untersucht gegenwärtige Wahrheitsregime von rechts und die Möglichkeiten und Leerstellen ihrer emanzipatorischen, namentlich poststrukturalistisch inspirierten Kritik. Keine leichte Aufgabe, bestand doch ein wesentlicher Impuls letzterer Theorieströmungen in der prinzipiellen Dekonstruktion von Wahrheitsansprüchen. Dies macht die Aufgabe jedoch umso dringlicher, eine Kritik gegenwärtiger rechtspopulistischer (Un-)Wahrheitsspiele auszuarbeiten, die sich selbst einem Positivismus vermeintlich unbestreitbarer Fakten entzieht und zugleich die Differenz von Tatsachen und Meinungen, Wahrheit und Täuschung nicht aufgibt. Auch der von *Emma Dowling, Silke van Dyk* und *Stefanie Graefe* formulierte „Einspruch" stellt die Frage nach den Möglichkeiten einer links-emanzipatorischen Kritik der derzeit vergleichsweise erfolgreichen rechtspopulistischen Politikangebote. Dabei bürsten die drei Autorinnen allerdings

Editorial

nicht den „Rechtspopulismus" selbst gegen den Strich, sondern die in der einschlägigen linken Kritik-Debatte wahrgenommene Tendenz, die Verantwortung für den gegenwärtigen Erfolg der Rechten nicht zuletzt bestimmten emanzipatorischen Theorie- und Politikkonzepten, namentlich der „Identitätspolitik" bzw. „Gendertheorie" zuzuschreiben. Sie diagnostizieren hier eine – überaus problematische – Rückkehr von „Hauptwiderspruchs-Logiken" in der Linken, die ihrerseits auf (zu) einfachen Gegenüberstellungen von „eigentlicher" Realität und vermeintlichen Luxus-Problemen basiert und auf diese Weise hinter bereits erreichte emanzipatorische Standards zurückfällt. *Alex Demirović* nimmt jüngere politische Bezugnahmen auf „Gerechtigkeit" als Anlass zu einer kritischen Auseinandersetzung mit Ansätzen der Gerechtigkeitsphilosophie und der empirischen Gerechtigkeitsforschung. Gezeigt wird, dass eine Kritik, die sich auf Ungerechtigkeit beruft, paradoxe Wirkungen hervorbringt und die Akteure in ein spezifisches, nämlich moralisches Herrschaftsverhältnis verwickelt, sie also nicht zu einem kritischen Handeln anregt, sondern ratlos macht. Dies wird mit Rückgriff auf Marx' und Horkheimers Kritik der ideologischen Form der Moral erklärt.

Sozialwissenschaftliche Gesellschaftskritik bezieht sich oftmals auf Karl Marx. Vor 150 Jahren, im September 1867, erschien die erste Auflage von *Das Kapital*. Auch wenn die Resonanz zunächst verhalten war und sein Freund Friedrich Engels mit ein paar Rezensionen unter falschem Namen nachhelfen musste, so wurde es doch zu einer der einflussreichsten ökonomie- und gesellschaftskritischen Schriften – mit einer Ausstrahlung in nahezu alle wissenschaftlichen Disziplinen. Drei Beiträge in unserem zweiten Schwerpunkt diskutieren ausgewählte Fragen.

Nach 150 Jahren ist *Das Kapital* noch immer eine Herausforderung. Erst seit wenigen Jahren sind alle Manuskripte, die dem *Kapital* zugrunde liegen, in der Marx-Engels Gesamtausgabe (MEGA²) zugänglich. Die Bedingungen für eine textkritische Lektüre sind also heute besser als je zuvor. Gleichzeitig ist man mit einer Vielzahl an Interpretationen konfrontiert, die eine „unschuldige Lektüre" (Althusser) des *Kapital* gar nicht möglich machen. Jede Lektüre ist durch Traditionen vorgeprägt, deren Linien kaum mehr sichtbar oder gar bekannt sind.

Michael Heinrich diskutiert in seinem Essay die Bedingungen der paradoxen Rezeption des *Kapital*, denn aus Marx, dem Kritiker der klassischen politischen Ökonomie, wurde der letzte große Vertreter dieser Schule gemacht. Das wird anhand einiger Beispiele impliziter Kritik aufgezeigt, etwa anhand der Frage, was in der marxschen Theorie von Wert und Kapital wirklich neu war. Darüber hinaus präsentiert er einige stereotype Beispiele einer zeitgenössischen Marx-Kritik und skizziert schließlich den unvollendeten Zustand des *Kapital* und was wir von den kommenden Publikationen in der immer noch unabgeschlossenen MEGA² erwarten können. Louis Althusser sprach vom „schrecklichen ersten Abschnitt" des *Kapital* und legte nahe, diesen bei der Lektüre zu überspringen. Für Marx-Lektüren, die in der Werttheorie und Fetisch-Konzeptionen einen Kern seiner Kritik erkennen, ist Althussers Intervention nicht nachvollziehbar. *Lukas Egger* bringt beide Interpretationen in einen Dialog, nicht mit dem Ziel, zu zeigen, dass sie miteinander kompatibel sind, sondern herauszustellen, warum der epistemologische Zugriff Althussers nichts mit der marxschen Werttheorie anfangen kann.

Hans-Peter Büttner stellt in seinem Beitrag eine im deutschsprachigen Raum kaum bekannte Interpretation des sogenannten Transformationsproblems vor, die sogenannte Temporal Single-System Interpretation (TSSI), die im angelsächsischen Raum seit Jahren recht breit diskutiert wird. Diese Diskussion zum dritten Band des *Kapital* ist zum einen relevant, weil das sogenannte Transformationsproblem gerne dafür herhalten muss, die marxsche Theorie als solche infrage zu stellen (siehe auch den Beitrag von Michael Heinrich); die Diskussion ist aber auch deshalb von Interesse, weil sie unterschiedliche Lesarten, Darstellungsfragen und Interpretationen zu Begriffen eröffnet, die sonst eher entlang der ersten Kapitel des *Kapital* geführt werden.

Außerhalb des Schwerpunkts führen wir die Debatte fort, die mit der PROKLA 185 angestoßen wurde und bereits einige Repliken provoziert hatte. *Andrea Kretschmann* und *Aldo Legnaro* nehmen den PROKLA-Titel „Ausnahmezustand" zum Anlass, den – auch von der PROKLA-Redaktion strapazierten – Begriff mit dem Ziel zu differenzieren, seine unterschiedlichen Dimensionen genauer in den Blick zu bekommen.

Daniel Mullis hingegen kritisiert die Einseitigkeit vieler Zeitdiagnosen, die primär die „negative" Seite herausstellen. Dabei werde ohne Not verhindert, auch die Möglichkeitsfenster zur Kenntnis zu nehmen, die in einer polarisierten gesellschaftlichen Situation existieren. Das Erstarken der extremen Rechten, mitunter bei Wahlen, ist eine zentrale Dimension pessimistischer Zeitdiagnosen. Vor allem deshalb, weil konservative Kräfte meinen, dem etwas entgegensetzen zu können, indem sie selbst einen autoritären und nationalistischen Kurs verfolgen. Auch deshalb wurden die Wahlen in Frankreich mit großer Spannung verfolgt. *Felix Syrovatka* geht auf die Präsidentschafts- und Parlamentswahlen ein und klärt, wie diese einzuschätzen sind und was dieses politische Erdbeben für die politische Landschaft in Frankreich bedeutet.

Die PROKLA-Redaktion dankt Emma Dowling, Silke van Dyk, Stefanie Graefe und Tilman Reitz für die Initiative zu einem Schwerpunkt zu Gesellschaftskritik.

PROKLA 189: Kämpfe um die globale Inwertsetzung von Land und Rohstoffen

Seit Anfang der 2000er Jahre kommt es zu einer neuen Welle von Einhegungen von Land und Natur. Ursachen hierfür sind die Vielfachkrise des Kapitalismus, die Ausweitung imperialer Lebensweisen im Globalen Norden und Süden und die hiermit verbundene stark gestiegene Nachfrage nach Agrarprodukten, bergbaulichen Rohstoffen (Mineralien, Metalle, seltene Erden, Erze) und fossilen und erneuerbaren Energieträgern (Öl, Gas, Kohle, Biomasse, pflanzliche Rohstoffe). Darüber hinaus sorgen Hedgefonds und andere Finanzmarktinstrumente für eine Erschließung von Natur als neue und sichere Anlagefelder für überakkumuliertes Kapital. Dies geht mit zunehmend negativen ökologischen und sozialen Folgen einher. Weltweit verlieren Menschen ihr Land zu Gunsten kommerzieller großflächiger Agrarproduktion sowie von Bergbau-, Klimaschutz- und Infrastrukturprojekten. Der Heftschwerpunkt diskutiert die aktuellen, zum Teil aggressiven Bemühungen um die Sicherung des Zugriffs auf Rohstoffe und Land, die neue Konflikte und Kämpfe ausgelöst und alte verschärft haben. Aktuelle Inwertsetzungsprozesse von Land und Rohstoffen sind häufig Teil nationaler und internationaler Entwicklungsstrategien. Weltweit leisten Bauern und Bäuerinnen, AnwohnerInnen und AktivistInnen und schließlich auch Staaten jedoch Widerstand gegen die Ausweitung der „extraktiven Grenzen". Diese Kämpfe sind oft nicht nur lokal verankert, sondern über Regionen, Länder und Kontinente hinweg organisiert.

PROKLA 190: Autoritärer Populismus

Nicht nur in vielen europäischen Ländern existieren starke autoritär-populistische Parteien, die eine nationalistische Zielsetzung vertreten, mit ihrer Alarmismus-Rhetorik vielfach für teils protektionistische, teils neoliberale Politiken eintreten und einen Kulturkampf betreiben, in dessen Zentrum die Kritik an der sogenannten Genderideologie und der politischen Korrektheit steht. Einerseits sind diese Parteien durchaus für einen starken Nationalstaat, andererseits verfolgen sie in bestimmten Bereichen das neoliberale Ziel des Abbaus des Staates. Nach über einem Jahr der Erfahrungen mit der Präsidentschaft von Donald Trump und seinen rechten Beratern stellt sich die Frage nach den konkreten Entwicklungen in den USA und den Regierungspraktiken der neuen Administration. Das Heft wird sich mit den autoritär-populistischen Parteien, ihren politischen Zielen, den Wahlen und den politischen Konstellationen in den entsprechenden Ländern befassen. Es widmet sich den politischen Zielen der autoritär-populistischen Parteien, den Wahlen und den politischen Konstellationen. Dies schließt die programmatischen Diskussionen, das Wahlverhalten und die Unterstützung durch verschiedene Teile der Bevölkerung mit ein.

Der PROKLA Förderverein

Die PROKLA erscheint seit 1971 und bietet politisch engagierte sozialwissenschaftliche und ökonomische Analysen. Allein von den Verkaufserlösen kann sich die PROKLA nicht finanzieren und in die Abhängigkeit von Parteien oder großen Verlagen wollte sie sich nie begeben. Deshalb wird die PROKLA von einem Förderverein herausgegeben, der „Vereinigung zur Kritik der politischen Ökonomie e.V.", die jährlich in ihrer Vollversammlung die Redaktion der Zeitschrift wählt und die nächsten Themenschwerpunkte diskutiert.

Kritische Sozialwissenschaft kann nicht dem Markt überlassen werden. Ohne solidarische Strukturen und finanzielle Unterstützung sind Zeitschriften wie die PROKLA kaum möglich. Die regelmäßigen finanziellen Beiträge der Vereinsmitglieder ermöglichen das Erscheinen der PROKLA, sie schaffen die Voraussetzungen für Kontinuität und Planbarkeit, wie sie für die Redaktionsarbeit unabdingbar sind. Wir freuen uns über weitere Mitglieder, regelmäßige Spenden oder einmalige Zuwendungen. Weitere Informationen teilen wir gerne per E-Mail mit (redaktion@prokla.de).

Vereinigung zur Kritik der politischen Ökonomie e.V.
IBAN: DE17 1001 0010 0538 1351 00 – BIC: PBNKDEFF
Postbank Berlin

VERLAG WESTFÄLISCHES DAMPFBOOT

Étienne Balibar ist Hannah-Arendt-Preisträger für politisches Denken 2017

Étienne Balibar hat, wie die Preisjuryvorsitzende Prof. Antonia Grunenberg hervorhebt, „in seinen Büchern und im öffentlichen Auftreten ein intervenierendes Denken in der Tradition Hannah Arendts gepflegt. Seine Beiträge haben sich weit über den akademischen Diskurs hinaus an die republikanische Öffentlichkeit gerichtet."

Étienne Balibar
Europa: Krise und Ende?
aus dem Französischen übersetzt von Frieder Otto Wolf

2016 - 276 Seiten - 24,90 €
ISBN: 978-3-89691-842-0

WWW.DAMPFBOOT-VERLAG.DE

Silke van Dyk

Krise der Faktizität?
Über Wahrheit und Lüge in der Politik und die Aufgabe der Kritik

1. Problemaufriss

> Der Klimawandel wurde von den Chinesen erfunden, um die Wettbewerbsfähigkeit der US-Industrie zu beeinträchtigen. *Donald Trump auf Twitter*

Mit Trumps Wahlsieg, dem Brexit, der Sorge vor einem Frankreich unter Marine le Pen und den Erfolgen rechter Parteien in zahlreichen europäischen Ländern hat ein neues Zeitalter des Politischen begonnen, in dem die neoliberale Hegemonie zunehmend von rechts herausgefordert wird. Die aktuelle Rechtswende wird dabei als Krise der Faktizität, als post-faktisches Zeitalter, als neue Konjunktur der Lüge, ja als Bedrohung des von liberaler Seite emphatisch vertretenen Zusammenhangs von Demokratie und Wahrheit gelesen. Es ist diese Rahmung der politischen Entwicklungen, die im Zentrum des Beitrags steht. Tatsächlich scheint sich gegenwärtig eine neue Qualität höchst erstaunlicher, in ihrer Absurdität bisweilen gar kreativer Falschaussagen zu manifestieren: Nicht zufällig wird der Beitrag durch ein Zitat Donald Trumps zur Erfindung des Klimawandels durch 'die Chinesen' eingeleitet und im Folgenden wird noch des Öfteren auf ihn zurückzukommen sein.

Mit dem oben zitierten Tweet oder Trumps Behauptung, Obama habe den sogenannten Islamischen Staat gegründet, befindet er sich in bester Gesellschaft: Sein Gesundheitsminister gehört einem Verband an, der Abtreibung für eine Ursache von Brustkrebs hält, der Wohnungsbauminister zeigt sich überzeugt, der Teufel habe Darwin bei der Erfindung der Evolutionstheorie geleitet (vgl. Deininger 2017). Oder Newt Gingrich, der frühere republikanische Sprecher des Repräsentantenhauses: Er stritt in einem CNN-Interview ab, dass die Kriminalität in den USA gesunken sei. Als die Journalistin konterte, ihre Statistiken stammten vom FBI, antwortete Gingrich, er verlasse sich darauf, wie die BürgerInnen fühlten, nicht auf das, was „Theoretiker" behaupteten.

Donald Trump steht mitsamt seinem Apparat in besonders ausgeprägter Weise für eine Entwicklung, die weit über die USA hinausreicht: Man denke an die Brexit-Kampagne, die erfolgreich geführt wurde auf Basis falscher Zahlen zu den wöchentlichen Überweisungen Großbritanniens an die EU; oder an Behauptungen aus AfD-Kreisen, es gebe so wenige Anschläge in Deutschland, weil die Bundesregierung islamistische Terrorakte vertusche. Die Konjunktur der Lügen ist nicht zu trennen vom Erstarken rechter Kräfte, die ihrerseits gerne und viel von „Fake News" und „Lügenpresse" sprechen. Um dieses Feld abzustecken, werde ich im Folgenden vom „System Trump & Co" sprechen, mit der Betonung auf „System", denn die Pathologisierung Trumps ist gegenwärtig sicherlich eines der größten Hindernisse für eine fundierte Kritik des dahinterstehenden politischen Projekts.

Es wird nicht nur wild und chaotisch gelogen; wir beobachten vielmehr, so die zu entwickelnde These, die Entstehung eines neuen, gefährlichen populistischen Wahrheitsspiels, das die kritische Gesellschaftsanalyse vor neue Herausforderungen stellt. Im Anschluss an einen Überblick über die aktuelle Debatte zu „postfaktischer Politik" (Abschnitt 2) sowie an konzeptionelle Vorklärungen zu Wahrheit und Lüge (Abschnitt 3) erfolgt die systematische Analyse und Problematisierung des Systems Trump & Co (Abschnitt 4). Doch nicht nur dieses System, sondern auch die liberale Kritik daran wirft neue Fragen auf: Im fünften Abschnitt wird der Blick deshalb auf die gegenwärtig dominante, liberale Kritik gelenkt und diskutiert, inwiefern diese zum Modus der Bewältigung der neoliberalen Hegemoniekrise wird. Augenfällig ist zudem, dass die liberale Kritik der Lüge mit einem radikalen Positivismus und Realismus einhergeht. Abschließend wird deshalb die Frage zu diskutieren sein, warum die (de-)konstruktivistische wissenschaftliche Kritik angesichts des positivistischen *roll back* eigentümlich stumm bleibt (Abschnitt 6). Ist möglicherweise sogar der Vorwurf berechtigt, die wissenschaftliche Kritik von Wahrheitsansprüchen sei als WegbereiterIn des postfaktischen Zeitalters nicht ganz zufällig in die zweifelhafte Gesellschaft von Trump & Co. geraten?

2. Die aktuelle Debatte und das System Trump & Co.

Die Gesellschaft für Deutsche Sprache kürte 2016 das Adjektiv „post-faktisch" zum Wort des Jahres, das *Oxford Dictionary* wählte zeitgleich „post-truth" zum internationalen Wort des Jahres. Die Begründung der Gesellschaft für deutsche Sprache bringt die liberale Problemdiagnose auf den Punkt: „Die Jahreswortwahl richtet das Augenmerk auf einen tiefgreifenden politischen Wandel. Das Kunstwort *postfaktisch* verweist darauf, dass es heute zunehmend um Emotionen anstelle von Fakten geht. Immer größere Bevölkerungsschichten sind in ihrem Widerwillen gegen 'die da oben' bereit, Tatsachen zu ignorieren und sogar offensichtliche Lügen zu akzeptieren. Nicht der Anspruch auf Wahrheit, sondern das Aussprechen der 'gefühlten Wahrheit' führt zum Erfolg."[1] Eine Nostalgie für das Vergangene, für ein Zeitalter der Fakten, da Politik noch nichts mit Emotionen und Stimmungen zu tun gehabt habe, als es noch nicht um Macht, sondern um Argumente gegangen sei, durchzieht diesen Debattenstrang. Es findet sich ein geradezu idealtypisches Verständnis liberaler Demokratien – oder anders formuliert: die Affirmation der ideologischen Selbstbeschreibung derselben – als allein der Wahrheit im Dienste der Machtkritik verschrieben: „Alle autoritären Regime wie das von Putin oder von Erdogan führen einen Krieg gegen die Wahrheit. Doch in Demokratien, in denen die Wahrheit nicht der Macht, sondern der Machtkritik und der Aufklärung dient, ist Feindschaft gegen unerwünschte Realitäten eine Feindschaft gegen Demokratie selbst." (Zielcke 2016) Bemerkenswert ist, dass diese Wahrheitsemphase der Kritik am System Trump & Co einhergeht mit einem Abgesang auf das Paradigma der Postmoderne: So war im November 2016 in der WELT zu lesen: „Trumps Wahlsieg ist das Ende der Postmoderne und ihrer weltfremden Wissenschaft." (Hauschild 2016) und Josef Joffe (2017) sekundiert in der ZEIT: „Trump ist der Meister der Manipulation. Das macht ihn zum Paradebeispiel der Postmoderne, die ebenfalls objektive Wahrheit verwirft und an ihre Stelle das 'Narrativ' setzt."

Neben dieser liberalen Wahrheitsemphase gibt es einen zweiten Debattenstrang, der die Nostalgie für eine vermeintlich untergegangene Welt der politischen Wahrhaftigkeit zurückweist. Hier wird die Lüge als wesentliches Mittel der Politik ausgewiesen – und zwar nicht nur in Diktaturen, sondern auch in liberalen Demokratien (von Kittlitz 2016; Stokowski 2016). In diesem Strang finden sich unterschiedliche Antworten auf die Frage, ob und was neu an der aktuellen Situation ist, wobei sich drei Begründungsmuster unterscheiden lassen: Erstens ist dies die Diagnose, dass es anders als früher nicht mehr um den Gegensatz von Wahrheit und Lüge gehe, da die Wahrheit als Orientierungsgröße nachrangig geworden sei (The Economist 2016; Higgins 2016). Mit dieser Diagnose geht die Beobachtung einher, dass „Lügen Politikern nicht mehr schaden" (Jacobson 2016), sie nicht mehr zum Rücktritt zwingen, ja noch nicht einmal dementiert werden müssen. Ein zweites Argument betont vor allem die Rolle der neuen Medien, die Verbreitungsgeschwindigkeit von Gerüchten, die dem Sachverhalt neue Aufmerksamkeit verschaffen, neue Echokammern für bestimmte Lügen hervorbringen und die ob der schieren Komplexität von Informationen

---

1 http://gfds.de/wort-des-jahres-2016/, Zugriff: 22.7.2017.

die Hinterfragung von Fakten nachrangig werden lassen (Applebaum 2016; Hendricks/Vestergaard 2017: 6f.). Ein dritter Strang zielt auf die Quantität der Lügen; so listet der *Toronto Star* kurz vor der Wahl 560 Falschaussagen Trumps auf (Dale/Talalaya 2016), und auch die Auswertung der ersten hundert Tage seiner Präsidentschaft offenbart zahlreiche belegbare Falschaussagen (Qiu 2017). Mit der Quantität der Lügen ist auch eine qualitativ bedeutsame Frage verbunden, nämlich, dass die Vielzahl der Unwahrheiten so unsystematisch lanciert werden, dass sie sich mitunter gegenseitig aufheben.

Auch wenn dieser Debattenstrang der liberalen Wahrheitsemphase entsagt und die lange Geschichte politischer Lügen akzentuiert, bleiben die meisten Beiträge analytisch oberflächlich, da die der Lüge korrespondierende Frage, was denn die Wahrheit (in der Politik) sei, kaum adressiert wird. Da sich alles auf die identifizierbare Lüge konzentriert, bleibt damit die Kritik an der liberalen Verknüpfung von Wahrheit und Demokratie zahnlos. Ziel des Beitrags ist es deshalb, die Analyse der Struktur der Lüge(n) mit den zugrundeliegenden Regimen der Wahrheit zu verbinden und diese in die Kritik mit einzubeziehen.

3. Über Wahrheit und Lüge

In der aktuellen Debatte ist die klassische Definition von Lüge vorherrschend. Diese geht von einem intentionalen Vorgehen aus, das zwischen Wahrem und Unwahrem zu unterscheiden weiß und absichtlich das Falsche zum Ausdruck bringt. In diesem Sinne ist die Lüge auch klar vom Irrtum zu unterscheiden, weil hier keine Täuschungsabsicht vorliegt.[2] Dieses Verständnis der Lüge setzt die Wahrheit als Nicht-Lüge unhinterfragt als Bezugsgröße voraus – und genau das ist kennzeichnend für die gegenwärtige Diskussion. Es war Friedrich Nietzsche, der als erster über die traditionelle Form der Lüge hinausgedacht hat, indem er sich nicht für die Lüge interessierte, die die Wahrheit verheimlicht, sondern für die *strukturelle Lüge,* die an die Stelle der Wahrheit tritt: Wahrheit ist ihm zufolge „die Verpflichtung, nach einer festen Konvention zu lügen" (Nietzsche 1988: 881). Nietzsche geht es um den Willen zur Macht, der seine Perspektive absolut setzt und als Wahrheit zu verallgemeinern sucht. Er nimmt hier ein zentrales Moment späterer postmoderner und poststrukturalistischer Ansätze vorweg, indem Wahrheitsansprüche nicht auf ein dahinterliegendes Wahres verweisen, sondern auf die Macht, eine partikulare Position zu verallgemeinern: „Nun vergißt freilich der Mensch, daß es so mit ihm steht; er lügt also in der bezeichneten Weise unbewußt und nach hundertjährigen Gewöhnungen – und

---

2 Eine klassische Definition der Lüge findet sich bei Aurelius Augustinus (1953: 3).

kommt eben durch diese Unbewußtheit, eben durch dies Vergessen zum Gefühl der Wahrheit." (Nietzsche 1988: 881)

Ähnlich wie Nietzsche – wenn auch theoretisch anders entwickelt – nimmt Hannah Arendt in zwei Aufsätzen anlässlich des Publikwerdens der *Pentagon Papers*[3] eine Umwertung der Lüge vor und stellt der traditionellen Lüge die organisierte Lüge gegenüber: Auch sie interessiert sich dafür, wie sich die Lüge mit der sie umgebenen Struktur so verbindet, dass sie als solche nicht mehr erkennbar ist: „So läuft der Unterschied zwischen traditionellen und modernen politischen Lügen im Grunde auf den Unterschied zwischen Verbergen und Vernichten [von Wahrheit] hinaus." (Arendt 2013a: 77) Während sich die traditionelle Lüge von selbst zeigt, weil der Wahrheitsmaßstab intakt blieb, gilt dies für die moderne, organisierte Lüge nicht mehr: „Wenn die modernen Lügen sich nicht mit Einzelheiten zufrieden geben, sondern den Gesamtzusammenhang, in dem die Tatsachen erscheinen, umlügen und so einen neuen Wirklichkeitszusammenhang bieten, was hindert eigentlich diese erlogene Wirklichkeit daran, zu einem vollgültigen Ersatz der Tatsachenwahrheit zu werden, in den sich nun die erlogenen Einzelheiten ebenso nahtlos einfügen, wie wir es von der echten Realität her gewohnt sind?" (ebd.: 78) Anders als Nietzsche nimmt Arendt damit keine einfache Umkehrung von Wahrheit und Lüge vor: Es sei gerade nicht der Fall, „daß die Lüge nun als wahr akzeptiert und die Wahrheit als Lüge diffamiert wird, sondern daß der menschliche Orientierungssinn im Bereich des Wirklichen [...] vernichtet wird" (ebd.: 83).

Arendts Analyse der organisierten Lüge ist darüber hinaus eng mit dem Verhältnis von Tatsachenwahrheiten und den auf sie bezogenen Meinungen verbunden. Daran ist für die Analyse der gegenwärtigen Situation zweierlei interessant: Zum einen hat Arendt nie einen Zweifel daran gelassen, dass die Wahrheit, wenn sie an die Stelle der Politik tritt, despotisch wird, da sie den Raum der politischen Auseinandersetzung und damit den Raum des Handelns schließt (ebd.: 86ff.). Für Arendt liegt die Wahrheit am Anfang des Denkens, aber sie ersetzt diese nicht, denn kein Sachverhalt, keine Tatsache, kein Tatbestand offenbart sich so vollständig, dass er selbst den Maßstab des Handelns bestimmen würde. Gleichwohl geht mit der daraus folgenden Aufwertung von Meinungen keineswegs eine Relativierung der zugrundeliegenden Tatsachen einher, im Gegenteil: „Die Trennungslinie zwischen Tatsachen und Meinungen zu verwischen, ist eine der Formen der Lüge." (ebd.: 73) Um nur ein Beispiel zu

---

3 Die sogenannten *Pentagon Papers* sind ein ehemals geheimes Dokument des US-Verteidigungsministeriums, dessen Veröffentlichung in Auszügen durch die *New York Times* im Jahr 1971 die Desinformation der US-amerikanischen Öffentlichkeit in Bezug auf den Vietnamkrieg aufdeckte.

nennen: Es ist eine Sache, aus der Havarie des Atomkraftwerks in Fukushima den Schluss zu ziehen, Atomkraft sei unbedenklich und eine Revidierung der Energiepolitik unnötig. Es ist etwas anderes, die Havarie selbst zu leugnen und die Meinung, dass eine energiepolitische Wende unnötig sei, auf diese Lüge zu stützen. Arendt weist nun darauf hin, dass Tatsachen dieser Art nicht nur durch bewusste Fälschungen, sondern auch durch Meinungen bedroht werden. Wenn, so Arendt, die Macht zur organisierten Lüge fehlt, wird immer häufiger auf den Modus der Meinung ausgewichen, für die dann das Recht auf Meinungsfreiheit in Anspruch genommen wird. Ich werde im Folgenden zeigen, wie wichtig dieser Mechanismus für das Verständnis des Systems Trump & Co ist.

Wo Arendt mit der entwirklichenden Kraft der organisierten Lüge diese allein destruktiv und im Modus der Täuschung denkt, interessiert sich Michel Foucault für die „Politik des Wahren". Er bricht mit der traditionellen kantianischen Frage, unter welchen Bedingungen ein Subjekt das Wahre erkennen kann und richtet den Blick auf die Genese von Wahrheit: „Die Wahrheit ist von dieser Welt. [...] jede Gesellschaft hat ihre eigene Ordnung der Wahrheit, ihre ‚allgemeine' Politik der Wahrheit; d.h. sie akzeptiert bestimmte Diskurse, die sie als wahre Diskurse funktionieren lässt." (Foucault 1978: 51) Im direkten Rückgriff auf Nietzsche definiert Foucault das diskursive „Wahrheitsspiel" als die historisch je spezifische Form, das Wahre zu sagen. Wenn Foucault schreibt: „Ich träume von dem Intellektuellen als dem Zerstörer der Evidenzen und Universalien" (ebd.: 198), dann ist das keine wahrheits- oder wissenschaftsfeindliche Position. Es geht ihm vielmehr um die intellektuelle Aufgabe, Macht- und Herrschaftsverhältnisse offen zu legen, die partikulare Interessen und Perspektiven verallgemeinern und als Wahrheit funktionieren lassen. Wahrheitsregime in ihrer Verknüpfung von Politik und Epistemologie sind nach Foucault dort am Werk, wo Individuen durch besondere Verfahren und Zwänge an Wahrheit gebunden werden. In seinen frühen Arbeiten macht Foucault historische Formationen des Sag- und Denkbaren zum Gegenstand seiner Untersuchung. Mit seinen genealogischen Arbeiten der 1970er Jahre wendet er sich grundsätzlicher der Problematik der Macht zu und untersucht, wie die Einschließungsmilieus der Disziplinargesellschaft, die Schule, das Militär, die Familie oder das Gefängnissystem bestimmte Erkenntnisse als wahrheitsfähig qualifizieren. In diesem Sinne betont er: „Nicht die Veränderung des Bewußtseins der Menschen [...] ist das Problem, sondern die Veränderung des politischen, ökonomischen und institutionellen Systems der Produktion von Wahrheit. Es geht nicht darum die Wahrheit von jeglichem Machtsystem zu befreien, das wäre ein Hirngespinst, denn die Wahrheit selbst ist Macht – sondern darum, die Macht der Wahrheit von den Formen gesellschaftlicher und kultureller Hegemonie zu lösen, innerhalb derer sie gegenwärtig wirksam ist." (Ebd.: 54) Arendts Idee, man könne die Wahrheit durch ihre Verortung außerhalb des Politischen von der Macht lösen, wird damit radikal zurückgewiesen. Mit Foucault soll es im Folgenden gelingen, nicht nur den gegenwärtig beklagten Machtmissbrauch der Lüge, sondern auch die Macht der Wahrheitsnorm selbst zu adressieren.

4. Das System Trump & Co. revisited

Die mit Nietzsche, Arendt und Foucault erhellte Perspektive auf Wahrheit und Lüge erweitert das Verständnis der aktuellen Situation – auch weil erkennbar wird, womit wir es gegenwärtig *nicht* zu tun haben. Zugespitzt formuliert und in Anlehnung an Nietzsches Diktum, Wahrheit sei „die Verpflichtung, nach einer festen Konvention zu lügen", wird im System Trump radikal wider die Konvention gelogen. So radikal, dass jederzeit erkennbar ist, dass Aussagen falsch sind, so offensichtlich und undementiert, wie wir es zumindest aus demokratischen Systemen nicht kennen. Zugleich ist die Lüge so situativ, so wenig in ein kohärentes System verwoben, sind die Widersprüche zwischen den Falschaussagen so groß, dass das System Trump & Co. meilenweit von einer Entwirklichung der Welt durch die organisierte Lüge im Sinne Arendts entfernt ist. Die organisierte Lüge ist dadurch erfolgreich, dass sie den Kontext der Lüge so systematisch verändert und manipuliert, dass die Lüge nicht mehr erkennbar ist. Ganz anders im System Trump & Co.: Hier bleibt der Kontext nicht nur erhalten, nein es geht vielmehr darum, zu demonstrieren, dass es möglich und geboten ist, diesen Kontext als Wirklichkeit „der Eliten" zu ignorieren. Dieser Umstand produziert eine Konstellation, in die Bezichtigung der Lüge kein Problem für den Lügner, sondern Ausweis der elitären Position der Kritikerin ist – ein Moment, das sich bei allen, derzeit als rechtspopulistisch attribuierten politischen Kräften findet. Es fehlt damit die Täuschungsabsicht der klassischen Lügendefinition, denn täuschen muss nur, wer sich an geltenden Wahrheitsstandards orientiert.

Um den neuen Charakter der Lüge zu erhellen, eignet sich ein Beispiel gut, das Arendt (2013a: 58f.) zitiert: Zum Ende der Weimarer Republik wurde der vormalige französische Ministerpräsident Georges Clemenceau gefragt, was künftige Historiker wohl über die damals sehr strittige Kriegsschuldfrage denken würden. „Das weiß ich nicht", soll Clemenceau geantwortet haben, „aber eine Sache ist sicher, sie werden nicht sagen: Belgien fiel in Deutschland ein." Arendt zitiert das Beispiel, um darauf hinzuweisen, dass diese Gewissheit keineswegs gewiss sei, dass auch die Tatsachenwahrheit, dass deutsche Truppen in der Nacht des 4. August 1914 die belgische Grenze überschritten, der organisierten Lüge anheimfallen könne. Allerdings ist dies bei Arendt höchst voraussetzungsvoll, würde es doch erfordern, alle Beweise für das Gegenteil, alle Zeugnisse und

Zeugen entsprechend anzupassen, die realen Ereignisse also dem organisierten Vergessen anheimzugeben. Ganz anders im aktuellen System Trump & Co. Hier könnte einfach behauptet werden, Belgien sei in Deutschland einmarschiert und das hätten auch schon andere gesagt/geschrieben/gemeint. Und das werde man ja wohl, es gelte doch Meinungsfreiheit, noch sagen dürfen.

Tatsachen oder Meinungen?

Damit vollzieht sich eine entscheidende Verschiebung: Wir erleben gegenwärtig eine Situation, in der Tatsachen weniger durch Fälschungen oder organisierte Lügen als von Ansichten und Meinungen bedroht werden. Wenn Trump spekuliert, dass die Arbeitslosigkeit in den USA bei 42 Prozent liegen könnte und dass er diese Meinung gehört habe,[4] dann kritisiert er die offizielle Zahl von 5,3 Prozent nicht etwa mit Blick auf problematische Erhebungsmethoden, sondern er stellt der Zahl eine Meinung gegenüber. Diese Trennlinie zu verwischen, ist – wie im Folgenden zu zeigen sein wird – die gegenwärtig vielleicht entscheidendste Form der Lüge.

Die Wurzeln der Verwischung von Tatsache und Meinung reichen dabei weit über das System Trump & Co. sowie die viel gescholtenen neuen Medien hinaus. In eindrücklicher Weise stellen dies die US-amerikanischen Wissenschaftler Maxwell und Jules Boykoff (2004) unter Beweis, die für den Zeitraum von 1988 bis 2002 die Berichterstattung über den Klimawandel in US-amerikanischen Qualitätsmedien[5] untersucht haben. Ihre Studie *Balance as bias: global Warming and the US prestige press* kommt zu dem Schluss, dass die journalistische Norm ausgewogen, d.h. *balanced* zu berichten, einen Bias mit Blick auf den anthropogenen Charakter des Klimawandels erzeuge: Obwohl 99 Prozent der seriösen Forschung anthropogene Ursachen bestätigen, berichten alle untersuchten Zeitungen mit nur leichten Schwankungen im Untersuchungszeitraum in einer Weise, die Pro- und Contra-Positionen nahezu gleichberechtigt zu Wort kommen lassen – mit dem Ergebnis, dass wissenschaftlicher und medialer Diskurs erheblich auseinanderfallen: „Die Maxime ausgewogener Berichterstattung hatte zur Folge, dass die Position einer kleinen Gruppe von Klimawandelleugnern medial verstärkt wurde." (Ebd.: 127; Übers. SvD) Für die politische Debatte über den Umgang mit dem Klimawandel ist dies gravierend. Die Wahrheit liegt, wie dieses Beispiel zeigt, eben nicht immer in der Mitte und die Verkehrung von Tatsachen und

---

4 www.politifact.com/truth-o-meter/statements/2015/sep/30/donald-trump/donald-trump-says-unemployment-rate-may-be-42-perc/, Zugriff: 22.7.2017.

5 Gegenstand der Untersuchung waren die *New York Times*, die *Washington Post*, die *Los Angeles Times* und das *Wallstreet Journal*.

Meinungen kann durchaus so '„noble Eltern" wie die *New York Times* oder die Maßgabe der ausgewogenen Berichterstattung haben.

Bullshit statt Lüge?

Zurück zum System Trump & Co: Wenn wider die Konvention gelogen und die Unwahrheit im Modus der Meinung etabliert wird, handelt es sich dann überhaupt noch um die Figur der Lüge? Diese Frage wird untermauert durch die eingangs skizzierte Debattenposition, dass die Praxis im System Trump & Co. nicht mehr im Referenzrahmen von Wahrheit und Lüge zu denken sei. Möglicherweise geht es nicht mehr um das Lügen, sondern um das, was der Philosoph Harry Frankfurt (2014) als „Bullshit" bezeichnet hat. Bullshit zeichne sich, so Frankfurt, durch seine radikale Gleichgültigkeit gegenüber der Frage aus, wie die Dinge wirklich sind: „Der Lügner verbirgt vor uns, daß er versucht von einer korrekten Wahrnehmung der Wirklichkeit abzubringen. Wir sollen nicht wissen, daß er uns etwas glauben machen möchte, was er selbst für falsch hält. Der Bullshitter hingegen verbirgt vor uns, daß der Wahrheitswert seiner Behauptung keine besondere Rolle für ihn spielt. Wir sollen nicht erkennen, daß er weder die Wahrheit sagen noch die Wahrheit verbergen will." (ebd.: 41) Anders als die Bullshit-produzierende Person müsse sich der Lügner unvermeidlich mit den Wahrheitswerten befassen. Wer eine Lüge erfinden wolle, müsse glauben, die Wahrheit zu kennen. „Der Lügner und der der Wahrheit verpflichtete Mensch beteiligen sich [deshalb] gleichsam am selben Spiel, wenn auch auf verschiedenen Seiten." (ebd.: 44)

In gewisser Hinsicht drängt sich die Bullshit-Diagnose als Gegenwartsbeschreibung tatsächlich auf (vgl. Hürter 2107),[6] werden im System Trump & Co doch laufend Falschaussagen produziert, die weder Täuschung noch Irrtum sind. Nichtsdestotrotz führt die Diagnose in die Irre, sie läuft sogar auf eine Entproblematisierung des Systems hinaus: Es gerät aus dem Blick, dass sich die einschlägigen Akteure am Spiel der Lügner und Wahrsager nicht nur nicht beteiligen, sondern dass sie das Wahrheitsspiel – mit Nietzsche und Foucault gesprochen – neu erfinden. Wenn wir uns vergegenwärtigen, dass es in der Geschichte äußerst unterschiedliche Wahrheitsspiele gegeben hat,[7] öffnet dies den Blick dafür, die gegenwärtige Erschütterung etablierter Modi des Wahrsprechens nicht nur als Chaos, Beliebigkeit oder Dummheit zu lesen, sondern als Versuch,

---

6 Frankfurt (2016) selbst hat in verschiedensten Medien erklärt, Trump sei der prototypische „Bullshitter".

7 Zum historischen Variantenreichtum von Modi der Wahrheitsfeststellung vgl. Foucault (2010).

neue Spielregeln zu setzen. Selbstverständlich ist das System Trump & Co (noch) nicht in dem Sinne erfolgreich, als dass das neue Wahrheitsspiel zu einer fraglosen Selbstverständlichkeit würde – die Ausrufung des postfaktischen Zeitalters ist Ausdruck des Gegenteils. Was sich aber zeigt, ist die Fragilität des etablierten Wahrheitsregimes, lässt sich doch eine große Zahl von Menschen nicht davon abschrecken, dass die von ihnen unterstützten PolitikerInnen nachweislich Falsches behaupten. Um den Charakter des neuen Wahrheitsspiels und die Anziehungskraft dieses Spiels besser zu verstehen, ist zweierlei hilfreich: Foucaults Konzept der Wahrheitsregime zu aktualisieren und über das Zeitalter der zentralisierten Massenmedien hinauszudenken sowie die spezifische Verknüpfung von Populismus und Lüge herauszuarbeiten.

Das Wahrheitsspiel des Systems Trump & Co

Der partielle Erfolg des Systems Trump & Co hat wesentlich damit zu tun, dass es eingebettet ist in eine Medien- und Alltagskultur, die einen Resonanzraum für das neue Wahrheitsspiel erzeugt. Im Zuge des rasanten Bedeutungsgewinns sozialer Medien findet eine Fragmentierung von Öffentlichkeit statt, die mit einer neuen Temporalität von Informationen und einer neuen Partizipationskultur einhergeht.[8] Es entstehen die viel diskutieren Echokammern, in denen Menschen nur noch mit Gleichgesinnten kommunizieren und in denen der Zugang zur Wirklichkeit in einem Ausmaß selektiv wird, das wir aus der analogen Welt nicht kennen; die Algorithmen von Google, Facebook und Youtube schaffen Realitätsblasen und eigene Welten, „Fake-News [sind auch] eine Konsequenz aus dem Geschäftsmodell des digitalen Kapitalismus" (Morozov 2017). Angesichts der Flut von Informationen, Fakten und Meinungen entstehen Wahrheitsmärkte, auf denen mit der Währung Aufmerksamkeit gezahlt wird (Wu 2016): Was viele Likes und Links erhält, was bewertet und weitergeleitet wird, ist wahrer als der Fakt, für den sich niemand interessiert. „Hier schlägt das demokratische Prinzip der Mehrheitsbildung in Wahrheitsfeindschaft um: Wahr ist, was die Mehrheit [...] für wahr hält." (Zehnpfennig 2017: 56) In einem Interview mit Fox News wird Trump darauf angesprochen, dass es nachweislich falsch sei, dass er den *popular vote* gewonnen habe und Trump hält dem entgegen: „Viele Leute haben

---

8 Natürlich spielen für den Prozess der Fragmentierung von Öffentlichkeit nicht nur die (neuen) Medien eine Rolle. Deren fragmentierender Einfluss sattelt auf die Auflösung kollektiver sozialer Identitäten auf, die in höchst unterschiedlicher Weise auf Prozesse der Individualisierung und De-Normalisierung im Zuge wirtschafts- und sozialpolitischer Entwicklungen im Neoliberalismus wie auch auf soziale Bewegungen und (identitäts-) politische Konflikte um Sichtbarkeit und Teilhabe zurückzuführen sind.

gesagt, dass ich Recht habe."⁹ Neben Fragmentierung und Partizipation stellt die Temporalität der neuen Aufmerksamkeitsökonomie die dritte gewichtige Veränderung dar: Wir sind gegenwärtig mit einer „toxische[n] Ökonomie politischer Unmittelbarkeit" (Hansl 2017: 12) konfrontiert, die in ihrem situativen Momentcharakter dazu beiträgt, dass eine Information an Qualität dadurch gewinnt, dass sie *sofort* geteilt und verbreitet wird, nicht aber dadurch, dass sie nachträglich auf ihre Richtigkeit und Konsistenz überprüft wird. Der Netztheoretiker Sascha Lobo hat das „Sofortpolitik" genannt und betont: „Strukturell betrachtet hat die vernetzte Öffentlichkeit in der Jetzt-Form kein Gedächtnis." (*Spiegel Online*, 29.6.2016) Diese Unmittelbarkeit schafft den Resonanzraum, in dem alles zur Meinung wird, in dem Fakten nicht zensiert, sondern durch eine Flut von Ansichten vernichtet werden.

Zugleich aber greifen Analysen, die die neue Qualität der Lüge *allein* auf die digitalisierte Aufmerksamkeitsökonomie und ihre Echokammern zurückführen, zu kurz, wird hier doch suggeriert, es ginge um eine situativ-fragmentierte Form der fröhlichen Beliebigkeit. Davon ist die aktuelle Situation aber weit entfernt: Tatsächlich beobachten wir mit den erstarkenden rechten Kräften einen Versuch der anti-pluralistischen Vereinheitlichung, die dem neuen Wahrheitsspiel seinen ideologischen Rahmen gibt. Denn so fragmentiert die Öffentlichkeit in den diversen Echokammern auch sein mag: der völkisch gerahmte Antiestablishment-Gestus schallt als kollektives Echo immer lauter. Die Lüge egal welcher Art wird zur Kritik „der da oben", womit jede nachgewiesene Falschaussage Akklamation statt Beschämung erfährt.

Populisten behaupten – und in diesem einen Punkt folge ich der Populismus-Definition von Jan-Werner Müller¹⁰ – „dass es ein homogenes Volk mit einem einzigen authentischen Willen gäbe, welcher den Populisten als politischer Auftrag diene (und den nur die populistischen Führungsfiguren richtig verstehen könnten)" (Müller 2017: 114). Trump hat in seiner Inaugurationsrede keinen Zweifel daran gelassen, dass er allein das sogenannte Volk zu vertreten beansprucht: „Worauf es wirklich ankommt, ist nicht, welche Partei unsere Regierung führt, sondern ob unsere Regierung vom Volk geführt wird. Der 20. Januar 2017 wird als der Tag in der Erinnerung bleiben, an dem das Volk wieder zu den Herrschern dieser Nation wurde."¹¹ Diese Anmaßung erfordert eine ganze Reihe

---

9 www.foxnews.com/politics/2017/02/05/trump-voices-hope-russia-can-help-in-fight-against-isis.html, Zugriff: 22.7.2017.
10 Tatsächlich bleibt Müllers Konzeptbestimmung sehr formalistisch und erweist sich v.a. in der Analyse linkspopulistischer Bewegungen als wenig überzeugend; kritisch vgl. Boris (2017).
11 Zitiert nach der deutschen Übersetzung in der *Süddeutschen Zeitung*, 20.01.2017.

von Lügen, die vor diesem Hintergrund weniger beliebig erscheinen: Natürlich muss es die bestbesuchte Inaugurationsfeier je gewesen sein, wenn erstmals ein wahrer Vertreter des Volkes regiert, und natürlich kann Hillary Clinton den *popular vote* nicht gewonnen haben, wenn allein Trump die Stimme des Volkes ist. Und wenn das sogenannte Volk sich vor wachsender Kriminalität fürchtet, dann gilt dies, und es gelten nicht – wie Newt Gingrich erklärt – die Daten des FBI. Das System Trump & Co etabliert ein Wahrheitsspiel, in dem autoritär bestimmt wird, welche Meinungen und Mehrheiten sich auf dem Wahrheitsmarkt auszahlen, ein Wahrheitsspiel, das darauf zielt, die Menschen aus den bestehenden Wahrheitsregimen zu lösen, allerdings nicht durch Reflexion, Analyse und Kritik, nicht durch das kritische Hinterfragen gültiger Standards, sondern durch Ressentiment und völkisches Einheitsdenken.

Dass dies für erschreckend viele Menschen funktioniert, hat jedoch nicht allein mit dem System Trump & Co., sondern auch mit dem herausgeforderten liberalen System selbst zu tun. Der postfaktischen Politik ging eine Phase „faktische[r] Postpolitik" (Vogelmann 2016) voraus, während derer liberale politische Eliten ihrerseits einen problematischen Umgang mit Tatsachen pflegten: eine Phase der Technokratie, in der Tatsachen zu unabänderlichen Sachzwängen und eine radikale Politik des Marktes als alternativlos propagiert wurden. Hannah Arendt hat betont, dass sich politisches Denken zwischen zwei Gefahren bewegt, „der Gefahr Tatsächliches für notwendig und daher für unabänderbar zu halten und der anderen, es zu leugnen und zu versuchen, es aus der Welt zu lügen" (Arendt 2013a: 85). Um die aktuelle Gemengelage zu verstehen, ist es wichtig, einen Zusammenhang zwischen diesen beiden Gefahren herzustellen und danach zu fragen, wie das liberale Regieren im Modus der Alternativlosigkeit ein Wahrheitsspiel hervorbringt, in dem nur noch die Währung der Aufmerksamkeit zählt.

5. Kritik der Kritik I: Das Wahrheitsspiel der Technokratie

Über diesen Zusammenhang ist in den aktuellen Problematisierungen postfaktischer Politik wenig zu hören, ganz im Gegenteil: Der eingangs skizzierte dominante Kritikstrang der liberalen Wahrheits- und Demokratieemphase stärkt die liberale Post-Politik in einer Weise, die weit darüber hinausgeht, in ihr lediglich das kleinere Übel zu sehen.

Bei aller Fragmentierung von Öffentlichkeit und der Flut konkurrierender Informationen, existiert „eine einzige universelle Sprache [im Kapitalismus], das ist der Markt" (Deleuze 1993: 247). Die vermeintliche Einheitsalternative des Marktes ist ein erfolgreiches Wahrheitsregime par excellence, das den Grundsatzstreit darüber, wie gewirtschaftet werden soll, stillstellt. Der französische

Philosoph Jean-Claude Michéa schreibt in seinem Buch *Das Reich des kleineren Übels* über die liberale Gesellschaft: „Bekanntermaßen hat der zeitgenössische Kapitalismus, während sich die totalitären Gesellschaften an das simple und an Menschenleben aufwändige Prinzip der Einheitspartei halten, diese bedeutend eleganter (und effizienter) durch die Einheitsalternative ersetzt." (Michéa 2014: 115) Wenn zu dieser Gegenüberstellung von Einheitspartei und Einheitsalternative der populistische Einheitswille des sogenannten Volkes hinzukommt, werden die Parallelen erkennbar: Sowohl die liberale Markttechnokratie als auch das System Trump & Co. sind radikal anti-pluralistisch: „Schließlich suggerieren die Technokraten, es gäbe nur eine rationale policy, während ein Populist behauptet, es gäbe nur einen wahren Willen des Volkes. [....] Hier treffen sich also wirklich einmal zwei Extreme – nämlich in ihrer antipolitischen Haltung." (Müller 2016: 115) Oder anders formuliert: Wo der populistische Politiker behauptet den (Einheits-)Willen des Volkes zu verkörpern, präsentiert sich der liberale Politiker als Übersetzer der Einheitsalternative des Marktes. Diese Form faktischer Post-Politik ist zumindest mitverantwortlich für die erstarkende post-faktische Politik und die ihr eigene Establishmentkritik, denn leider ist es zutreffend, „dass die da oben lügen" (um die gängige Formulierung zu verwenden), wenn sie behaupten, es gäbe keine Alternative.

Die konkrete Übersetzung der „Einheitsalternative" des Marktes erfolgte lange Zeit durch die Verallgemeinerung einer wirtschaftswissenschaftlichen Theorie, der angebotsorientierten Neoklassik, womit nicht nur der politische Streit über die Grundsatzfrage der Marktökonomie, sondern auch die ihrer konkreten Ausgestaltung stillgelegt wurde (van Dyk 2005). Das große Versprechen dieser Theorie, der sogenannte Trickle-Down-Effekt, also die Annahme, wirtschaftliche Deregulierung würde trotz zunehmender sozialer Ungleichheit auf lange Sicht auch den Ärmsten helfen, ist in Praxis und Theorie vielfach widerlegt worden. Geschadet hat diese Esoterik der Hegemonie des Paradigmas und der weitgehenden Marginalisierung wirtschaftswissenschaftlicher Alternativen – auch und gerade an den Universitäten – lange Zeit nicht. Der hegemoniale Diskurs ermöglichte es der zur alleinigen Wahrheit erhobenen neoklassischen Ökonomie „in einer von Tatsachen unbehelligten Welt" (Arendt 2013b: 33) zu leben.

Doch kein Wahrheitsregime ist unanfechtbar und seit der weltweiten Krise 2008ff. mehren sich die Anzeichen, dass sich das System des liberalen Finanzmarktkapitalismus in einer Hegemoniekrise befindet (Oberndorfer 2012).[12] Als 2008/2009 plötzlich hunderte Milliarden US-Dollar und Euro zur Rettung privater Banken zur Verfügung standen, hat dies dazu beigetragen, dass die lange

---

12 Kritisch zur Diagnose der Hegemoniekrise vgl. Demirović (2008).

Zeit erfolgreich propagierte Alternativlosigkeit von Sparmaßnahmen zunehmend infrage gestellt wurde. Dies fing mit den weltweiten Protest- und Occupybewegungen an (Sitrin/Azzelini 2014), setzt sich fort in der innereuropäischen Uneinigkeit ob der von Deutschland forcierten neoliberalen Austeritätspolitik (Kundnani 2016) und hat seinen stärksten Ausdruck mit dem Wahlsieg von Syriza in Griechenland und dem Aufstieg der Bewegungspartei Podemos in Spanien gefunden, sodass zunächst vor allem die linke Kritik an der neoliberalen Austeritätspolitik erstarkt ist. Als weiteres Indiz für eine Hegemoniekrise wird der Umstand diskutiert, dass auch in demokratischen Staaten autoritäre Modi des Regierens an Bedeutung gewinnen – so in der europäischen Politik gegenüber Griechenland (Heinrich 2012; Deppe 2013). Mit dem System Trump & Co. wächst jedoch die Kritik von rechts und die zielt neben der Favorisierung von Protektionismus und wirtschaftlicher Abschottung vor allem auf die „progressiven" Elemente des Liberalismus, auf Freiheitsrechte, Minderheitenschutz und Anti-Diskriminierungs- und Gleichstellungspolitik. Nancy Fraser (2017) hat in diesem Zusammenhang vom Ende des progressiven Neoliberalismus gesprochen, wobei mir diese Diagnose verfrüht erscheint: Das System Trump & Co. ist zwar radikal antiprogressiv, doch weder Trump noch die Brexit-Befürworter oder gar die deutsche AfD zeichnen sich durch ein konsequent antineoliberales Wirtschaftsprogramm aus.

Vor diesem Hintergrund einer sich verdichtenden Hegemoniekrise (bei fortgesetzter Dominanz neoliberaler Politiken) ist gegenwärtig etwas Entscheidendes zu beobachten, nämlich die Vermischung der Kritik am System Trump & Co. mit der Bearbeitung dieser Krise, d.h. der Versuch, die Kritik an Trump & Co für eine Re-Stabilisierung und Re-Legitimierung der liberalen Ordnung in Zeiten der Krise zu nutzen. Diese Form der Krisenbearbeitung operiert in einer doppelten Bewegung: Zum einen ist der Populismusvorwurf schnell bei der Hand, und zwar keineswegs nur dort, wo tatsächlich Anti-Pluralismus und völkisch konturierte Einheitsfiktionen am Werk sind, sondern auch dort, wo radikale Kritik das wirtschaftspolitische Wahrheitsregime herausfordert, sodass sich ein Bernie Sanders oder Jeremy Corbyn schnell zwangsvereint mit Marine Le Pen auf einer Titelseite finden. Zum anderen verknüpft die liberale Kritik am System Trump & Co die lange Liste absurder Falschaussagen mit der Kritik am globalen Freihandel (Peters 2017: 2). Selbst wenn man wider die Empirie den neoliberalen Freihandel für einen Segen der Menschheit hält, sollte erkennbar sein, dass die Ablehnung des Freihandels als wirtschaftspolitische Kontraposition nicht auf einer Stufe steht mit der Behauptung, der Klimawandel sei eine chinesische Erfindung. Hegemonietheoretisch gesprochen werden disparate Elemente zu einer kohärenten Erzählung verwoben, in der die Lügen und die Kritik am Freihandel zu einem Narrativ verschmelzen. Damit trägt die Kritik der Lüge, auch wenn sie dies im Einzelfall gar nicht intendiert, zur Bekräftigung des wirtschaftspolitischen Liberalismus bei. Die Kritik dieser Kritik schärft deshalb den Blick für die Komplexität der aktuellen Situation – eine Situation, in der die liberale Bearbeitung der Hegemoniekrise davon profitiert, dass das angeschlagene liberale System angesichts der erstarkenden rechten Kräfte ganz im Sinne des Buchtitels von Jean-Claude Michéa das „Reich des kleineren Übels" ist.

Während die Problematisierung liberaler Postpolitik und ihre Rolle als Geburtshelferin postfaktischer Politik also in den dominanten Diskurssträngen nicht nur keine Berücksichtigung findet, sondern die Kritik der Lüge vielmehr zum Mittel liberaler Krisenbearbeitung wird, zeichnet sich bei einigen linken KommentatorInnen eine gegenläufige, dabei nicht minder problematische Entwicklung ab. Aufseiten dieser KritikerInnen, die zu Recht auf die in das neoliberale System strukturell eingelassene „Expertenlüge" (Streeck 2017: 256) verweisen und das geschlossene System des anti-pluralistischen „liberale(n) Populismus" (Stegemann 2017: 81) problematisieren, scheint bisweilen ein problematisches „Querfront-Denken" auf: Die Kritik des Liberalismus wird – mehr oder weniger explizit – dahin gehend auf die Spitze getrieben, dass das Bündnis rechter und linker KritikerInnen zur einzig wirksamen Waffe gegen die liberale Dominanz erklärt wird. Unterschiede zwischen rechten und linken KritikerInnen des Liberalismus einebnend, moniert Wolfgang Streeck beispielsweise die „moralische und kulturelle Ausbürgerung der Antiglobalisierungsparteien und ihrer Anhänger" (Streeck 2017: 262). Expliziter noch für ein Bündnis von Rechten und Linken wirbt Bernd Stegemann (bislang unwidersprochen) in den *Blättern für deutsche und internationale Politik* und im Rückgriff auf den US-amerikanischen Ökonomen Robert B. Reich: „'Wir müssen eine gemeinsame Bewegung schaffen, die Rechte und Linke zusammenbringt, um die reiche Elite zu bekämpfen.' Denn eine positive Wirkung hat jede populistische Bewegung in der aktuellen Lage, egal ob sie rechts- oder linkspopulistisch ist: Sie schreckt die Eliten auf und zwingt sie das erste Mal seit Jahrzehnten, ihre feudalen Strukturen öffentlich zuzugeben." (Stegemann 2017: 92) Die pointiert vorgetragene Kritik am (Neo-)Liberalismus endet hier im (strategischen) Schulterschluss mit regressiven, rassistischen, antifeministischen und einwanderungsfeindlichen Kräften (vgl. auch den Beitrag von Dowling u.a. in dieser Ausgabe).

6. Kritik der Kritik II: Das System Trump & Co. und die Postmoderne

Wenn wir zur vorherrschenden Kritik des Systems Trump & Co. zurückkehren, erweist sich, dass diese nicht nur die Wahrheitsansprüche des wirtschaftlichen

Liberalismus entproblematisiert, sondern dass sie darüber hinaus einen radikalen Positivismus im Sinne eines wertfreien Zugriffs auf empirische Tatsachen propagiert. In Zeiten der Lüge, so der Tenor, habe sich die aufgeklärte Kritik der Wahrheit und dem Realismus zu verschreiben. Mit der weiteren Bestimmung der Konzepte halten sich viele jedoch ebenso wenig auf wie mit der langen Tradition macht- und erkenntniskritischer Forschung, die sich der Frage widmet, *wie* wir Wirklichkeit erkennen, *was* wir als real erfahren und *wer* die Mittel hat, partikulare Positionen als wahr zu verallgemeinern. Häufig bleibt sogar diffus, wann und ob es überhaupt um Wahrheit als metaphysisches Ding an sich oder um Wahrheit als Richtigkeit im Gegensatz zu Falschheit geht. Es ist diese Vermischung ganz unterschiedlicher Fragen und Wahrheitsbezüge, die dazu beiträgt, Trump & Co. zu Postmodernen werden zu lassen (vgl. Assheuer 2016; Joffe 2017), obwohl kein ernst zu nehmender postmoderner Theoretiker der Welt je behauptet hätte, man könnte die TeilnehmerInnen einer Veranstaltung nicht zählen und mit der TeilnehmerInnenzahl einer anderen Veranstaltung vergleichen.

Die Postmodernen, die der Komplizenschaft mit dem System Trump & Co bezichtigt werden, stecken zudem ein recht heterogenes Feld ab, in dem sich so ziemlich alle sozialkonstruktivistischen, genealogischen, diskurstheoretischen, wissenssoziologischen, pragmatistischen und poststrukturalistischen Ansätze wiederfinden können, die jemals infrage gestellt haben, dass sich die Welt einfach in ihrer Objektivität ohne deutenden Zugang durch den Menschen offenbart. Die derzeit dominierende Kritik am System Trump & Co., die gewandet ist in eine pro-wissenschaftliche Pro-Wahrheits-Emphase, trägt damit ihrerseits zu einer Form wissenschaftlicher Entwirklichung bei: Eine mehr als 150-jährige heterogene erkenntnis- und machtkritische Forschungstradition wird radikal gegen den Strich gelesen. Die Verteidigung des liberalen Status quo trägt damit zur Delegitimierung zentraler Stränge kritischer Gesellschaftstheorie bei. Einerseits.

Andererseits – und diese andere Seite schmälert die soeben formulierte Kritik keineswegs –, spricht aber auch einiges dafür, dass all diejenigen WissenschaftlerInnen, die ihre ganze Aufmerksamkeit darauf gerichtet haben, gegebene Verhältnisse und Wahrheitsansprüche auf ihre Genese zu befragen und vermeintlich Natürliches als Gewordenes zu dekonstruieren, durchaus mitverantwortlich dafür sind, sich in so schlechter Gesellschaft wiederzufinden – in Gesellschaft von Trump & Co., von Klimawandelleugnern, Verschwörungstheoretikern und PolitikerInnen, die Statistiken mit Meinungen widerlegen. Der französische Soziologe Bruno Latour (2007: 10f.) hat dieses Dilemma auf den Punkt gebracht. Er formuliert seine Beunruhigung darüber, dass viele glaubten, er wolle mit seiner Forschung Tatsachen verdunkeln: „Aber ich würde doch meinen, dass ich im Gegenteil versucht habe, die Öffentlichkeit von vorschnell naturalisierten, objektivierten Fakten zu emanzipieren. Hat man mich derart mißverstanden?

[...] Müssen wir, während wir jahrelang versucht haben, die wirklichen Vorurteile hinter dem Anschein von objektiven Feststellungen aufzudecken, jetzt die wirklich objektiven und unbestreitbaren Fakten aufdecken, die hinter der Illusion von Vorurteilen verborgen sind?" Der kritische Geist sei, so seine Diagnose, möglicherweise an einer entscheidenden Stelle falsch abgebogen, mit der Folge „von der falschen Sorte Verbündeter als Freunde betrachtet" (ebd.: 20) zu werden. Was ist falsch gelaufen, wenn sich so manche LeugnerInnen des Klimawandels positiv auf sozialkonstruktivistische Positionen beziehen?

Zwei Punkte sind entscheidend und beide verweisen auf Problematiken zentraler Stränge soziologischer Kritik, die sich im Zuge des *Cultural Turn* im heterogenen Feld poststrukturalistischer, genealogischer und sozialkonstruktivistischer Paradigmen etabliert haben. Dies ist zum einen die implizite Normativität vieler Arbeiten: Statt eine inhaltliche Position der Kritik zu bestimmen, wird der kritische Impuls häufig allein daraus bezogen, die Wirklichkeit auf ihr Gewordensein zu befragen. Mit der Beschränkung auf den theoretischen Nachweis der möglichen Ent-Gründung und De-Konstruktion gesellschaftlicher Verhältnisse, d.h. der prinzipiellen Möglichkeit ihrer Veränderbarkeit, wird aber darauf verzichtet, die Wünschenswertigkeit ihrer Destabilisierung für den je konkreten Kontext zu begründen. Diese „Flucht [der Kritik] in die Möglichkeitsbedingungen einer gegebenen Tatsache" (Latour 2007: 53) ist normativ zunächst völlig offen, allein der Hinweis auf die prinzipielle Veränderbarkeit eines Sachverhalts liefert noch kein Kriterium dafür, warum er denn zu verändern sei (vgl. van Dyk 2012); zugleich haftet dieser Flucht eine implizite Normativität an, die die Positionierung scheut, aber zugleich die Destabilisierung per se affirmiert, obwohl es keineswegs gewiss ist, dass die Herausforderung institutionalisierter Ordnungen und Selbstverständlichkeiten notwendig emanzipatorischer ist als die Ordnung selbst.[13] Das schafft offene Flanken und Anschlussmöglichkeiten für alle, die gerne etwas infrage stellen – und sei es die Evolution oder den Klimawandel. Die allzu

---

13 Vgl. mit ähnlichem Tenor die Problematisierung eines radikalen Kontextualismus: „Die Behauptung der Situiertheit von wissenschaftlichem Wissen und ein sich darauf beziehender radikaler Kontextualismus sind noch kein emanzipatorisches Programm. Meine Auseinandersetzung mit den sozialkonstruktivistisch orientierten Übersetzungen des Paradigmas des 'situierten Wissens' hat zu der Einsicht geführt, daß dieses Paradigma ohne politisch-ethische Verbindlichkeiten und eine Rückbindung von Epistemologie an eine kritische Gesellschaftstheorie einer Beliebigkeit in der Bestimmung von 'Situiertheit' anheimfällt." (Singer 2005: 263) In diesem Sinne haben bereits die Vertreter der Kritischen Theorie die Wissenssoziologie Karl Mannheims kritisiert, dessen Rede von der Seinsverbundenheit des Wissens inhaltslos bleibe, da die Analyse nicht an eine kritische Theorie der Gesellschaft – und damit des in Bezug genommenen Seins – rückgebunden werde (Marcuse 1929).

selbstverständliche Verbindung von (de-)konstruktivistischen Perspektiven mit progressiven Bewegungen und Haltungen (z.B. in der feministischen oder der postkolonialen Forschung) hat zur Folge gehabt, dass genau dieser anspruchsvolle Zusammenhang nicht ausgearbeitet, sondern als Selbstverständlichkeit vorausgesetzt worden ist – erstaunlicherweise im Kontext eines Paradigmas, das wissenschaftlich ja gerade angetreten ist, Selbstverständlichkeiten machtkritisch herauszufordern.[14] Angesichts dieser Geschichte fehlen sowohl das theoretische Instrumentarium wie auch die wissenschaftliche Praxis mit als problematisch erachteten Dekonstruktionen umzugehen – eine Leerstelle des Kritikprogramms, die sich unter aktuellen Bedingungen rächt.

Der zweite Grund, der falsche Freunde mobilisiert, ist ein gewisses Desinteresse an dem, was auch jenseits von 'Wahrheitsspielen' wahr sein könnte. Michel Foucault hat beispielsweise nie negiert, dass es Wahrheiten jenseits von Wahrheitsregimen gibt, er schreibt sogar: „Es ist immer möglich, daß man im Raum eines wilden Außen die Wahrheit sagt; aber im Wahren ist man nur, wenn man den Regeln einer 'diskursiven Polizei' gehorcht." (Foucault 2000: 25) Am Beispiel der Vererbungslehre von Mendel diskutiert Foucault, dass die Botaniker seiner Zeit nicht erkennen konnten, dass Mendel die Wahrheit sagte, da er sich nicht „im Wahren des biologischen Diskurses seiner Epoche" (ebd.) bewegte. Leider hat sich Foucault nicht für das wilde Außen jenseits der Ordnung des Diskurses interessiert. Offen bleibt damit die so schwierig zu beantwortende Frage, wie sich dieses Außen, wie sich die objektive Ontologie von Gegenständen oder wie sich mathematische Axiome in die Wahrheitsspiele einschreiben. Stehen die Ordnung des Diskurses und das „wilde Außen" wirklich in keinerlei Zusammenhang? Foucault schreibt, dass es nicht darauf ankomme, „Unterscheidungen herzustellen zwischen dem, was in einem Diskurs von der Wissenschaftlichkeit und von der Wahrheit und dem, was von anderem abhängt" (Foucault 1978: 15). Während er hiermit einerseits bekräftigt, dass die Problematisierung von Wahrheitsansprüchen nicht gleichbedeutend ist mit der Negation von Wahrheit, erklärt er die Unterscheidung andererseits für nebensächlich – zumindest für sein Forschungsinteresse. Mit dieser Fokussierung steht Foucault nicht alleine und das ist entscheidend für die zweite gewichtige Leerstelle im Umgang mit den falschen FreundInnen: Der zu Recht und mit großem Gewinn für emanzipatorische Anliegen problematisierte Umstand, dass vermeintliche Normalitäten, Selbstverständlichkeiten und Notwendigkeiten das Ergebnis machtvoller Universalisierungen partikularer Interessen sind, wird vorschnell

---

14 Auf diesen problematischen, implizit bleibenden Zusammenhang weist im Übrigen Paul Boghossian (2013: 134) in seinem zu Recht kontrovers diskutierten „Plädoyer gegen Relativismus und Konstruktivismus" hin.

dergestalt verallgemeinert, dass jegliche Tatsache als kontingentes Ergebnis von Herrschaftsverhältnissen gelesen wird; und genau das erschwert die kritische Abgrenzung von Kreationisten oder Klimawandelleugnern erheblich. Dieses Dilemma wird im Modus der zuvor diskutierten impliziten Normativität durch die Auswahl der zur Dekonstruktion „freigegebenen" Forschungsgegenstände umschifft, nicht aber konzeptionell bearbeitet.

Auch wenn die liberale Kritik an Rechtspopulismus und Post-Faktizität erkennbar darauf zielt, den Zusammenhang von liberaler Demokratie und Wahrheit zu affirmieren und den Wahrheitsbezug über eine Revitalisierung von Positivismus und Realismus zu entproblematisieren, sollte dies die wahrheitskritische (de-)konstruktivistische Gesellschaftsanalyse nicht davon abhalten, die sich im Lichte der aktuellen Entwicklungen offenbarenden Schwachstellen der eigenen Analyse und Kritik zu adressieren.

7. Fazit

Das neue Wahrheitsspiel des Systems Trump & Co., das systematisch den Unterschied zwischen Tatsachen und Meinungen verwischt, ist hochgefährlich und zerstört die Grundlagen politischen Denkens. Das heißt im Umkehrschluss selbstverständlich nicht, dass Fakten und Tatsachen nicht umstritten oder herrschaftsförmig sein können; Kritik tritt ja in ihrem besten Sinne an, Fakten gerade nicht als gegeben zu akzeptieren. Doch diese Kritik soll – und dies ist durchaus eine Herausforderung – zu den Fakten und Tatsachen hin- und nicht von ihnen wegführen (Latour 2007). Im System Trump & Co. passiert genau das Gegenteil, denn an die Stelle der kritischen Prüfung tritt ein Wahrheitsspiel, das allein mit der Währung Aufmerksamkeit arbeitet, die in Form von Likes und Links ihre digitale Verstärkung erfährt. Das ist eine Währung, die hoch anfällig ist für Ressentiments, die von den Tatsachen unbehelligt wuchern.

Und doch würde kritische Wissenschaft ihrem Anspruch nicht gerecht, wenn sie allein die Unwahrheiten, die offensichtlich mit den Konventionen des Sagbaren brechen, zu ihrem Gegenstand machen würde. Kritische Wissenschaft hat auch zu fragen, wo wir die Lüge möglicherweise nicht mehr erkennen, weil sie so stark in die Konventionen und Denksysteme eingeschrieben ist; die vermeintliche Einheitsalternative des Marktes ist hier das beste Beispiel. Tatsächlich sind die wachsenden Erfolge des Systems Trump & Co. nicht zu begreifen, wenn das angegriffene System der liberalen Demokratie im Finanzmarktkapitalismus vorschnell entproblematisiert wird: Die faktische Post-Politik, die jahrelang verkündete Alternativlosigkeit radikaler Marktentscheidungen, bereitet den Nährboden, auf dem die post-faktische Politik gedeiht.

Literatur

Applebaum, Anne (2016): Fact-checking in a 'post-fact world'. In: *Washington Post*, 10.5.2016.

Arendt, Hannah (2013a) [1971]: Wahrheit und Politik. In: *Wahrheit und Lüge in der Politik*. München: 44-92.

– (2013b): Die Lüge in der Politik. In: *Wahrheit und Lüge in der Politik*. München: 7-43.

Assheuer, Thomas (2016): Wahrheit ist die Krücke der Verlierer. In: *ZEITonline*, 1.10.2016.

Augustinus, Aurelius (1953): *Die Lüge und Gegen die Lüge*. Würzburg.

Boghossian, Paul (2013): *Angst vor der Wahrheit. Ein Plädoyer gegen Relativismus und Konstruktivismus*. Berlin.

Boris, Dieter (2016): Populismuskritik ohne Tiefgang. In: *Blätter für deutsche und internationale Politik* 8/2016: 25-27.

Boykoff, Maxwell T./Boykoff, Jules M. (2004): Balance as bias: global warming and the US prestige press. In: *Global Environmental Change* 14: 125-136.

Dale, Daniel/Talalaya, Tanya (2016): Donald Trump: The unauthorized database of false things. In: *Toronto Star*, 4.11.2016.

Deininger, Roman (2017): Sag die Wahrheit. In: *Süddeutsche Zeitung*, 22./23.4.2017.

Deleuze, Gilles (1993): Kontrolle und Werden. In: *Unterhandlungen 1972–1990*. Frankfurt/M: 243-253.

Demirović, Alex (2008): Neoliberalismus und Hegemonie. In: Butterwegge, Christoph/Lösch, Bettina, u.a. (Hg.): Neoliberalismus. Analysen und Alternativen. Wiesbaden: 17-33.

Deppe, Frank (2013): *Autoritärer Kapitalismus. Demokratie auf dem Prüfstand*. Hamburg.

van Dyk, Silke (2005): *Die Ordnung des Konsenses. Krisenmanagement durch Soziale Pakte am Beispiel Irlands und der Niederlande*. Berlin.

– (2012): Poststrukturalismus. Gesellschaft. Kritik. Über Potenziale, Probleme und Perspektiven. In: *PROKLA* 42(2): 185-210.

The Economist (2016): Art of the lie. Politicians have always lied. Does it matter if they leave the truth behind entirely? In: *The Economist*, 10.9.2016.

Foucault, Michel (1978): *Dispositive der Macht. Über Sexualität, Wissen und Wahrheit*. Berlin.

– (2000) [1972]: *Die Ordnung des Diskurses*. Frankfurt/M.

– (2010): *Die Regierung des Selbst und der anderen II. Der Mut zur Wahrheit*. Frankfurt/M.

Frankfurt, Harry G. (2014): *Bullshit*, Berlin.

– (2016): Donald Trump is BS, Says Expert in BS, in: *Time*, 12.05.2016.

Fraser, Nancy (2017): The End of Progressive Neoliberalism. In: *Dissent*, 2.1.2017. URL: https://www.dissentmagazine.org/online_articles/progressive-neoliberalism-reactionary-populism-nancy-fraser, Zugriff: 8.3.2017.

Hansl, Matthias (2017): Lüge, Bluff & Co. Über das Ende tugenddemokratischer Beherrschung. In: *Kursbuch 189*: 9-25.

Hauschild, Thomas (2016): Alte Fehler, neues Spiel. Trumps Wahlsieg ist das Ende der Postmoderne und ihrer weltfremden Wissenschaften. In: *Die Welt* 17.11.2016.

Heinrich, Mathis (2012): Zwischen Bankenrettungen und autoritärem Wettbewerbsregime. In: *PROKLA* 42(4): 395-412.

Hendricks, Vincent F. & Vestergaard, Mads (2017): Verlorene Wirklichkeit? An der Schwelle zur postfaktischen Demokratie. In: *Aus Politik und Zeitgeschichte*, 13/2017: 4-10.

Higgins, Kathleen (2016): Post-truth: a guide for the perplexed. In: *Nature*, 540: 9.

Hürter, Tobais (2017): Bullshit. Weder Wahrheit noch Lüge. In: *Aus Politik und Zeitgeschichte* 13/2017: 23-27.

Jacobsen, Lenz (2016): Das Zeitalter der Fakten ist vorbei. In: *ZEITonline*, 2.7.2016.

Joffe, Josef (2017): 2+2=5. Wer Trump verstehen will, muss Orwells '1984' lesen, derzeit ausverkauft. In: *ZEITonline*, 4.2.2017.

von Kittlitz (2016): Die Erde ist eine Scheibe. Stimmt nicht? Ist doch egal. In: *ZEITonline*, 28.8.2016.

Kundnani, Hans (2016): Der deutsche Neoliberalismus und die Krise Europas. In: *Blätter für deutsche und internationale Politik* 61(9): 75-84.

Latour, Bruno (2007): *Elend der Kritik. Vom Krieg um Fakten zu den Dingen von Belang*. Zürich.

Lobo, Sascha (2016): Wut sticht Wahrheit. In: *SpiegelOnline* 29.6.2016.

Marcuse, Herbert (1982) [1929]: Zur Wahrheitsproblematik der soziologischen Methode. In: Meja, Volker/Stehr, Nico (Hg.): *Der Streit um die Wissenssoziologie*, Bd. 2. Frankfurt/M: 459-473.

Michéa, Jean-Claude (2014): *Das Reich des kleineren Übels. Über die liberale Gesellschaft*. Berlin.

Morozov, Evgeny (2017): Fake News als Geschäftsmodell. In: *Süddeutsche Zeitung*, 19.1.2017.

Müller, Jan-Werner (2016): *Was ist Populismus? Ein Essay*. Berlin.

– (2017): Fake Volk? Über Wahrheit und Lüge im populistischen Sinne. In: *Kursbuch 189*: 113-128.

Nietzsche, Friedrich (1988): *Kritische Studienausgabe*, Bd 1. Berlin–New York.

Oberndorfer, Lukas (2012): Hegemoniekrise in Europa – Auf dem Weg zu einem autoritären Wettbewerbsetatismus? In: Forschungsgruppe 'Staatsprojekt Europa' (Hg.): *Die EU in der Krise. Zwischen autoritärem Etatismus und europäischem Frühling*. Münster: 49-17.

Peters, Michael A. (2017): Education in a post-truth world. In: *Educational Philosophy and Theory*, http://dx.doi.org/10.1080/00131857.2016.1264114: 1-4.

Qiu, Linda (2017): Fact-checking president Trump through his first 100 days. In: *New York Times*, 28.4.2017.

Singer, Mona (2005): *Geteilte Wahrheit. Feministische Epistemologie, Wissenssoziologie und Cultural Studies*. Wien.

Sitrin, Marina/Azzelini, Dario (2014): *They can't represent us. Reinventing Democracy from Greece to Occupy*. London-New York.

Stokowski, Margarete (2016): Politik ohne Fakten: Das gefühlte Zeitalter. In: *SpiegelOnline*, 13.12.2016.

Streeck, Wolfgang (2017): Die Wiederkehr des Verdrängten als Anfang vom Ende des neoliberalen Kapitalismus. In: Geiselberger, Heinrich (Hg.): *Die große Regression. Eine internationale Debatte über die geistige Situation der Zeit*. Berlin: 253-274.

Vogelmann, Frieder (2016): „Postfaktisch". Die autoritäre Versuchung. URL: www.soziopolis.de, Zugriff: 30.12.2106.

Wu, Tim (2016): *The Attention Merchants*. New York.

Zehnpfennig, Barbara (2017): Keine Lüge ohne Wahrheit. Zur Legitimität der politischen Lüge. In: *Kursbuch 189*: 53-67.

Zielcke, Andreas (2016): Krieg gegen die Wahrheit, in: *Süddeutsche Zeitung*, 2.8.2016.

demokratie
GEGEN MENSCHENFEINDLICHKEIT

WOCHEN SCHAU VERLAG

NEU Jetzt gratis testen

Die neue Zeitschrift für alle, die sich gegen Menschenfeindlichkeit und für Demokratie stark machen.

Mehr zum Konzept erfahren und Gratis-Probeheft anfordern
www.demokratie-gegen-menschenfeindlichkeit.de

Tilman Reitz

Kritik als Ideologie
Selbstreflexion und Herrschaftsanteile der akademischen Linken

Der Topos der korrupten „Eliten" ist so fest im populistischen Diskurs verankert, dass sich die Frage nach seiner realen Entsprechung zu erübrigen scheint. Mit der Anklage sich selbst bereichernder Führungs-, Besitz- und Deutungsschichten wird ebenso Politik gemacht wie mit der Gegeninstanz „Volk", die ideologisch sozial Benachteiligte, die politische Gesamtheit und eine nationale Gemeinschaft verschmilzt. Sollten sich allerdings in den letzten Jahrzehnten Marktliberalismus und Inklusionsansprüche zu einem „progressiven Neoliberalismus" (Nancy Fraser) ergänzt haben, lohnt es in mindestens einer Hinsicht doch nach der Realität der Eliten zu fragen: nach den Privilegien, die im globalen Kapitalismus gerade Linksintellektuelle genießen, nach den Grenzen ihrer oft gut bezahlten Opposition – und danach, inwiefern ihre Tätigkeit die kritisierte Machtordnung nicht eher stabilisiert als gefährdet. Im Zweifelsfall könnte man dann jenseits von Absichtsverkehrungen änderbares Verhalten feststellen und sogar wieder anfangen, Solidarität mit der Masse der Benachteiligten zurückzugewinnen. Der vorliegende Text soll anhand jüngerer (seit 2008 leicht rückläufiger) Debatten um „Kritik" das Problem genauer bestimmen, um seine praktische Bearbeitung denkbar zu machen.

Junghegelianisches Vorspiel

Als Engels und Marx sich entschieden, die „kritische Kritik" der anderen Linkshegelianer in großem Stil anzugreifen, hatten sie ein Schlüsselargument entdeckt: Ihre früheren Vorbilder und neuen Gegner konnten als Theoretiker so radikal sein, wie sie wollten, sie blieben hilflos bis reaktionär, solange sie die nicht selbst gewählte gesellschaftliche Funktion ihrer Tätigkeit außer Acht ließen. Als widerborstige Staatsphilosophen setzten sie bloß ihre Beamtenstellung aufs Spiel (vgl. Eßbach 1988: 124ff.), mit einer Religionskritik ohne Sinn für Religion bedingende Lebenslagen konnten sie allenfalls randständige Gruppen wie die Juden treffen. Solche Grenzen waren wohl nicht zuletzt durch die Selbstbezüglichkeit der Linkshegelianer sichtbar geworden, die einander während der 1840er Jahre ständig mit kritischen Entwürfen überboten hatten und schließlich bei der Frage ankamen: „Was ist jetzt Gegenstand der Kritik?" (Bauer 1844) Dass Marx und Engels dies für symptomatisch und ihr Gegenargument für fruchtbar hielten, zeigt die ausufernde, hunderte Manuskriptseiten füllende Serie von Polemiken gegen Bauer, Stirner und andere.[1] Sie konnten allerdings noch nicht ahnen, dass die bekämpfte Denkweise anderthalb Jahrhunderte später in ausgebauter, weniger riskanter Form wiederkehren würde: als methodische Selbstreflexion akademischer Gesellschaftskritik oder „kritischer Theorie".

Ich will im Folgenden genau diese Reflexionsform beleuchten, die seit den frühen 2000er Jahren einigen Raum gewonnen hat – zahlreiche Sammelbände (Jaeggi/Wesche 2009; Forst u.a. 2009; Dörre/Rosa/Lessenich 2010) und Monografien (Saar 2007; Iser 2008; Celikates 2009; Boltanski 2010; Herzog 2016) über „Kritik" machen das unmittelbar deutlich. Die Liste deutet auch schon den relativen örtlichen Schwerpunkt Frankfurt am Main an. Mein Ziel ist nicht, speziell die Frankfurter Schule als „kritische Kritik" zu denunzieren[2] (zumal andere linke Schulen inzwischen populismusrelevanter sind), – doch ihre gegenwärtige Phase veranschaulicht gut, in welchem Maß auch kritische AkademikerInnen in ordnungstragende Deutungsinstitutionen eingebunden sind. Die Einbindung selbst kann ich den KollegInnen nicht sinnvoll vorwerfen, und ich teile viele ihrer politischen Anliegen. An drei Punkten scheinen sie mir jedoch zu eifrig die herrschenden Deutungsverhältnisse zu bestätigen: Erstens blendet der neuere Kritikdiskurs in beachtlichem Maß seine Rahmenbedingungen aus, zweitens lenkt er den Blick systematisch von sachhaltiger, auf bestimmte Themen gerichteter Kritik ab, und drittens verschleift er die Differenz zwischen politischer und akademischer Praxis, sodass „Kritik" nur noch als eine Art Forschungsrichtung erscheint. Indem ich diesen Vorgang analysiere, versuche ich mich selbst auf der Seite sachhaltiger Sozialtheorie zu halten. Statt mich um die wirklich richtige Kritik zu bemühen, will ich die Redeposition derer begreifen, die sie verwalten.

---

1 Die einschlägigen Texte, auf die ich zu Beginn und im Folgenden summarisch Bezug nehme, sind: *Zur Judenfrage* (1843, MEW 1: 347-377), *Die Heilige Familie oder Kritik der Kritischen Kritik* (1844, MEW 2: 2-223), sowie *Die deutsche Ideologie* (geschrieben 1845/46, MEW 3: 5-530).

2 Das haben, damals vor allem auf die Generation Adornos bezogen, andere getan: Schon Adorno selbst setzt sich gegen den Vorwurf zur Wehr, eine selbstbezügliche „kritische Kritik" zu vertreten (1969: 759); anlässlich von Schelskys Anti-Intellektualismus greifen von Krockow und Dahrendorf die Idee auf (vgl. Schelsky 1975: 420f). Weshalb Intellektuelle dieser Generation, die oft noch am Rand des akademischen Felds agieren, nicht mein Hauptthema sind, führe ich zum Ende hin aus.

Dazu stelle ich zunächst Tendenzen der Kritik-Literatur dar (1) und versuche dann die Rolle akademisch verankerter Gesellschaftskritik allgemein zu bestimmen, noch einmal am Fall Frankfurt zu illustrieren und zeitdiagnostisch einzuordnen (2). Eine Pointe wird sein, dass die akademische „Kritik" nicht bloß aufgrund ihrer Vorzüge populistische Gegenideologien provoziert.[3] Vielmehr ist sie selbst am Rand der Ideologie gebaut, und es wird wiederholt zu sehen sein, wie sie in Ideologie abrutscht. Dabei kann ich allerdings nur begrenzt mit Engels und Marx arbeiten. Einerseits unterscheidet sich die geschichtliche Situation der Linkshegelianer wie angedeutet von derjenigen der heutigen akademischen Klasse, die in mehrfacher Hinsicht weniger avantgardistisch ist, und andererseits analysieren die *Deutsche Ideologie* und die *Heilige Familie* nicht konkret Deutungsinstanzen. Allenfalls finden sich dort Nebenideen zu Priestern, Juristen und Philosophen – genauere Auskunft versprechen erst Intellektuelle, die das moderne akademische Milieu kannten.

Der Begriff „Ideologie" ist in diesem heterogenen Bezugsfeld am besten zweckgerichtet zu bestimmen. Er soll hier folgende Strukturen bezeichnen: eine Ausblendung der Kontexte und die Überschätzung der Wirkungschancen geistiger Tätigkeit (das ist der Punkt, an dem Engels und Marx ansetzen), eine irreführende Verallgemeinerung der Lebens- und Interessenlagen herrschender oder zu Herrschaft drängender Gruppen (auch dieser Ansatz steht bereits in der *Deutschen Ideologie*, wurde jedoch in marxistischen Analysen seit Gramsci stark ausgebaut), schließlich den Umstand, dass professionelle Weltauslegung auch in der Moderne Herrschaft legitimiert und organisiert (was sich erst mit neuerer akademischer Selbstkritik angemessen begreifen lässt).

1. Legitimation durch Verfahren: die Entleerung der Kritik

Um den neueren Kritikdiskurs angemessen einschätzen zu können, will ich einige seiner Hauptmotive oder -verfahren auffächern und dann ihre Effekte diskutieren. Dazu eignen sich folgende Beobachtungen: Die Diskussion von Formen gesellschaftskritischer Theorie wird a) verschiedene solcher Formen typisierend vergleichen; sie tut dies meistens, um b) bestimmte Kritikformen als besonders aussichtsreich oder als richtig zu erweisen; und sie arbeitet dabei c) häufig die Vorteile einer prozedural gefassten, nicht bereits inhaltlich entschiedenen Kri-

---

3 Dies ist mehr oder weniger deutlich die Position neuerer Analysen, die hinter Trump, dem Brexit, dem Front National oder der AfD nur sozio-kulturelle „Modernisierungsverlierer" sehen – ältere weiße Männer, die von fortschrittlichen, gut ausgebildeten Arbeitsmigrantinnen überholt werden (vgl. etwa Inglehart/Norris 2016).

tik heraus. Alle diese Bewegungen sind allgemein gut begründbar, aber wenig vorteilhaft für die Anliegen konkreter Kritik und Opposition.

a) Schulbildende und wirkmächtige Intellektuelle wie Marx, Adorno, Bourdieu, Butler und Derrida haben auf verschiedene Weise den Kapitalismus, das Patriarchat, den Staat, soziale Ungleichheit und Normen persönlicher Identität kritisiert. Es liegt nahe zu fragen, mit welchen Mitteln und mit welchem Recht sie das tun. Eine mögliche Vorklärung besteht darin, ihre kritischen Vorgehensweisen zu vergleichen. Die Ziele können verschieden sein. Man kann der Frage nachgehen, weshalb sich westliche Gesellschaften seit der Aufklärung ständig selbst kritisieren (Koselleck 1959; Foucault 1978), und die Situation zu begreifen versuchen, in der „Kritik zum begründungspflichtigen Problem wird" (Bohmann/Gertenbach/Laux 2010: 55). Man kann auch vergleichend prüfen, wie kritische Positionen begründet werden, ob etwa die dabei beanspruchten „Werte oder Normen" kulturrelativ sind oder „in der menschlichen Lebensform als solcher gründen und somit für alle Gesellschaften gelten" sollen (Iser 2008: 9). Alternativ kann man auf Kritikformen hinweisen, die sich gezielt der Angabe normativer Gründe entziehen (Saar 2009), oder das Verhältnis kritischer Wortführer zu ihrer Klientel klassifizieren (Celikates 2009). Ein typisches Resultat ist in jedem Fall eine Typologie der Kritikformen. Michael Walzer hatte, um das Verhältnis der Kritikerin zu den normativen Standards ihrer Gesellschaft zu klären, „Drei Wege der Gesellschaftskritik"[4] unterschieden, von denen er einen (die „kritische Interpretation" bereits etablierter Normen) selbst geht. Matthias Iser bettet die „rekonstruktive Kritik" von Honneth und Habermas bereits in ein Spektrum von insgesamt sechs Kritik-Typen ein, eine Jenaer Autorengruppe ergänzt auf sieben, um schließlich „subversive Taktiken" am Rand des Systematisierbaren zu empfehlen (Bohmann/Gertenbach/Laux 2010). Die Typologie enthält nun auch „konstruktivistische" (Rawls), „genealogische" (Foucault, Nietzsche) und „welterschließende Kritik" (Derrida, Rorty) sowie „Ideologiekritik" (Marx, Horkheimer, Adorno).

Auch diese Listen ließen sich fortführen. Der entscheidende Punkt ist aber bereits erkennbar: je umfassender die Typologie, desto gleichgültiger werden die Inhalte. Abgesehen von der Konvention, eher linke Anliegen zusammenzustellen (meistens stillschweigend, explizit z.B. bei Walzer 1988: 44), sind die Beispiele völlig austauschbar. Bei Iser, der den Kritikvergleich mustergültig durchführt, wird das besonders deutlich. Nachdem er fallweise Rassismus, Sexismus, Ausbeutung, Entfremdung und die Mafia erwähnt hat, kommt sein Zwischenfazit

---

4 So der Übersetzungstitel seines Essays *Three Paths in Moral Philosophy* (1987) – tatsächlich geht es darin wie im kurz später folgenden Buch *The Company of Critics* maßgeblich um 'Social Criticism' (Walzer 1988).

zu zunächst „fünf konkurrierenden Formen der Gesellschaftskritik" ganz ohne Sachfragen aus. Fraglich ist bloß, ob die Kritik „deskriptiv" oder „normativ" vorgeht, sich „extern" oder „intern" zu verbreiteten Maßstäben verhalten sollte. Die Antworten sind differenziert.[5] Doch von den „konkurrierenden", sehr verschieden ansetzenden und oft inkompatiblen Auflehnungen gegen Ausbeutung, Männerherrschaft oder rassistische Ausgrenzung ist hier nichts mehr zu spüren. Auch für das Gesamtergebnis der Studie scheinen die bestimmten Konflikte unwichtig zu sein. Iser erklärt, dass sich prinzipiell „alle Missstände durch den Ansatz der kommunikativen Anerkennung [...] erfassen" ließen, aber auch „andere Formen der Kritik" ein Recht hätten, weil sonst „womöglich einige Flecken auf der Landkarte der kritikwürdigen Phänomene schwarz" blieben (ebd.: 302). Unter dem metakritischen Blick werden diese Phänomene zumindest sehr grau.

Die Anliegen von Empörung und Solidarisierung, Protest und Gegenentwürfen, Widerstand und Subversion treten auch dann nicht deutlicher hervor, wenn bestimmte Kritiktypen oder sogar konkrete Themen zur Debatte stehen. Das genealogische „Modell" etwa, „auf dessen Legitimität als [...] Option der Einlösung des machtkritischen Projekts der Sozialphilosophie" Martin Saar „hinweisen" will, bleibt ebenfalls vage: „Vielleicht werden erst unter einer derart orientierten Beschreibung Phänomene wie die Koexistenz von formaler Freiheit und neuer Entrechtung, die fast unmerkliche Komplizität mit den Herrschaftstechniken der wertenden und abwertenden Identifikation oder die Selbststabilisierung von normalisierenden Lebensformen, in denen sich Macht und Mentalitäten einschreiben, fassbar, denkbar und problematisierbar." (Saar 2009: 587) Die möglicherweise gemeinten Themen sind hier offenkundig durch viele Abstraktionsfilter gegangen. Deutlicher müssten die Bezüge werden, wenn die Kritikmethodologie an einem bestimmten Thema wie Kapitalismus erprobt wird. Dass die genannten Jenaer Autoren dabei überwiegend bloß Isers Typologie wiederholen, scheint ein Versehen zu sein – abschließend warnen sie selbst vor einer „Kapitalismuskritik, die sich in Begründungsfragen verheddert, bezüglich der gelebten Praxis aber stumm bleibt" (Bohmann/Gertenbach/Laux 2010: 69). Alternativen finden sich rasch: Nancy Fraser erklärt, dass man den Kapitalismus mit einem „perspektivischen Dualismus" von Anerkennungs- und Verteilungskritik angreifen kann (Fraser 2003: 95f), Axel Honneth (2003: 177ff.) und Rainer Forst (2011: 142ff.) wenden ein, dass erst eine Theorie der Anerkennung oder

---

5   Zur Frage extern-intern heißt es z.B.: „Weil sich jede fruchtbare Form von Gesellschaftskritik auf *etwas* beziehen muss, das einen allgemein überzeugenden Ausgangspunkt für unsere kritischen Argumente darstellt, kann sie nicht vollkommen extern sein [...]. Aber daraus [...] folgt keineswegs, man müsse sich ausschließlich auf bereits bestehende Werte oder Normen beziehen." (Iser 2008: 82)

Rechtfertigung die Produktionsweise selbst in den Blick bringt; Rahel Jaeggi (2013) und Hartmut Rosa unterscheiden eine funktionale, eine moralische und eine ethische Kritik des Kapitalismus – wobei Rosa seine Kollegen auffordert, sich zwischen diesen Kritiken zu entscheiden (Dörre/Lessenich/Rosa 2010: 205ff.), während Jaeggi meint, dass sie verbunden werden sollten.[6] Das verspricht viele gute Antworten auf die Frage: *Was, wenn überhaupt etwas, ist falsch am Kapitalismus?* (Jaeggi 2013) Konkret bricht die Analyse jedoch regelmäßig ab, sobald die Kritikformen geprüft sind. Fraser geht bereits sehr weit, wenn sie „Ungerechtigkeiten" in der Produktion und Aneignung von Gütern nennt, die „Umverteilung und Demokratisierung" erfordern. Doch die Konsequenzen sind hier wie sonst offen: „Was nach einer solchen Maßnahme von der kapitalistischen Eigentumsform überhaupt noch übrigbleiben würde, muss Gegenstand einer eigenen Untersuchung bleiben" (Fraser 2003: 96). Man kann daher wohl Rahel Jaeggi zustimmen: Das bestmögliche Ergebnis eines Kritiktypenvergleichs ist, dass man die Typisierung verwirft und sich dem Gegenstand der Kritik zuwendet.

b) Eine naheliegende Möglichkeit hierfür wurde bisher noch nicht diskutiert: die Empfehlung, Verteidigung oder Erfindung einer bestimmten kritischen Strategie. Die Sortierung hat dann ein substanzielles Ziel. Wenn in (proto-)politischen Debatten Fehlschlüsse, Scheinevidenzen und einseitige Sichtweisen kursieren, lassen sie sich vielleicht methodisch ausräumen; die Kritikreflexion stellt fest, was falsch läuft, und kann positiv zeigen, wie es besser ginge. Die meisten der genannten Texte verfolgen diesen Zweck, bekanntere Beispiele lassen sich leicht ergänzen: Den VertreterInnen sozialen Fortschritts etwa wurde vorgehalten, dass sie einen westlich-männlich-hochkulturellen Standpunkt einnehmen (vgl. z.B. Spivak 1987; Young 1990) – und der Gegenseite, dass sie vor lauter Kultur- und Symbolpolitik grundlegende Ungleichheiten aus dem Blick verliert (Rorty 1998; Nussbaum 1999); philosophisch ist strittig, ob kritische Urteile allgemeingültige normative Grundlagen ausweisen müssen, weil sie sonst niemand überzeugen können (Gewirth 1978; Habermas 1981 u.ö.), oder ob solche Grundlagen in der Moderne zerstört wurden und davor primär Herrschaft gestützt haben (Connolly 1974; Rorty 1988). Wenn in der jüngeren Debatte Beiträge wie die von Honneth oder Fraser als „avanciert" bezeichnet werden (Forst 2011: 137), heißt das gewöhnlich, dass sie solche Gegensätze zu überwinden versuchen. Das Ergebnis könnte eine Dienstleistung der akademischen Diskussion für die öffentliche sein: Sie könnte Argumente verschiedener Seiten klären und ins Gespräch bringen,

---

6 „Eine Kritik am *Kapitalismus als Lebensform* [...] wäre also eine, die alle drei Dimensionen – das funktionale, das moralische, das ethische Defizit – zueinander in Beziehung setzen müsste." (Jaeggi 2013: 19) Worin die Defizite bestehen, wird in dem Text nicht ausgeführt.

oder sie könnte systematisch eine Position stärken. Ein näherer Blick zeigt jedoch meist den umgekehrten Effekt: Anfangs politische Anliegen werden in der Kritikmethodendebatte in vorwiegend akademische verwandelt und der öffentlichen Debatte zusehends entzogen. Ich will das zunächst an einem markanten Fall zeigen und später allgemein erklären.

Nancy Fraser gehörte zu den Intellektuellen, denen bereits Ende der 1990er Jahre der Diskurs um kulturelle, ethnische und sexuelle Ausgrenzung zu dominant wurde und die dagegen eine neue Kritik ökonomischer Ungleichheiten verlangten. Frasers Titel für beide Seiten sind „Anerkennung" und „Umverteilung", ihre Kritik lautet, dass die erstere die zweite „verdrängt" und sich intern zur Identitätspolitik „verdinglicht", also auf das Wir-Gefühl von Sondergruppen verengt habe (Fraser 1998). Als Anerkennungsvertreter erwähnt sie (neben Taylor) Axel Honneth, der mit einer Gegenkritik reagiert hat. Der Gang und die Rezeption der Debatte zeigen mustergültig, wie sich politische Anliegen in solche der akademischen Philosophie umwandeln. Bereits Fraser will „Umverteilung und Anerkennung als *normative philosophische Kategorien*" formulieren, begreift dies jedoch zugleich als Zuarbeit für „einen entstehenden antihegemonialen Block sozialer Bewegungen" (Fraser 2003: 134), der beide Ziele verbinden soll. Ob Honneth diese Absicht bemerkt und ernst nimmt, wird nicht völlig klar; in seiner Rekonstruktion wird die akademische Kritik ausschlaggebend: „Im Zuge des Versuchs einer Klärung jener normativen Zielsetzungen, die heute eher diffus und zumeist implizit von verschiedenen Sozialbewegungen verfolgt werden, soll zugleich ein moralischer Maßstab herausgearbeitet werden, der uns über die öffentliche Rechtfertigbarkeit dieser Zielsetzungen zu informieren vermag und zudem deren politische Durchsetzbarkeit erhöhen soll." (Honneth 2003: 131). Dass auch die Bewegungen zielstrebig und die Rekonstruktionen wolkig sein könnten, ist nicht vorgesehen. Doch Honneth will weiter gehen und wird zur Abgrenzung sehr deutlich: „bei mir stellt die 'anerkennungstheoretische Wende' den Versuch einer Antwort auf ein theorieimmanentes Problem dar, nicht die Reaktion auf eine soziale Entwicklungstendenz der Gegenwart" (ebd.: 148). Die Frage lautet nun: „Welches sind die konzeptionellen Mittel, mit denen eine Sozialtheorie darüber zu befinden vermag, was an der gesellschaftlichen Wirklichkeit von den Subjekten als soziales Unrecht erfahren wird?" (Ebd.: 149) Das überrascht etwas, da zumindest die Unrechts*erfahrungen* vor dem theoretischen Befund liegen dürften. Doch Honneth hat ein Motiv für die eigenwillige Formulierung: Er beansprucht, „soziale Unrechtserfahrungen im ganzen kategorial zu entschlüsseln" (ebd.: 157). Dies soll ausschließlich und konkurrenzlos der Begriff der Anerkennung leisten. Ob Honneth sein Versprechen halten kann, muss hier nicht näher interessieren. Entscheidend ist der Schritt von einem Projekt „gegenhegemonialer" Politik zum Hegemonieanspruch einer Theorie. Die kritische Theorie, die Honneth umreißt, verbündet sich nicht mit benachteiligten Gruppen, sondern prüft, ob sie ein Recht auf ihre Unrechtserfahrung haben. Das ist vielleicht ehrlicher als ein oppositionelles Selbstbild, aber es ergibt eher eine „Theorie über Kritik".

Eine alternative Entpolitisierung bietet Rainer Forst in seinem Kommentar zur Debatte, der ironischerweise die „entscheidende *politische* Frage der Machtausübung" betont (Forst 2011: 150). Gemeint ist damit ein allgemeines Prinzip, denn Forst zieht gar nicht mehr in Betracht, dass am Anfang ein Interventionsversuch stand. Auch die sozialtheoretischen Einsätze sind nicht mehr erkennbar; für Forst begegnen sich mit Fraser und Honneth zwei unzureichende Versuche, die Ziele Gerechtigkeit und Selbstverwirklichung miteinander zu vermitteln (ebd.: 134ff.). Da weder die „anthropologischen oder sozialontologischen Begründungen" (ebd.: 151) der Anerkennung noch Ziele wie die „Umverteilung" kritischer Prüfung standhielten (ebd. 142f.), empfiehlt Forst seinen eigenen Ansatz: das „Recht auf Rechtfertigung" (Forst 2007). Damit ist der Übergang von der Diskurspolitik zum Theoriewettbewerb besiegelt.

c) Forsts theoretischer Ansatz klingt dabei plausibel und scheint sogar geeignet, akademische Machtansprüche zu begrenzen: Er setzt systematisch auf Verfahren, in denen die Beteiligten selbst ihre Ziele bestimmen. Diese Wendung erlaubt zugleich (wenn man weniger dogmatisch verfährt als ihr Erfinder Apel) Begründungsfragen zu entdramatisieren. Die Theorie soll nicht inhaltlich die Prinzipien erarbeiten, denen Kritik und Politik zu folgen haben, sondern nur festhalten, wie man sie aushandeln sollte. Sie muss dann z.B. nicht zwischen dem „Richtigen" und dem „Guten", politischen und sozialen Rechten wählen. Stattdessen genügt es, eine herrschaftsfreie Diskussion zu fordern. Entsprechend beliebt ist der Prozeduralismus in der normativen politischen Theorie. Bei Habermas und seinen Anhängern heißt er inzwischen bevorzugt „deliberative Demokratie", praktischer orientierte VertreterInnen wollen mit Bürgerdiskussionen die Rationalität politischer Verfahren erhöhen (Fishkin 1995; Brown 2006), andere sehen vor, die in Alltagskonflikten geübte Kritik in akademisch gepflegte zu übersetzen (Celikates 2009; Boltanski 2010). Auch Fraser empfiehlt unter dem Titel „partizipatorischer Parität", dass alle „als Ebenbürtige" über gemeinsame Angelegenheiten entscheiden (2003: 54f.) – und Forsts „Recht auf Rechtfertigung" betont schon im Titel den Vorrang des Verfahrens.

Die genannten Ansätze werfen jedoch diverse Probleme auf, von denen zwei entscheidend sein dürften. Auf der einen Seite ist es nicht leicht, den „rationalen", von Herrschaft und Sonderinteressen freien Kern faktisch geübter Kritik und erreichter Verständigung zu finden (Boltanski 2010: 45ff.).[7] Auf der anderen

---

7 Dabei wäre auch zu klären, welche Einigung praktikabel ist. Forst erwähnt dies, ohne eine Lösung zu bieten: „Personen [...] sollten [...] als handelnde *Subjekte der Gerechtigkeit*

Seite ist fraglich, inwieweit Resultate einer rationalen Verständigung vorweggenommen werden dürfen, bevor wirklich alle an ihr beteiligt sind und sich an ihre Ergebnisse halten (vgl. z.B. Apel 1992: 29ff.; Fraser 2003: 64f.). In der noch nicht ganz vernünftigen Gesellschaft bleibt damit wohl ein Dilemma: Entweder muss man *sehr viel* uneingeschränkt „rationale" Diskussion kontrafaktisch konstruieren, oder man muss bereits etablierte, nicht wirklich herrschaftsfreie Kritik- und Diskussionsformen als *sehr rational* auffassen – wie es etwa Habermas (1996) mit politischer Öffentlichkeit und parlamentarischer Entscheidungsfindung versucht hat. Damit zeichnet sich ab, dass die Akademisierung, mit der die politischen Inhalte gleichgültig werden, gerade dort droht, wo Kritik als allgemeines Vernunftverfahren angelegt werden soll.

Forst zeigt, wie sich der Verdacht bestätigen kann. Er umreißt strikt prozeduralistisch eine „Kritik der Rechtfertigungsverhältnisse", die drei Anteile hat: „Erstens die kritische Analyse nicht zu rechtfertigender politischer und sozialer Beziehungen [...] – Beziehungen der Diskriminierung, der Exklusion, der fehlenden Gleichberechtigung bzw. Chancengleichheit. [...] Zweitens ist damit die Kritik 'falscher' Rechtfertigungen solcher Verhältnisse gemeint, die sie gegen Infragestellungen abschotten und als legitim darstellen [...]. Drittens ist damit – reflexiv gesprochen – eine Kritik fehlender Strukturen und Institutionen der Rechtfertigung selbst gemeint, die notwendig wären, um Kritiken der ersten beiden Kategorien zu ermöglichen und ihnen zur Effektivität zu verhelfen." (Forst 2009: 162) Damit werden Begründungsdiskurse politisch entscheidend. Wer Kritik äußert, meint im Kern, dass kein (guter) Grund besteht, eine Einrichtung oder Praxis zu akzeptieren. Das mag einige kritische Impulse erklären; zugleich könnten Forderungen nach Gerechtigkeit, Würde u.ä. mehr beinhalten als nur den Anspruch, die „Gesamtstruktur der Rechtfertigungsordnung" (ebd.: 164) zu verändern. Doch das Hauptproblem ist ein anderes: Forsts Vorschlag verspricht, die politische Welt zu einem moralphilosophischen Seminar zu machen. Würde der dort praktizierte Austausch von Gründen – Habermas' herrschaftsfreier Diskurs – kollektive Entscheidungen anleiten, wäre Ordnung ohne Unterdrückung erreicht. Plausibel ist das aber nur, wenn man Rechtfertigung nicht als Legitimation bereits bestehender Herrschaft versteht,[8] sondern als Ordnung

---

    verstanden werden, das heißt als autonome Akteure, welche die Strukturen der Produktion und der Verteilung mitentscheiden, die ihr Leben bestimmen – natürlich eingedenk der Beschränkungen der Gesellschaftssysteme, wie sie sich in den modernen Gesellschaften entwickelt haben." (Forst 2011: 148f) Die Kernbegriffe (vom „autonomen Mitentscheiden" über das „eingedenk" bis zu den undurchsichtigen „Beschränkungen der Gesellschaftssysteme") sind hier so offen, dass sich fast jede politische Seite auf sie berufen könnte.

8 So hatte die Sache etwa Adorno gesehen: „*Ideologie ist Rechtfertigung.* Sie erheischt [...] die Erfahrung eines bereits problematischen gesellschaftlichen Zustandes, den es zu

einrichtende Praxis. Für Forst sind „die Orte der Gerechtigkeit dort zu suchen
[...], wo die zentralen Rechtfertigungen für die soziale Grundstruktur geliefert
werden müssen und die institutionellen Weichenstellungen vorgenommen werden, die das soziale Leben von Grund auf bestimmen" (Forst 2011: 41). Dass über
soziale Grundstrukturen bisher nicht so entschieden wurde, dürfte Forst klar
sein. Ob dies zukünftig geschehen könnte, kann offenbleiben. Ideologietheoretisch entscheidend ist, dass der Wunsch danach einen starken Machtanspruch
der akademischen Intellektuellen dokumentiert, die bereits Rechtfertigungen
hervorbringen, aber noch keine politische Herrschaft ausüben.

Bevor ich diesem Anspruch nachgehe, hebe ich kurz zusammenfassend hervor,
inwiefern die kritisierten Effekte der Kritikreflexion kein Unfall sind. Erstens
liegt es nahe und entspricht Forschungsgepflogenheiten, dass man philosophische
und sozialwissenschaftliche Theorien typisierend anordnet; mit den kritischen
unter ihnen verfährt man genauso – und neutralisiert damit ihre praktischen
Impulse. Es wäre auch seltsam, wenn Marx und Foucault auf Dauer anders behandelt würden als etwa Smith oder Weber. Zweitens versuchen ambitionierte
TheoretikerInnen, möglichst grundsätzliche Alternativen zu bisher anerkannten
Argumenten zu finden, wobei der akademische Wettbewerb und nicht die politische Auseinandersetzung die Regeln bestimmt. Ohne eine gewisse Penetranz
im Empfehlen der eigenen Grundsätze wäre Honneth nicht geeignet gewesen,
die Frankfurter Schule nach Habermas fortzuführen. Und drittens ist gut verständlich, dass akademisch Beschäftigte wie Habermas oder Forst die Strukturen
ihrer Tätigkeit zum Maß ihrer Weltauffassung machen. Zumindest wurde dies
auch für andere Bereiche bemerkt: „Die Verhältnisse werden in der Jurisprudenz,
Politik etc. – im Bewusstsein zu Begriffen; da sie nicht über diese Verhältnisse
hinaus sind, sind auch die Begriffe in ihrem Kopf fixe Begriffe; der Richter z.B.
wendet den Code an, ihm gilt daher die Gesetzgebung für den wahren aktiven
Treiber." (Marx/Engels, MEW 3: 539) So auch der Soziologe, die Politologin
oder die Philosophin. Im Folgenden gilt es zu analysieren, wie ihre Funktion
mit sozialtheoretischer Distanz zu verstehen ist.

2. Aporien der Kritikerklasse und Institutionen der Weltauslegung

Ein Jahr bevor Habermas' *Theorie des Kommunikativen Handelns* erscheint,
stirbt Alvin W. Gouldner, der ein weiteres Jahr davor sein wichtigstes Buch
publiziert hatte: *The Rise of the New Class* (1979). Es lässt sich als vorgreifende

---

verteidigen gilt [...]. Wo bloß unmittelbare Machtverhältnisse herrschen, gibt es eigentlich
keine Ideologien." (Adorno 1954, 465)

Metakritik von Habermas' Hauptwerk (und Vorahnung von NachfolgerInnen wie Forst) lesen. Die aufsteigende „Neue Klasse" bilden Gouldner zufolge die (naturwissenschaftlich-technische) „Intelligenz" und die (humanistisch geschulten, öffentlich äußerungsfähigen) „Intellektuellen"; ihr verbindendes Medium ist eine „Culture of Critical Discourse". Gouldner bezeichnet so einen Diskurs, „der es (1) zur Pflicht macht, jede Behauptung zu *rechtfertigen*, dessen Rechtfertigungs*weise* jedoch (2) nicht in der Inanspruchnahme von Autoritäten besteht, der vielmehr (3) der *freiwilligen* Zustimmung der Adressaten allein auf der Basis der beigebrachten Argumente den Vorzug gibt." (Gouldner 1979: 55) So weit, so auffallend ähnlich; eventuell hat Gouldner Habermas' diskursethische Programmtexte verarbeitet. Er beschreibt den kritischen Diskurs allerdings nicht nur mit analytischer Distanz, sondern sogar als „Tiefenstruktur" einer Klassenideologie: „*Die von den Intellektuellen und der Intelligenz geteilte Ideologie ist also eine Ideologie des Diskurses.*" (Ebd.) Gouldner konkretisiert diese Kennzeichnung quasi-marxistisch. Zum einen haben die „Intelligenz" und die „Intellektuellen" für ihn gemeinsame Interessen: „Die Neue Klasse ist eine Kulturbourgeoisie, die privat die Nutzungschancen (*advantages*) eines historisch und kollektiv produzierten kulturellen Kapitals aneignet" (ebd.: 41) – Einkunftspositionen, Status, Macht und Kontrolle der kulturellen Produktionsmittel. Zum anderen spricht der öffentlich tätige Klassenteil in seinem kritischen Idiom jedoch immer für alle, nicht zuletzt für die schlechter ausgebildeten Massen. Das muss nicht unehrlich sein, aber ebenso wenig wäre die Durchsetzung der Gebildeten „das Ende der Herrschaft": „Das Paradoxon der Neuen Klasse besteht darin, dass sie *sowohl* emanzipatorisch *als auch* elitär ist. [...] Selbst da, wo sie alte Ungleichheiten zerstört, errichtet die Neue Klasse stillschweigend eine neue Hierarchie der Wissenden, der Informierten, der Reflektierten und Verständigen." (Ebd.: 148f)

Gouldners Skizze ist unvollständig, seine Analyse der akademisch Ausgebildeten (die nicht alle „Intellektuelle" sein müssen) ist klassentheoretisch unscharf, und seine Prognosen sind nur teilweise eingetroffen.[9] Er bietet jedoch ein seltenes Beispiel für *die* Selbstreflexion von Kritik, die tatsächlich hilfreich wäre: eine Reflexion auf die Lage, die Interessen und die praktischen Perspektiven der KritikerInnen. Ich will im Folgenden weitere Ansätze für diese Selbstreflexion durchgehen. Im Hintergrund steht die Annahme, dass sie nicht zufällig abgebrochen ist: In dem Maß, in dem sich Gesellschaftskritik akademisch etabliert,

---

9 Gouldner entwickelt seine Theorie kulturellen Kapitals, die anders als die Bourdieus einen Begriff kultureller Ausbeutung versprochen hätte, leider nicht weiter; er führt nur die durch Zugangskontrollen gesicherten Profite bzw. Renten der Professionen an. Zudem setzt seine Vorhersage, dass die 'new class' zur herrschenden würde, (ähnlich wie Konrad und Szelényi, Schelsky und Bell) zu sehr auf eine staatlich organisierte Wissensökonomie.

nimmt ihre Abhängigkeit von bestimmten anderen Interessengruppen ab, sodass sie (anders als zu Zeiten Gramscis, Mannheims und noch Sartres) nicht mehr dringend mögliche Bündnisse reflektieren muss. Ihr Verhältnis zu gesellschaftlichem Legitimationsbedarf wird abstrakter, und ihre Experimente finden andere Felder, etwa die Subversion symbolischer Ordnungen. Mich interessiert das Ergebnis dieses Prozesses: Welche, wenn überhaupt eine Funktion kann es haben, dass eine Gesellschaft sich institutionalisierte Gesellschaftskritik leistet? Wie ist, anders gesagt, deren akademische Etablierung erklärbar? Für die Antwort setze ich bei drei thesenstarken, doch jeweils einseitigen Klassikern an, die unterwegs zur Selbstreflexion als Hochschulintellektuelle waren: Foucault, Althusser und Bourdieu.

Foucault äußert sich am optimistischsten. In seiner bekannten These, dass der „allgemeine", für alle sprechende Intellektuelle zunehmend durch den „spezifischen", an seiner jeweiligen Funktionsstelle opponierenden abgelöst werde, spielt akademische Tätigkeit eine wichtige Rolle. Nicht nur „die Richter und die Psychiater, die Ärzte und die Sozialarbeiter", sondern auch „die Arbeiter in den Labors und die Soziologen" sollen an ihrem je „eigenen Ort [...] an einer umfassenden Politisierung der Intellektuellen partizipieren" (Foucault 1976: 146). Das klingt programmatisch, wird aber kausal gewendet: „Dieser Vorgang erklärt, warum bei gleichzeitigem tendenziellem Verschwinden des Schriftstellers als Galionsfigur der Professor und die Universität [...] als [...] privilegierte Kreuzungspunkte in Erscheinung treten. Dass aus der Universität und aus der Lehre politisch ultrasensible Regionen geworden sind, hat mit Sicherheit darin seine Ursache." (Ebd.) Foucault erläutert ergänzend, die Universität verstärke „Machtwirkungen inmitten einer vielgestaltigen Gesamtheit von Intellektuellen", „die praktisch alle durch sie hindurchgehen und sich auf sie beziehen" (ebd.); als umfassende These fügt er später hinzu, dass sich die politischen Kämpfe dorthin verlagern, wo an der „für das Funktionieren unserer Gesellschaft so wichtigen Ordnung der Wahrheit" gearbeitet wird (ebd.: 150). Das lässt allerdings offen, wofür genau die „Wahrheitsordnung" wichtig ist – und ob ihre akademische Pflege nicht Regeln folgt, die politische Ziele systematisch verändern. Solche Brechungen vermuten Bourdieu und Althusser, für die institutionelle Wahrheitspflege an organisierte Positionskämpfe gebunden ist und wesentlich der Reproduktion ideologischer Produktionsbedingungen dient.

Bourdieu legt im *Homo academicus* (1984) ein schlichtes, aber schonungsloses Verständnis des akademischen Feldes nahe. Zunächst erinnert er daran, dass die AkademikerInnen bislang immer nur untergeordnet zur herrschenden Klasse gehört haben. Sie bilden „die wesentlichen Gegensätze innerhalb des Macht-Feldes zwischen beherrschter und beherrschender Fraktion" sogar auch unter sich ab (Bourdieu 1984: 91), indem sie entweder wie MedizinerInnen und

JuristInnen eine „Ordnungs- und Machtwissenschaft" pflegen (ebd.: 130) oder wie Geistes- und SozialwissenschaftlerInnen bloß *über* Ordnung reflektieren. Im zweiten Fall haben sie größere kritische Spielräume und häufig – „als (relativ) Beherrschte zweiten Grades" (ebd.: 281) – höheren Leidensdruck. Überall wird jedoch die innerakademische Machtordnung spürbar: „Universitäres Kapital hat und behält, wer Positionen innehat, mit denen sich andere Positionen [...] beherrschen lassen" (ebd.: 149), zumal die des Nachwuchses, der zu den Etablierten in Klientelverhältnissen steht und sich auf dem langen Karriereweg „in einer Art innerer Unterwerfung" (ebd.: 178) die Prinzipien der Institution zueigen macht. Bourdieu kontrastiert diese Mechanismen mit den offeneren Chancen des publizistischen Markts. Mit dessen Krise könnten traditionelle Muster jedoch unerwartet intakt bleiben. „Analog zur Akkumulation symbolischen Kapitals in einer vorkapitalistischen Gesellschaft [...] wird die Akkumulation [...] akademischer Autorität mit dem Einsatz der ganzen Person erkauft", mit Regeltreue, Loyalität, „wechselseitig erwiderten Diensten", dem „Aufbau von Bündnissen, einer besonderen Klientel und generell eines stillschweigenden Einverständnisses aller Beteiligten" (ebd.: 167f.). Der „akademische Kapitalismus" der Exzellenzwettbewerbe (Münch 2011) zeigt in dieser Beleuchtung neofeudale Züge.

Nimmt man Althussers Analysen zu den „ideologischen Staatsapparaten" (ISA) hinzu, kann man zudem an kirchliche Hierarchien denken. Althusser diskutiert die im Bildungssystem vermittelten Inhalte, die Bourdieu weitestgehend ausspart. Die bekannte These ist, dass sie auch jenseits der Ausbildung nützlicher Kompetenzen eine Funktion haben. Zum einen müssen Menschen ein Verhältnis zu sich und ihrer Wirklichkeit ausbilden („das imaginäre Verhältnis der Individuen zu ihren realen Existenzbedingungen"; Althusser 1970: 133), und Instanzen wie Kirche, Schule und Kino bieten ihnen Muster dafür. Zum anderen braucht jede soziale Ordnung, auch wenn sie einigen auf Kosten anderer nutzt, breite Zustimmung, zu der die ISA anleiten (ebd.: 119f). Althussers Hauptbeispiel ist die Schule, doch man muss nur ein wenig weiter denken, um zu den Hochschulen zu kommen (Demirović 2007). Die jeweils ausgebildeten Subjekte, zunehmend kenntnis- *und* überzeugungsreich, gehen in immer höhere Tätigkeitsfelder ab: „Jede Gruppe, die unterwegs 'fällt' [eine Anspielung auf 'Kader'], ist praktisch mit der Ideologie versehen, die ihrer Rolle in der Klassengesellschaft entspricht" (128). Eine differenziertere Darstellung der vermittelten Einstellungen wäre hier sicher sinnvoll. Zugleich weisen Bildungsziele der Gegenwart bemerkenswerte Ähnlichkeiten zu Althussers Skizze auf: Auch heute wird nicht nur Beschäftigungsfähigkeit angestrebt, sondern auch die Ausbildung von „Selbst- und Sozialkompetenzen" sowie staatsbürgerlichen Tugenden. Und für die primär reflektierenden Fächer liegt es überdies nahe, zu fragen: *Was sonst* sollten sie leisten? Sofern sie Überzeugungen und Begründungen, Selbst- und Weltverhältnisse betreffen, sind sie im weitesten Sinn immer ideologisch. Allerdings greift die dabei mögliche „Kritik" die mutmaßlich vermittelte Ideologie an. Wenn Hochschulen vorrangig antiautoritäre, radikaldemokratische und kapitalismuskritische Inhalte pflegen, ist schwer zu sehen, wessen Rolle in der Klassengesellschaft sie vorbereiten. Man könnte Althusser also einfach entgegenhalten, dass die Reflexion leistet, was sie verspricht: Sie zwingt Ordnungen in die Begründungsdebatte und trägt so zu ihrer Rationalisierung und Relativierung bei. Liegt die Ideologie also (auch) in der Analyse? Ein Teil dieser Frage lässt sich allgemein klären. Die Analysen Bourdieus, Althussers und Foucaults sind sämtlich von Einseitigkeiten geprägt, die von einer prekären Sprecherposition zeugen. Alle drei sprechen als Akademiker für ein vorwiegend akademisches Publikum; sie verorten sich jedoch (ihrer faktischen Erfahrung entsprechend) am Rand des Betriebs, indem sie die akademischen Institutionen entweder wie Foucault voluntaristisch verflüssigen oder wie seine Kollegen objektivistisch verhärten. Das typische Handlungswissen von Insidern, die gelernt haben, welche Schrauben man drehen kann, und so begrenzt etwas zu erreichen erhoffen, vermeiden sie prinzipiell. So können sie einerseits wie von außen Mechanismen benennen, die für die heutigen KritikerInnen zur Selbstverständlichkeit abgesunken oder verbindlich geworden sind; andererseits stilisieren sie diese Mechanismen jedoch als reinen systemischen Zwang oder reine Verfügungsmasse.[10]

Das Bild wird daher plausibler, wenn man die absoluten Festlegungen der Anti-Voluntaristen in starke Tendenzen übersetzt. Die mit Bourdieu und Althusser begriffenen Institutionen erscheinen dann als *Filter*: Es ist *sehr wahrscheinlich*, dass geistige und politische Radikalität durch akademische Konkurrenzkämpfe und Patronage gebrochen wird, dass eine in diesem Apparat gepflegte Kritik nicht die relativen Privilegien der Akademikerklasse angreift, dass diese die Staatsmacht und die Oberschichten, denen sie ihren Unterhalt verdankt, nur begrenzt infrage stellt, sie in vielen Aspekten bejaht und ihnen (in immer noch zu klärender Weise) Legitimationsstücke liefert. Situationen, in denen die Filteranlagen von Krisenbewusstsein und institutioneller Unzufriedenheit, vom Druck neuer Zugänge

---

10 So legt es zumindest ein Blick auf die Beteiligten nahe: Viele Principal Investigators und Assoziierte wie Christoph Menke, Axel Honneth, Stefan Gosepath und Martin Saar (vgl. für weitere Informationen: www.normativeorders.net) bewegen sich in der Tradition der Frankfurter Schule und wurden teilweise erst im Rahmen des Clusters nach Frankfurt berufen. Auch unter den Forschungsprojekten finden sich viele Themen der Kritischen Theorie; insgesamt umfasst das Exzellenzcluster allerdings deutlich mehr als deren Fortführung. Sie hat hier nur einen besonders starken Rahmen bzw. ihren momentan stärksten Stützpunkt.

oder nichtakademischer Kräfte weggespült werden, bleiben möglich, sind aber nicht zufällig selten.

Sollte die akademische Kritik nicht nur im Sinn von Selbstüberschätzung ideologisch sein, müsste sich allerdings auch positiv zeigen lassen, wie sie Herrschaftsstrukturen rechtfertigt oder in ihrer symbolischen Praxis verstärkt. Die marxschen und gouldnerschen Formeln zur geistigen Macht der Bourgeoisie oder Kulturbourgeoisie bieten hierfür nur erste Ansätze. Um sie abschließend auszuführen, gehe ich von einer neueren akademischen Machtform aus, versuche dann eine offene Funktionsbestimmung für die Rolle kritischer Inhalte zu gewinnen und trage sie schließlich in die Ausgangskonstellation Populismus vs. „Eliten" ein.

In letzter Zeit fließen Forschungsmittel bekanntlich zunehmend in große, auf Antrag und in Wettbewerben vergebene Verbundprojekte, von Forschergruppen bis zu Exzellenzclustern. Für die Geistes- und Sozialwissenschaften wird rege diskutiert, was (wenn überhaupt etwas) diese Verbünde solide finanzierter Einzelforschung hinzufügen. Hier interessiert vor allem ihr politischer Effekt in Verbünden mit kritischem Schwerpunkt, etwa den Graduiertenkollegs Selbst-Bildungen (Oldenburg) und Kulturen der Kritik (Lüneburg) oder dem Jenaer Kolleg Postwachstumsgesellschaften. Viele Kennzeichen dürften alle Orte dieser Art teilen. Ein besonders gutes, weil repräsentativ gefördertes Beispiel bietet erneut die Frankfurter Schule, deren Kontinuität aktuell maßgeblich durch das von Forst und dem Rechtswissenschaftler Klaus Günther geleitete Exzellenzcluster „Normative Orders" bzw. „Die Herausbildung normativer Ordnungen" an der Goethe-Universität Frankfurt gesichert wird.[8] Das könnte einen neuen institutionellen Zustand der Schule bedeuten. Nach der privat finanzierten, in der Emigration außerakademisch organisierten Kapitalismus-, Staats- und Kulturkritik unter Horkheimer sowie den akademisch eingehegten Versuchen von und um Habermas, kritisch besetzbare Prinzipien der westlichen Demokratie zu erschließen, engagieren sich die Erben erfolgreich in den Wettbewerben des akademischen Kapitalismus. Die Inhalte sind gegenüber den früheren Phasen vielfältiger, weil mehr Nachwuchs finanziert werden kann und die Clustersprecher weniger Theorie vorlegen, an der er sich abarbeiten könnte. Stattdessen wird die bereits unter Habermas und Honneth angebahnte Rezeption politischen Denkens aus den USA und anderen Weltteilen fortgesetzt; starke Orientierungen oder Neuerungen werden sich im Zweifelsfall erst mit der Zeit bilden. Auf der Hand liegen dagegen die institutionellen Vorgaben, auf die man sich hier wie an anderen Standorten mit dem Großprojektbetrieb eingelassen hat:

Erstens bestätigt man die Logik akademischer Wettbewerbe, in denen der Gewinner alles erhält und in denen folglich alles ans Gewinnen gesetzt wird. Die Kritik meritokratischer Prinzipien auf Märkten, in Bildungs- und Weisungshierarchien mag noch so stichhaltig sein (vgl. für eine Version aus dem

Frankfurter Umfeld Herzog 2016: 135ff.), eingeübt wird das Streben nach Erfolg bei den *Peers*, die vorauseilende Anpassung an ihre Standards und die Anerkennung der Machtresultate. Denn *zweitens* stärken die Großprojekte auch Hierarchien und Machtkonzentration. Von einem Clustersprecher sind mehr Personen abhängig als von einer einfachen Professorin, und in Streitfeldern bedeutet dies ideologische Untersagungs- und Orientierungsmacht. Die Folge sind nicht einfach Willkür und Dogmatismus. Gerade wenn die Führungsriege bloß darauf hinwirkt, die nächste Verlängerung zu gewährleisten, gliedert sie den Nachwuchs in den Staatsapparat akademischer Weltdeutung ein; das sensible Wissen über solche Disziplinierungen wurde noch nicht systematisch erhoben. Die Erziehung aller Beteiligten erfolgt *drittens* aber auch sichtbar, weil geistes- und sozialwissenschaftliche Großprojekte hochgradig repräsentativ sind. Je weniger ihre Forschung funktional evident ist (wie etwa bei Panelstudien, Aktenerschließung u.ä.), desto mehr stehen die Geförderten in der Pflicht, Nutzen für die Gesellschaft zu demonstrieren – und kommen ihr gern in öffentlichen Aktivitäten mit prominenter Beteiligung nach. Das Frankfurter Cluster bietet beispielsweise Frankfurt Lectures, Jahreskonferenzen, Nachwuchskonferenzen, Ringvorlesungen, Crisis Talks, Frankfurter Stadtgespräche und einige andere Formate. Die gegebenen Rangordnungen in der akademischen und politischen Welt werden dabei tendenziell schlicht verdoppelt. Von der Hegemonie der USA (die vor Trumps „Angriff auf die liberale Weltordnung", Thema der aktuellen Ringvorlesung, unproblematisch gewesen zu sein scheint) über das Amtsprestige deutscher Regierungsvertreter (Günther Oettinger in Frankfurt, Bodo Ramelow in Jena) bis zum Ruhm von Starintellektuellen (die Jena trotz einiger Dopplungen sogar öfter zu buchen scheint: Charles Taylor, Nancy Fraser, Eva Illouz ...) wird nichts ausgespart, was nicht bereits als wichtig gilt.

Was bedeutet es, wenn innerhalb solcher Machtordnungen kritische Inhalte vorgetragen und diskutiert werden? Allgemein besteht ihre ideologische Rolle wohl darin, einen *Überschuss möglicher Legitimations- und Identifikationsmuster* zu bilden. Die meisten davon werden nie außerhalb akademischer Kreise relevant und irgendwann wieder vergessen, einige finden breite Verwendung, andere müssen erst akademisch entschärft werden, bevor sie politikfähig sind. Grundsätzlich bleiben sie relevant, weil sie in das größere Kräftefeld gesellschaftlicher Selbstdeutung eingehen. Gemeinsam mit politischen Programmen und Debatten, medialen Angeboten, Verbands- und Unternehmens-PR, Kulturindustrie und Warenästhetik bestimmt auch die Weltauslegung an den Hochschulen darüber, welche kollektiv bindenden oder folgenreichen Entscheidungen Zustimmung finden. In dieser weiten Perspektive lassen sich Althussers Funktionsannahmen, Bourdieus Machtbeschreibung und Foucaults Begriff von Wahrheitsregimes verbinden: Welche Ideologie vorherrscht, wird in vermachteten – und durch ökonomischen und politischen Zwang gerahmten – Deutungsapparaten entschieden.[11] Innerhalb dieser Grenzen kann die politische Stoßrichtung oder Filterwirkung akademischer Reflexion einen echten Unterschied machen.

Genauere Angaben lassen sich an Luc Boltanski anschließen, der Kritik in den „*kapitalistisch-demokratischen* Gesellschaften" der Gegenwart eine tragende Rolle zuschreibt: „In diesen Gesellschaften unterliegen die der Öffentlichkeit übermittelten Geschehnisse und die über sie verbreiteten Diskurse [...] einem *Imperativ der Rechtfertigung*, so dass sie von jedem wie auch immer dazu qualifizierten [...] Adressaten diskutierbar gemacht werden können. [...] In diesem Gesellschaftstyp unterliegen nicht nur Staatsagenturen, sondern auch das, was man [...] die *Institutionen des Kapitalismus* nennen könnte, diesen Anforderungen." (Boltanski 2010: 185) Das liest sich wie eine präzisierte Form von Gouldners Prognosen, und es lässt sich besser als diese mit Beispielen belegen: Von der Aktionärs- und Verbraucherbeteiligung über Evaluations- und Auditverfahren bis zu diversen Ansätzen der Bürgereinbindung via Internet kann man eine neue „Beziehung zwischen Institutionen und Kritik" annehmen (ebd.), weil letztere zunehmend die ersteren legitimiert. Alle können sich kritisch äußern, doch fast alle lernen dann von Fachleuten oder stärker Einverstandenen, dass angesichts systemischer Zwänge und gerade nicht verhandelbarer Machtverhältnisse bereits die bestmögliche Regelung herrscht. Ordnungserhalt und harte Entscheidungen werden so durch Diskussionen mit Betroffenen begleitet, transparent gemacht und vor allem legitimiert; was früher als Weisung von oben aufgetreten ist, erscheint nun als breite Einsicht in die Notwendigkeit oder als Bestätigung gemeinsamer Werte und Normen. Wo dieser Zustand herrscht, haben zwar nicht die Intellektuellen die Macht übernommen, aber sie tragen mit ihrer argumentativen Praxis deutlich zu deren Aufrechterhaltung bei. Sie stützen, um es mit Laclau zu sagen, ein organisiertes System von Differenzen, das nur mit populistischer Vereinfachung angegriffen werden kann. Die Beobachtung, dass der flexible Kapitalismus die „Künstlerkritik" an der Industriegesellschaft aufgenommen hat (Boltanski/Chiapello 1999), ist ergänzungsbedürftig: Der Transparenz- und Verantwortungskapitalismus, der sich zeitgleich durchgesetzt hat, aber besser für Krisenzeiten geeignet ist, wäre nicht ohne Akademikerkritik möglich.

Die Legitimation durch diskursive Verfahren bildet heute offenkundig nur eine von mehreren Möglichkeiten, Zustimmung für Ein- und Unterordnung zu gewinnen. In anderen Fällen dominieren ökonomische Zwänge und Dogmen, Charisma und Gemeinschaft, Ausgrenzung und Diffamierung. Dennoch bleiben die Fragen akut, ob gerade die dargestellte Legitimation durch Kritik autoritären

---

11 Eine Theorie für dieses Wirkungsgefüge bietet Antonio Gramscis Konzeption der Hegemonie.

Protest herausfordert und ob die akademische Klasse Chancen hätte, nicht derart und zu diesem Preis mitzuregieren. Die erste Antwort ist einfach. Gebildete, kritikoffene Weisen des Regierens und privilegierten Lebens sind in der Tat üblich geworden und geben den Unterprivilegierten zahlreiche Angriffspunkte für rechten wie linken Protest. Beispiele sind WirtschaftsexpertInnen, die Milliardenzuschüsse für Banken rechtfertigen, Quoten und Sprachregelungen, die Gleichberechtigung formal gewährleisten sollen, Offenheit für eine Migration, die nur vereinzelt in den besseren Vierteln, Schulen und Arbeitskontexten ankommt, kostspielige Bioprodukte, ein kosmopolitischer Lebensstil, der die umweltbewusste Klasse häufig in Flugzeuge zwingt, die zunehmende Kopplung von Vielfliegereinkommen und -berufen an Master- und Doktortitel. Gerade eine solche (fortsetzbare) Liste macht jedoch die zweite Frage dringlich: Sollten akademische Linke Ökologie, Antirassismus, Feminismus, den Kampf für vielfältige Sexualität usw. kleiner schreiben, um wieder volksnah zu werden? Vermutlich würde sie so nicht nur ihre Prinzipien, sondern auch die akademisierten Volksteile verlieren. Lösungen sind auf anderen Ebenen zu suchen: Einiges wäre gewonnen, wenn sich AkademikerInnen auch praktisch der Herrschaft verweigern, die sie argumentativ angreifen. Bereits im Hochschulsystem selbst kann man gegen prekäre Beschäftigung und inszenierte Wettbewerbe kämpfen, für Demokratie jenseits professoraler und präsidial-unternehmerischer Verfügungsmacht eintreten. Gewerkschaftliche Organisierung und Streikfähigkeit wären erste Schritte, um vom Wohlwollen der höheren Stellen unabhängig zu werden und Solidarität mit nichtakademischen Kreisen aufzubauen. Eine breiter ausgerichtete öffentliche Soziologie, eine ernsthaft politische Philosophie usw. könnten zudem vorrangig mit Protestbewegungen (gegen Austerität, Umverteilung nach oben, neue Aufrüstung und Kriegspolitik ...) statt mit GeldgeberInnen kooperieren. Wer nicht vorrangig auf direkte oder indirekte Wissensrenditen hofft, hat einige Möglichkeiten, sichtbar Heuchelei zu vermeiden. Und wo dies am Interesse der akademischen Klasse an sich selbst scheitert, sollte man es sich zumindest eingestehen, statt weiter abstrakt und brav das Thema „Kritik" zu pflegen.

Literatur

Adorno, Theodor W. (1954): Beitrag zur Ideologienlehre. In: *Soziologische Schriften I*. Hg. v. R. Tiedemann, Frankfurt/M 1979: 457-477.
– (1969): Marginalien zu Theorie und Praxis. In: *Gesammelte Schriften* 10.2. Hg. v. R. Tiedemann, Frankfurt/M 1997: 759-782.
Althusser, Louis (1970): Ideologie und ideologische Staatsapparate. In: ders., *Ideologie und ideologische Staatsapparate. Aufsätze zur marxistischen Theorie*. Hamburg-Berlin 1977: 108-153.
Apel, Karl-Otto (1992) (Hg.): *Zur Anwendung der Diskursethik in Politik, Recht und Wissenschaft*, Frankfurt/M.

Bauer, Bruno (1844): Was ist jetzt Gegenstand der Kritik? In: *Feldzüge der reinen Kritik*, hg. v. H. M. Saß, Frankfurt/M 1968: 200-223.

Bohmann, Ulf/Gertenbach, Lars/Laux, Henning (2010): Ein Spiel zwischen Nähe und Distanz. Formen der Kritik unter nachmetaphysischen Bedingungen. In: Becker, Karin/Gertenbach, Lars/Laux, Henning/Reitz, Tilman (Hg.): Grenzverschiebungen des Kapitalismus. Frankfurt/M-New York: 55-74.

Boltanski, Luc (2010): *Soziologie und Sozialkritik. Frankfurter Adorno-Vorlesungen 2008*. Frankfurt/M.

–/Chiapello, Ève (1999): *Le nouvel ésprit du capitalisme*. Paris.

Bourdieu, Pierre (1984): *Homo academicus*, Frankfurt/M 1992.

Brown, Mark B. (2006): Survey Article: Citizen Panels and the Concept of Representation. In: *Journal of Political Philosophy* 14(2): 203-225.

Celikates, Robin (2009): *Kritik als soziale Praxis. Gesellschaftliche Selbstverständigung und kritische Theorie*, Frankfurt/M.

Connolly, William E. (1974): *The Terms of Political Discourse*. Princeton 1993.

Demirović, Alex (2007): Die Transformation der Staatlichkeit von Hochschulen. In: *Das Argument* 49: 531-545.

Dörre, Klaus/Lessenich, Stephan/Rosa, Hartmut (2009): *Soziologie, Kapitalismus und Kritik*. Frankfurt/M.

Eßbach, Wolfgang (1988): *Die Junghegelianer. Zur Soziologie einer Intellektuellengruppe*. München.

Etzioni, Amitai (2006): Introduction. In: ders./A. Bowditch (Hg.), *Public Intellectuals – an Endangered Species?* Lanham: 1-27.

Fishkin, James (1995): *The Voice of the People*. New Haven/Conn.

Forst, Rainer (2007): Das Recht auf Rechtfertigung. Elemente einer konstruktivistischen Theorie der Gerechtigkeit. Frankfurt/M.

– (2009): Der Grund der Kritik. Zum Begriff der Menschenwürde in sozialen Rechtfertigungsordnungen. In: R. Jaeggi/T. Wesche (Hg.), *Was ist Kritik?* Frankfurt/M: 150-164.

– (2011): Das Wichtigste zuerst. Umverteilung, Anerkennung und Rechtfertigung. In: ders., *Kritik der Rechtfertigungsverhältnisse. Perspektiven einer kritischen Theorie der Politik*. Berlin: 134-154.

– u.a. (Hg.) (2009): *Sozialphilosophie und Kritik*. Frankfurt/M.

Foucault, Michel (1976): Die politische Funktion des Intellektuellen. In: ders., *Dits et Ecrits. Schriften*, hg. v. D. Defert/F. Ewald, Bd. 3, Frankfurt/M 2003: 145-52.

– (1978): *Was ist Kritik?* Berlin 1992.

Fraser, Nancy (1998): Social Justice in the Age of Identity Politics: Redistribution, Recognition and Participation. In: *The Tanner Lectures on Human Values*, Bd. 19, hg. v. G. B. Peterson. Salt Lake City 1998: 1-67.

–/Honneth, Axel (2003): *Umverteilung oder Anerkennung? Eine politisch-philosophische Kontroverse*. Frankfurt/M.

Gewirth, Alain (1978): *Reason and Morality*. Chicago 1995.

Gouldner, Alvin W. (1979): *Die Intelligenz als neue Klasse. 16 Thesen zur Zukunft der Intellektuellen und der technischen Intelligenz*. Frankfurt/M-New York 1980.

Habermas, Jürgen (1981): *Theorie des kommunikativen Handelns*, 2 Bde. Frankfurt/M.

– (1996): *Die Einbeziehung des Anderen. Studien zur politischen Philosophie*. Frankfurt/M.

Herzog, Benno (2016): *Discourse Analysis as Social Critique. Discursive and Non-Discursive Realities in Critical Social Research*. London.

Inglehart, Ronald F./Norris, Pippa (2016): *Trump, Brexit, and the Rise of Populism: Economic Have-Nots and Cultural Backlash*, HKS Faculty Research Working Paper Series RWP16-026. URL: https://ssrn.com/abstract=2818659, Zugriff: 10.7.2017.

Iser, Matthias (2008): *Empörung und Fortschritt. Grundlagen einer kritischen Theorie der Gesellschaft*. Frankfurt/M.
Koselleck, Reinhart (1959): *Kritik und Krise. Zur Pathogenese der bürgerlichen Welt*. Frankfurt/M 1997.
Laclau, Ernesto/Mouffe, Chantal (1985): *Hegemony and Socialist Strategy. Towards a Radical Democratic Politics*. London.
Marchart, Oliver (2010): *Die politische Differenz. Zum Denken des Politischen bei Nancy, Lefort, Badiou, Laclau und Agamben*. Berlin.
Marx, Karl/Engels, Friedrich: *Marx Engels Werke*. Berlin 1957ff. (= MEW)
Rorty, Richard (1988): Der Vorrang der Demokratie vor der Philosophie. In ders.: *Solidarität oder Objektivität? Drei philosophische Vorträge*, Stuttgart: 82-125
– (1998): *Achieving Our Country. Leftist Thought in Twentieth-Century America*, Cambridge/Mass. u.a.
Saar, Martin (2007): *Genealogie als Kritik. Geschichte und Theorie des Subjekts nach Nietzsche und Foucault*, Frankfurt/M-New York.
– (2009): Macht und Kritik. In: Forst, Rainer u.a. (Hg.), *Sozialphilosophie und Kritik*, Frankfurt/M: 567-587.
Schelsky, Helmut (1975): *Die Arbeit tun die anderen. Klassenkampf und Priesterherrschaft der Intellektuellen*. 2., erw. A. Opladen.
Spivak, Gayatri Chakravorty (1987): *In Other Worlds. Essays in Cultural Politics*. New York.
Walzer, Michael (1987): *Kritik und Gemeinsinn. Drei Wege der Gesellschaftskritik*. Berlin 1990.
– (1988): *Zweifel und Einmischung. Gesellschaftskritik im 20. Jahrhundert*. Frankfurt/M 1991.
Young, Iris Marion (1990): *Justice and the Politics of Difference*. Princeton/NJ.

Alex Demirović

Gesellschaftskritik und Gerechtigkeit[1]

Die Gleichheit der Individuen gilt in modernen Gesellschaften als eine etablierte Norm. Die Mitglieder der modernen Gesellschaft müssen seit der Französischen Revolution mit dem Skandal umzugehen lernen, dass die Norm und die Fakten voneinander abweichen und das Gleichheitsversprechen vielfach durch reale Ungleichheit gebrochen wird.

Soziale Ungleichheiten werden vielfach nicht einfach nur als Fakten zur Kenntnis genommen, sondern auch bewertet. 99 Prozent der deutschen Bevölkerung halten Chancengerechtigkeit für wichtig, 70 Prozent sind der Ansicht, dass sie nicht gut entwickelt sei[2]; der Glaube an „Leistungsgerechtigkeit" nahm seit Anfang der 1990er Jahre bis 2007 deutlich ab[3]. „Ungerechtigkeit" ist eine verbreitete Art und Weise, soziale Ungleichheit zu bezeichnen und kritisch zu bewerten.

Die Politik reagiert darauf. Insbesondere vor Wahlen wird die Norm der Gerechtigkeit proklamiert. So nahm Angela Merkel laut *Spiegel Online* (8.9.2009) das Thema der sozialen Gerechtigkeit vor den seinerzeitigen Bundestagswahlen für sich in Anspruch – es spiele für die Menschen eine sehr zentrale Rolle, es gehe um „Zusammenhalt und Miteinander in unserem Land". Vor den Bundestagswahlen 2017 fordert die SPD „Zeit für mehr Gerechtigkeit" und publiziert ihr Regierungsprogramm unter dem Titel „Zukunft. Gerechtigkeit. Europa". Die Partei DIE LINKE gibt ihrem Wahlprogramm den Titel „Sozial.Gerecht. Frieden.Für alle."

Gerechtigkeit ist ein weit verbreiteter Begriff zur kritischen Beurteilung der Gesellschaft. Wegen der allgemeinen Akzeptanz genießt er ein Prestige, das allen nahelegt, sich auf ihn zu beziehen, um Probleme anzusprechen, Interessen geltend zu machen und andere zu einer bestimmten Praxis zu überzeugen. Doch was genau verstehen die Individuen unter Gerechtigkeit und Ungerechtigkeit? Welche Maßstäbe verwenden sie, wie sind diese begründet? Was folgt praktisch daraus, wenn ein gesellschaftlicher Zustand als ungerecht bezeichnet wird? Ist es

---

1 Für Hinweise danke ich Mariana Schütt und Markus Wissen.
2 www.presseportal.de/pm/104527/3648903, Zugriff: 5.8.2017.
3 www.spiegel.de/wirtschaft/0,1518,505465,00.html, Zugriff: 5.8.2017.

Aufgabe der kritischen Theorie, Gerechtigkeitskriterien zu begründen und jene zweifelhafte Unterscheidung von Fakten und Normen zu akzeptieren – oder hat sie nicht eher die Aufgabe, die materielle Praxis von Gerechtigkeitsdiskursen im Alltag von Menschen, in der Politik, in den Medien oder in der Philosophie in den Blick zu nehmen und zu fragen, ob sie zu Emanzipation beitragen? Darum geht es im Folgenden: um die gesellschaftstheoretische Frage danach, um welche Art von diskursiver Praxis es sich handelt, die mit dem Begriff der Gerechtigkeit verbunden ist. Jacques Derrida hat darauf hingewiesen, dass eine solche Befragung des mit ihm verbundenen Netzes von Begriffen wie Freiheit, Wille, Subjekt, Ich, Verantwortung diesen Begriff suspendiert oder einklammert und deswegen etwas beängstigend ist. Soll etwa der Anspruch auf Gerechtigkeit aufgegeben, auf einen Maßstab zur kritischen Beurteilung der Gesellschaft verzichtet, sollen gar Ziele wie die der Emanzipation oder des Glücks aufgegeben werden? Derrida betont, dass die Befragung der Gerechtigkeit von der Forderung nach einem Zuwachs an Gerechtigkeit motiviert ist. Woher würde eine solche Befragung ihre Kraft schöpfen, „wenn nicht von diesem immer unzufriedenen Ruf, von dieser nie zufriedenstellenden Forderung, jenseits der vorgegebenen und überlieferten Bestimmung dessen, was man in bestimmten Zusammenhängen als Gerechtigkeit, als Möglichkeit der Gerechtigkeit bezeichnet"? (Derrida 1991: 42) Die Frage nach der Gerechtigkeit reagiert auf die Erfahrung der Unzufriedenheit mit und Unzulänglichkeit der Gerechtigkeit. Diese Unzulänglichkeit ist Gegenstand des vorliegenden Aufsatzes und wird damit erklärt, dass <u>Gerechtigkeit ein Moment der ideologischen Form Moral ist.</u>

1. Gerechtigkeit als politischer Kampfbegriff

Gerechtigkeit ist ein Begriff, der das politische und moralische Denken seit Jahrtausenden beschäftigt. „Er ist so alt wie die Klassengesellschaft, das heißt wie die bekannte europäische Geschichte selbst" und bedeutet seinem allgemeinen Inhalt nach, dass die Ungleichheit nur so groß sein soll, wie es auf der gegebenen Stufe unvermeidlich ist, will man die gesamtgesellschaftliche Versorgung mit Gütern aufrechterhalten (Horkheimer 1933: 138, 140). In diesem Sinn erlaubt er Subalternen, empfundene Ungleichheiten und erfahrene Benachteiligungen zur Geltung zu bringen, und gewinnt eine entsprechende sozialkritische Bedeutung. Vom modernen Bürgertum wurde der Begriff moralisiert (ebd.: 138). Er bietet nun zugleich die Möglichkeit, den Eindruck zu vermeiden, es würden nur partikulare Interessen der „Unteren" verfolgt, da eine Kritik, die sich auf Gerechtigkeit beruft, universalistische Gesichtspunkte in Anspruch nimmt, also in einer Weise argumentiert, die auch denjenigen einleuchten sollte, die die Vorteile dieser als ungerecht beschriebenen Ungleichheit genießen. Viele unterschiedliche gesellschaftliche und individuelle Interessen gehen in den Begriff der Gerechtigkeit ein. Zwar kann – wie im Fall von Neoliberalismus und Systemtheorie – der Begriff der (sozialen) Gerechtigkeit als theoretisch ungeeignet aufgefasst werden für moderne Gesellschaften, in denen Gesellschaftsprozesse nicht mehr individuellem Handeln zuzuschreiben sind. Gleichwohl ist Politiker_innen der Vorwurf nicht gleichgültig, die von ihr verfolgte Politik sei ungerecht. Im Gegenteil werden die arbeitnehmerfeindlichsten Maßnahmen, die entschiedensten armutsfördernden Maßnahmen oder die Verschärfungen von Strafen im Namen der Gerechtigkeit ergriffen. Die Gerechtigkeit wird offensichtlich zu einem Begriff, auf den sich alle beziehen oder sogar beziehen müssen, wollen sie ihr eigenes Interesse als ein allgemeinverbindliches darstellen und das anderer begrenzen oder zurückweisen.

Weil der Begriff der Gerechtigkeit ein politisch umkämpfter Begriff ist, weil der Versuch unternommen wird, Gerechtigkeitsansprüche zu begrenzen, kommt es mit Zwangsläufigkeit zu einer Pluralisierung seiner Bedeutungen. Diese Bedeutungsvielfalt findet ihren Niederschlag in einer Vielzahl von attributiven Erweiterungen des Gerechtigkeitsbegriffs. Als Gerechtigkeit im Allgemeinen verliert der Begriff offensichtlich seine Aussagekraft. So ist seit Ende des 19. Jahrhunderts die Rede von sozialer Gerechtigkeit (Miller 2008). In den vergangenen Jahrzehnten wurde der Begriff der Gerechtigkeit um viele Aspekte erweitert: Verteilungs-, Teilhabe-, Teilnahme-, Bedarfs-, Leistungs-, Chancen-, Einkommens-, Regel-, Geschlechter-, Generationen-, Befähigungs-, globale, Anerkennungs-, Bildungs-, Umwelt-, Klimagerechtigkeit (vgl. Nullmeier 2009: 10f.). Beides ist bemerkenswert: die Pluralisierung der Gerechtigkeitssphären ebenso wie die Tatsache, dass Gerechtigkeit zu einem gemeinsamen Bezugspunkt der politischen Auseinandersetzung wird. Offensichtlich wollen und können die gesellschaftlichen Kräfte nicht anders, als für sich und ihre Ziele Gerechtigkeit in Anspruch zu nehmen. Indem sie jeweils in den Begriff der Gerechtigkeit investieren, tragen sie gleichzeitig dazu bei, dass sich der Bezug auf diesen Begriff immer weniger vermeiden lässt. Er wird zu einem Terrain, auf dem sich die gesellschaftlichen Kräfte moralisch und politisch profilieren, Ziele formulieren und antagonistische Kräfte zu bezeichnen versuchen. Es scheint nicht möglich zu sein, darauf zu verzichten, auf ihm eine Position einzunehmen, ohne sich selbst politisch und moralisch zu marginalisieren oder gar auszuschließen.

Das hängt mit dem modernen Begriff der Gerechtigkeit zusammen. Dem antiken Verständnis nach war Gerechtigkeit eine individuelle Tugend, die die Grundlage für ein gerechtes Verhalten war, jedem das Seine zu geben. Auch nachdem Gerechtigkeit moralisiert wurde, soll sie ein subjektives Handeln motivieren. Doch soll normorientiertes, gerechtes Handeln nun einer für alle geltenden Regel entsprechen. Gerechtigkeit ist damit dem individuellen Belieben entzogen. Es ist nicht jeweils das gerecht, was die einzelnen für gerecht halten. Wird davon gesprochen, dass etwas ungerecht ist, dann ist damit explizit oder implizit ein Maßstab der Allgemeinheit in Anspruch genommen, nach dem ein soziales Verhältnis oder eine Handlungsweise kritisiert wird. In modernen kapitalistischen Gesellschaften, die gerade dadurch gekennzeichnet sind, dass die Einzelnen aufgerufen sind, ihr Interesse zu verfolgen, dabei aber auch das Wohl der Anderen und der Allgemeinheit nicht zu ignorieren, muss das Verhältnis zwischen allgemeinem und individuellem Interesse permanent strittig bleiben. Diskussionen über Gerechtigkeit lösen die Konflikte nicht, sondern stellen ihre Fortsetzung mit anderen Mitteln dar. Zwangsläufig findet die Diskussion über Gerechtigkeit kein Ende, im Gegenteil nehmen die Sensibilitäten für Bedeutungsnuancen zu, und der Begriff der Gerechtigkeit pluralisiert sich oder verliert an Verbindlichkeit, weil die Einzelnen oder Interessengruppen sich nicht ohne Weiteres den Allgemeinheitsdefinitionen unterwerfen können, die ihnen von Anderen angesonnen werden. Es wird darum gestritten, was genau mit der auf Allgemeinverbindlichkeit des Handelns zielenden Norm der Gerechtigkeit gemeint sein kann. Auf diese Weise gerät Gerechtigkeit in den Sog von gesellschaftlichen Konflikten. Das ist allerdings ein internes Problem für den Begriff der Gerechtigkeit selbst. Denn die Norm der Gerechtigkeit soll gerade einen Maßstab geben, der zu helfen vermag, sich in Konflikten über die Frage des Allgemeinen orientieren zu können. Das leistet diese Norm jedoch nicht. Die Konflikte um seine Deutung führen dazu, dass der Gerechtigkeitsbegriff den in Anspruch genommenen, verbindlichen universalistischen Charakter verliert und parteilich wird.

2. Philosophische Begründungen der Gerechtigkeit

Der moderne, moralische Begriff der Gerechtigkeit ist verbunden mit der Herausbildung des spezialisierten Wissens professioneller Moralphilosophen (Haug 1986). Diese intellektuelle Funktion in der gesellschaftlichen Arbeitsteilung hat mit einem bestimmten Verständnis von Philosophie sowie von ethischen und moralischen Fragen zu tun. Die Philosophie genießt als Wissensdisziplin eine besondere Wertschätzung, weil sie für sich in Anspruch nimmt, eine nicht mehr weiter zu hintergehende Ebene der Erkenntnisvermögen und der Wirklichkeit zu denken. Sie scheint aufgrund dieses Allgemeinheitsanspruchs über den konkreten Alltagsnöten und Konfliktlagern zu stehen und ein richtiges Denken und Handeln empfehlen zu können. Dem entspricht die weitverbreitete idealistische Annahme, dass Praktiken die Folge ethischer Werte und moralischer Normen sind. Wenn es also gelingt, die Normen auf eine bestimmte Weise zu begründen, dann lässt sich damit auf dem Weg der Philosophie auch das Handeln der Individuen ändern.

Soweit das Handeln unter Gesichtspunkten der moralischen Allgemeinheit problematisiert und für Normen gute plausible Argumente entwickelt werden können, ist dies ein privilegierter Gegenstandsbereich der Moralphilosophie. Diese scheint damit besonders geeignet, universalistische Handlungsorientierungen geben zu können, die den Akteuren nahelegen, ihre Konflikte zu beenden. Im Folgenden stelle ich zwei solche philosophischen Strategien dar.

2.1 Ein erster Modus der Begründung von Gerechtigkeit – hier anhand von Überlegungen Martha Nussbaums dargestellt – versucht, dem oben angesprochenen Dilemma, dass Gerechtigkeit vielseitig gedeutet und unverbindlich wird, zu entgehen, indem sehr grundlegende Kriterien von Gerechtigkeit definiert werden, die eigentlich alle Individuen akzeptieren können sollten, insofern sie Menschen sind und an ihr eigenes Leben bestimmte Erwartungen haben. Unterstellt wird, dass es Menschen ermöglicht werden muss, ein gutes Leben zu führen. In den Allokationsstrukturen einer Gesellschaft ist bereits eine Vorstellung vom guten Leben enthalten: also Entscheidungen darüber, welche Ressourcen auf welche Weise verteilt werden und welche menschlichen Tätigkeiten in welchen Bereichen mehr Unterstützung finden als andere – also Entscheidungen zugunsten von industriellem Fortschritt und monetärem Reichtum im Unterschied zu Werten der Gesundheit, Bildung oder Sorge für andere. Bevor Ressourcen verteilt werden, muss über solche Werte entschieden worden sein, nach denen die Verteilung stattfindet, die das konkrete Leben der Individuen bestimmt. Gutes Leben bedeutet für Nussbaum nicht, auf eine ganz bestimmte Weise zu leben, vielmehr betont sie – um die mögliche liberale Kritik zu unterlaufen, sie wolle die Individuen paternalistisch auf eine bestimmte Vorstellung von Gerechtigkeit und eine bestimmte Lebensweise verpflichten –, dass es darum gehe, „Menschen hervorzubringen, die zu bestimmten Tätigkeiten befähigt sind und sowohl die Ausbildung als auch die Ressourcen haben, um diese Tätigkeiten auszuüben, falls sie dies wünschen" (Nussbaum 1999: 40f.). Eine dieser Fähigkeiten ist „die Entscheidungsfähigkeit: die Fähigkeit, sich dafür zu entscheiden, alle diese Tätigkeiten in Übereinstimmung mit der eigenen praktischen Vernunft auszuüben". Aus Nussbaums Sicht ergibt sich hier ein erheblicher Gegensatz zur liberalen Gerechtigkeitstheorie. Während diese sich damit zufriedengebe, für eine gleiche Verteilung von Gütern einzutreten, wenn Arbeiter zu wenig davon hätten, kümmere sie sich nicht darum, auf welche Weise die Arbeiterinnen in den täglichen Interaktionen am Arbeitsplatz daran gehindert würden, zur vollen Entfaltung ihrer Fähigkeiten, vor allem der Entscheidungsfreiheit, zu gelangen. Dazu reiche eine Neuverteilung der Ressourcen nicht, vielmehr seien auch „allgemeine radikale institutionelle und gesellschaftliche Veränderungen" notwendig (ebd.: 43). Der Maßstab dafür ist eine Konzeption des guten Lebens, die Nussbaum als „starke vage Theorie" bezeichnet: stark, weil sie „die menschlichen Ziele in allen menschlichen Lebensbereichen ins Auge faßt" (ebd.: 46); vage, weil sie nur Umrisse eines guten Lebens skizziert. Diesen Umriss gewinnt sie aus kulturübergreifenden Geschichten „von der allgemeinen Form oder Struktur des menschlichen Lebens", die eine vage Vorstellung davon vermitteln, was es bedeutet, „als Menschen in der Welt zu leben" (ebd.: 47). Aus diesen Geschichten destilliert Martha Nussbaum also eine Anzahl von Merkmalen des guten Lebens, die zu beurteilen erlauben, ob der Zustand, in dem Menschen leben, als gerecht gelten kann. Sehr stark zusammengefasst handelt es sich vor allem um die folgenden Fähigkeiten (ebd.: 49ff.): die, ein volles Menschenleben bis zum Ende zu führen, nicht vorzeitig zu sterben; sich guter Gesundheit zu erfreuen, angemessen zu ernähren, eine angemessene Unterkunft zu haben, Möglichkeiten zu sexueller Befriedigung zu haben, mobil zu sein; unnötigen Schmerz zu vermeiden und freudvolle Erlebnisse zu haben; die fünf Sinne zu benutzen; Bindungen zu Dingen und Personen außerhalb unserer selbst zu haben; diejenigen zu lieben, die uns lieben und für uns sorgen; zu lieben, zu trauern; sich eine Vorstellung vom Guten zu machen und kritisch über die eigene Lebensplanung nachzudenken; für andere und bezogen auf andere zu leben; in Verbundenheit mit Tieren, Pflanzen und der ganzen Natur zu leben; zu lachen, zu spielen, und Freude an erholsamen Tätigkeiten zu haben; sein eigenes Leben und nicht das eines anderen zu leben; sein eigenes Leben in seinem eigenen Kontext zu leben.

Die Gerechtigkeitstheorie von Martha Nussbaum erschöpft sich nicht in diesen hier nur angedeuteten Überlegungen. Gleichwohl lassen sich einige Einwände erheben. Um einen Maßstab für Gerechtigkeit zu finden, entwickelt Nussbaum eine starke vage Theorie, die sich auf menschliche Lebensbedingungen beruft, die sie durch Verallgemeinerung aus Erzählungen von Menschen gewinnt. Diese narrativen Bestimmungen erscheinen als allgemeine, weil sie weit verbreitet sind und als eine Art Minimum der menschlichen Existenz angesehen werden. Doch die große Verbreitung besagt noch nicht, dass diese Bestimmungen normativ gerecht sind und allgemein verbindlich sein sollten. Die Konflikte können dort entstehen, wo Individuen aufgrund ihrer wirtschaftlichen Möglichkeiten ein besseres als bloß jenes „gute" Leben leben. Sie würden vielleicht anderen ein Leben nach jenen Maßstäben nicht verwehren, aber auf ihrem Lebensniveau beharren und bestreiten, dass es zwischen ihrer guten Lebensweise und den schlechten Lebensbedingungen der anderen einen Zusammenhang gibt. Eine Frage der Gerechtigkeit stellt sich für sie dann nicht. Die Vorstellungen vom guten Leben bleiben auch unverbindlich, weil sie sehr unterschiedlich verstanden werden können: So kann „mobil zu sein" für einen Manager in New York etwas anderes bedeuten als für einen Indio in Bolivien; „in Verbundenheit mit der Natur zu leben" kann sozial und ökologisch sehr Verschiedenes bedeuten und sehr unterschiedliche Folgen für das Leben aller haben. Streit kann auch dort entstehen, wo

Gesellschaftskritik und Gerechtigkeit 395

die Kriterien der besonderen Situation von Individuen nicht angemessen sind: Warum nicht Freude an nicht erholsamen Tätigkeiten haben? Warum nicht dazu fähig sein, traurig zu sein? Scheitert ein Leben wirklich, wenn jemand die fünf Sinne nicht nutzen kann? Ist „Entscheidungsfreiheit" tatsächlich schon ein ausreichendes Kriterium für ein gutes Leben und sollten nicht auch Kriterien für die Ziele der Entscheidungsfreiheit ausgebildet werden? Martha Nussbaum orientiert sich an individuellen Fähigkeiten und Lebensentwürfen. Ein Gerechtigkeitsmaßstab, der aus einer Verallgemeinerung von empirischen Praktiken gewonnen wird, kann vielleicht eine verbreitete Zustimmung finden; und doch würde er am Leben aller wenig ändern, weil er nicht auf die Gestaltung der Verhältnisse, des Zusammenhangs zielt. Um es mit Adorno zu sagen: Moralische Objektivität und damit der Gedanke an die richtige Einrichtung der Welt kann nicht am einmal so seienden Menschen gemessen werden (Adorno 1955: 65).

Martha Nussbaum würde eine solche Kritik wohl nicht akzeptieren, denn sie teilt mit dem politischen Liberalismus die Annahme, dass Gerechtigkeit keine individuelle Fähigkeit oder Tugend ist, sondern Gerechtigkeit ein Maßstab zur Beurteilung von gesellschaftlichen Verhältnissen darstellt, unter denen Individuen systematisch benachteiligt und um ihre individuellen Möglichkeiten gebracht werden, also Ungleichheit hergestellt oder verstärkt wird, wo sie vermieden werden könnte. Sie unterstellt in ihrer Argumentation, dass die Bedingungen für die individuellen Fähigkeiten vom Staat geschaffen werden müssen. Wie viele andere Moralphilosoph_innen auch bezieht sie sich damit auf existierende Nationalstaaten, die der Adressat moralphilosophischer Argumente sind. Sie sollen die Hindernisse beseitigen, die sich zwischen die Bürger_innen und jene gerechten Lebensumstände stellen. Der Staat erscheint als eine Instanz über den Individuen, die sich um deren Wohl bemühen würde, wäre sie nur von den richtigen Gerechtigkeitskriterien programmiert. Damit ist weder die Frage beantwortet, ob es wünschenswert oder vorstellbar ist, dass ein Staat die Gesellschaft plant und infrastrukturelle Bedingungen schafft, die allen ermöglichen, jene Fähigkeiten zu erwerben oder zu entfalten. Der Staat kann das weder leisten noch ist er jene neutrale und allgemeine Instanz, die in gleicher Weise das Interesse aller Bürger_innen fördert. Vielmehr trägt er als Herrschaftsagentur aktiv zum Nachteil von Bevölkerungsgruppen bei. Dies wird wiederum von Gerechtigkeitskonzeptionen und Intellektuellen gestützt, die mit professionellen moralphilosophischen Argumenten zugunsten eines moralisch Richtigen zur herrschenden, staatlichen Definition des Allgemeinwohls, also einem Partikularismus, beitragen.

Die Theorie von Nussbaum ist also nur ein Beitrag zur Bildung staatlicher Strategien und weist damit auf eines der Probleme der Gerechtigkeitstheorien hin. Wenn Nussbaum von den Strukturen des menschlichen Lebens spricht, dann nimmt ihre Theorie der Gerechtigkeit einerseits Universalität in Anspruch, um normativ zu binden. Andererseits bringt sie mit dem Staat eine bestimmte historische Form der Ausübung von Herrschaft ins Spiel. Diese Form wird damit enthistorisiert – und da der Staat auch dort individuelle Fähigkeiten ermöglichen soll, wo er noch nicht oder unzulänglich existiert, wird implizit eine modernisierungstheoretische Norm eingeführt. Der Rückgriff auf die Norm Gerechtigkeit entdemokratisiert, da die Form der Vergesellschaftung selbst kein Gegenstand der Diskussion ist.

2.2 Martha Nussbaum setzt ihre Überlegungen zu einem guten Leben der liberalen Gerechtigkeitskonzeption entgegen. Ihr Haupteinwand ist, dass auch die Liberalen Gerechtigkeit keineswegs nur formal bestimmen können. Ob die Verteilung eines Gutes als gerecht oder ungerecht beurteilt wird, hängt davon ab, ob und welchen Wert dieses Gut für die Individuen hat. John Rawls, einer der führenden Vertreter des politischen Liberalismus, argumentiert formal, weil er glaubt, dass das Problem der Gerechtigkeit auf einer allgemeineren Ebene als der der konkreten Lebensformen behandelt werden muss. Er gibt zu bedenken, dass ein Merkmal des Pluralismus moderner Gesellschaften gerade die Existenz vieler Gerechtigkeitskonzeptionen und Vorstelllungen von einem guten Leben ist. Wenn verschiedene gesellschaftliche Gruppen ihre jeweiligen Lebensformen für gut halten und dafür Gerechtigkeit beanspruchen, verliert Gerechtigkeit ihre verbindliche Kraft. Seit John Locke vertritt der Liberalismus die Ansicht, dass die Gefahr für das Zusammenleben weniger darin besteht, dass die Menschen sich entzweien, weil sie schlecht sind, sondern eher, weil sie das moralisch Gute und Richtige wollen und dafür das Recht in Anspruch nehmen, ihre Vorstellung vom Gerechten zu verallgemeinern. Wie also soll zwischen den verschiedenen Gerechtigkeitskonzeptionen entschieden werden, ohne dass es dabei ungerecht zugeht? Anders gefragt: wie kommt man zu einer gerechten Konzeption der Gerechtigkeit, einer Konzeption, die von allen akzeptiert werden kann? In seiner auf eine „vollkommen gerechte oder nahezu gerechte konstitutionelle Staatsform" zielenden „Idealtheorie" schlägt Rawls eine Konzeption der Gerechtigkeit als Fairness vor, die keine moralische Globallehre, keine allgemeine, sondern eine politische Theorie der Gerechtigkeit ist (Rawls 2003: 33ff.). Sie befasst sich vorwiegend mit den Prinzipien der Grundstruktur – das sind politische und soziale Institutionen und ihr Zusammenhang als Kooperationssystem – der pluralistischen Gesellschaft. Dabei handelt es sich um Prinzipien, denen alle Bürger zustimmen können sollen, auch wenn sie ansonsten widerstreitende religiöse, philosophische und politische Anschauungen und Globallehren vertreten. Es handelt sich um die Bestimmung von fairen Modalitäten einer Kooperation zwischen als frei, gleichberechtigt, vernünftig geltenden Bürger_innen, die einer Gesellschaft angehören (ebd.: 28). Die politische Konzeption der Gerechtigkeit formuliert einen „gemeinsamen Standpunkt, von dem die Bürger Fragen bezüglich der wesentlichen Verfassungselemente lösen können" (ebd.: 64). Rawls zufolge sind die Grundideen dieser Gerechtigkeitskonzeption der öffentlichen Kultur entnommen und deswegen den Bürger_innen vertraut (ebd.: 65).

Rawls nimmt gemäß der vertragstheoretischen Tradition an, dass eine wohlgeordnete Gesellschaft von einer öffentlichen Gerechtigkeitskonzeption wirksam reguliert wird, die auf einer Vereinbarung der vernünftigen Bürger_innen unter fairen Bedingungen beruht. Eine solche ist möglich aufgrund einer hypothetischen Annahme über einen Urzustand, in dem alle einem gemeinsamen Gesellschaftsvertrag zustimmen, ohne über die Informationen zu verfügen, welche Position sie selbst in der zukünftigen gesellschaftlichen Kooperation einnehmen würden. „Da der Inhalt der Vereinbarung die Gerechtigkeitsprinzipien für die Grundstruktur betrifft, bestimmt die im Urzustand ausgehandelte Abmachung die fairen Modalitäten der sozialen Kooperation zwischen den als solche Personen betrachteten Bürgern." (Ebd.: 41, 132) Die Grundstruktur ist der eigentliche Gegenstand von Rawls' Theorie der Gerechtigkeit. Sie ergibt sich aufgrund einer unterstellten vertraglichen Zustimmung durch alle, die sich in der generationenübergreifenden sozialen Kooperation zwischen freien und gleichen Bürger_innen vollzieht.

Es sind zwei Gerechtigkeitsprinzipien, die auf solche Weise mit der Zustimmung aller vernünftigen, freien und normalen Bürger_innen rechnen können: 1. „Jede Person hat den gleichen unabdingbaren Anspruch auf ein völlig adäquates System gleicher Grundfreiheiten, das mit demselben System von Freiheiten für alle vereinbar ist." 2. „Soziale und ökonomische Ungleichheiten müssen zwei Bedingungen erfüllen: erstens müssen sie mit Ämtern und Positionen verbunden sein, die unter Bedingungen fairer Chancengleichheit allen offenstehen; und zweitens müssen sie den am wenigsten begünstigten Angehörigen der Gesellschaft den größten Vorteil bringen (Differenzprinzip)." (Ebd.: 78) Rawls betont, dass es zwischen den drei Elementen der Gerechtigkeit eine Rangfolge gibt, die entsprechend erfüllt sein sollte: erst kommt die Freiheit, dann die legitime Gleichheit und Ungleichheit, die faire Chancengleichheit und die Bevorzugung von Benachteiligten ermöglichen soll. Insbesondere letzteres ist von Bedeutung: Eine von Gerechtigkeitsprinzipien regulierte soziale Ungleichheit gilt als legitim, wenn sie dem allgemeinen Wohl oder den besonders schlecht gestellten Angehörigen der Gesellschaft nutzt (ebd.: 91).

Die beiden Gerechtigkeitsprinzipien übernehmen jeweils eine spezifische Rolle: Auf der Grundlage der Freiheitsrechte gewährleistet die gesellschaftliche Grundstruktur ein gerechtes konstitutionelles Staatswesen. Faire Chancengleichheit und Differenzprinzip sorgen für die Einrichtung von Hintergrundinstitutionen der sozialen und ökonomischen Gerechtigkeit. Es geht Rawls nicht um Verteilungs-, sondern um Verfahrensgerechtigkeit. Entsprechend formuliert er

Ansprüche auf Verteilungs- in solche der Verfahrensgerechtigkeit um. Die gerechte Verteilung soll sich aus den Prinzipien ergeben, auf deren Grundlage sich die Hintergrundinstitutionen bilden. „Die Grundstruktur ist so geordnet, dass dann, wenn jeder die öffentlich anerkannten Regeln der Kooperation befolgt und die von den Regeln festgesetzten Ansprüche anerkennt, die resultierenden Einzelverteilungen der Güter als gerecht (oder zumindest als nicht ungerecht) und akzeptabel gelten – einerlei, welche Form diese Verteilungen annehmen." (Ebd.: 89) Auf dieser Grundlage kommt es zu Regulierungsmaßnahmen, die „erforderlich sind, um die Hintergrundgerechtigkeit langfristig und für alle Personen in der gleichen Form zu sichern" (ebd.: 94). Dies beinhaltet, dass die Verteilung von Eigentum und Vermögen durch entsprechende steuerliche und Erbschaftsregelungen, die der Kapital- und Vermögenskonzentration, der damit verbundenen sozialen Ungleichheit und entsprechenden politischen Machtpotenzialen, entgegenwirken, „langfristig gleich genug bleibt, um den fairen Wert der politischen Freiheiten und die faire Chancengleichheit über Generationen hinweg aufrechtzuerhalten" (ebd.: 90). Die frühere gerechte Verteilung gewährleistet dann die Gerechtigkeit späterer Verteilungen.

Rawls nimmt also implizit an, dass die gesellschaftliche Struktur selbst ständig beobachtet und durch Gerechtigkeitsprinzipien reguliert werden muss. Er erwartet, dass die Bedingungen der fairen Chancengleichheit dadurch gewährleistet werden, dass die Konzentration von Vermögen und Kapital durch eine kontinuierliche Umverteilung nach dem Differenzprinzip verhindert wird. Das aber läuft darauf hinaus, eine Kontinuität der Verhältnisse zu unterstellen, die eine solche Umverteilung stetig von Neuem erforderlich machen. „Chancengleichheit" besagt ja genau dies: dass es nur wenige Chancen gibt und deswegen nur wenige sie ergreifen können, während viele verlieren müssen und durch die Niederlage biografisch gezeichnet sind. Die faire Chancengleichheit ist aber zudem aus der Kooperation heraus bedroht, da diejenigen, die die Chancen ergriffen haben, sich die Vorteile erhalten wollen. Es bedarf eines Staates, der die Umverteilung ständig gegen die Gesellschaft durchsetzt.

Anders als Nussbaum versucht Rawls, Gerechtigkeitsprinzipien nicht einfach nur empirisch zu behaupten, sondern zu begründen, warum diese von ihm aufgestellten Prinzipien von allen rationalen, freien, gleichen Individuen geteilt werden müssten. Appelliert Nussbaum an die verbreitete Erfahrung mit dem eigenen Leben, appelliert Rawls an das rational einsichtige und wohlverstandene Interesse der Individuen und sozialen Gruppen, dem von ihm vorgeschlagenen politischen Gerechtigkeitsmaßstab zu folgen. Es müsse sie ja überzeugen, dass sie alle kein Interesse daran haben könnten, durch die Globallehren anderer Gruppen übermächtigt zu werden. Rawls entwickelt eine Metatheorie der Gerechtigkeit. Das oben beschriebene Dilemma, dass das, was allgemein gelten und moralisch verbindlich sein soll, gleichzeitig Gegenstand eines Konflikts ist, greift er auf und macht gerade daraus einen zentralen Gesichtspunkt einer Gerechtigkeitstheorie. Die Konzeption der Gerechtigkeit von Rawls erweist sich in ihrem Universalismus als Status-quo-orientiert. Er trennt die Gerechtigkeit auf in einen Bereich der Allgemeinheit und in einen Bereich der lokalen Besonderheit von sozialen Gruppen und Individuen. Wenn diese Gruppen Ziele für die soziale Kooperation vertreten würden, hätten sie keine allgemeine Rechtfertigung, diese als solche durchzusetzen, sofern mit einer solchen Veränderung der gesellschaftlichen Grundstruktur Freiheiten einer Gruppe mit einer anderen Globallehre eingeschränkt oder sogar die Existenzgrundlagen dieser Gruppe überflüssig gemacht würden. Denn nach Rawls' erstem Gerechtigkeitsprinzip sind die Freiheiten aller mit Blick auf ihre Vereinbarkeit zu berücksichtigen. Der antinomische Charakter von egoistischer, negativer Freiheit und von Herrschaft bestimmter Kooperation unter kapitalistischen Bedingungen wird von Rawls nicht gesehen, sodass sich auch eine Veränderung der Grundstruktur und Kooperation nur in der Weise in den Blick nehmen lässt, dass ein von Rawls' Gerechtigkeitstheorie informierter Staat regulierend eingreift. Die neoliberale Konterrevolution hat eine solche moralphilosophische Erwartung an wohlfahrtsstaatliche Verteilungsfunktionen widerlegt. Der Staat ist keine neutrale Instanz, die von den besten gerechtigkeitstheoretischen Argumenten programmiert wird, sondern in seinen Apparaten verdichten sich gesellschaftliche Macht- und Herrschaftsverhältnisse. Es werden entsprechend Politiken verfolgt, die auf eine Umverteilung zugunsten derjenigen zielen, die alle Chancen in der Hand behalten und alle Risiken auf die Unteren abwälzen. Rawls' Gerechtigkeitsphilosophie stellt einen Beitrag in dieser Kräftekonstellation dar. Doch er täuscht sich und andere darüber hinweg, weil er mit der liberalen Tradition die Vorstellung teilt, dass die von ihm entfalteten Gerechtigkeitsprinzipien und die entsprechenden Institutionen gleichzeitig etwas historisch Besonderes und etwas Überzeitliches sind: historisch Gewordenes (eine bestimmte Ökonomie, die als Markt funktioniert und zur Konzentration von Kapital tendiert, die soziale Ungleichheit, der Staat, die Öffentlichkeit, die gesetzlichen Regelungen, die Familie, die Kirche), das sich jedoch geschichtslos bewährt und der Geschichte eine normative Orientierung gibt (die freien, gleichen und vernünftigen Bürger_innen, der Vertrag, der Urzustand, der Konsens über ein allgemein verbindliches Verfahren). Die Prinzipien der Gerechtigkeit bedürfen jedoch, weil ideal und nicht in der Wirklichkeit allgemein verbindlich wirksam, der idealisierenden philosophischen Herausstellung und Begründung durch einen Intellektuellen, der als universitär autorisierter Moralexperte und mit dem Anschein der wissenschaftlich-philosophischen Rationalität und Überparteilichkeit handelt, und eines Staates, der durch die Berufung auf diese universalistische Moral sich selbst universalisiert, also ewig und überparteilich erscheint.

Rawls macht keine Aussagen zu den Globallehren selbst, er legt nahe, dass er selbst keine vertritt, weil seine Theorie allen Globallehren einen Raum gewährt, friedlich zu koexistieren – was selbst eine bestimmte Globallehre und Lebensweise darstellt. Denn alle Globallehren sollen ja als solche bleiben, wie sie sind, so als gäbe es nicht Aufklärung und rationale Einsicht. Was aber bedeutet es, wenn die Globallehren eine Gerechtigkeitstheorie wie die von Rawls akzeptieren würden? Sie würden ihren Charakter ändern und ihren Anspruch reduzieren, blieben also de facto nicht unverändert. Denn zu einer Globallehre gehört der Anspruch auf Richtigkeit und Allgemeinheit der mit ihr verbundenen Lebensweise. Eine solche Globallehre muss nicht totalitär sein, sondern kann rational dazu beitragen, dass Verhältnisse so gestaltet werden, dass Ungleichheit zum Vorteil einiger Weniger gar nicht erst entsteht und durch Gerechtigkeitsdiskurse und Staatsinterventionen überwacht und zurückgedrängt werden muss. In einer solchen neuen Lebensweise, die durchaus vielfältig, differenziert und plural sein kann, wären dennoch bestimmte Lebensformen nicht mehr enthalten, mit denen die rawlssche Theorie noch einen Kompromiss eingeht. Nicht alle Globallehren sind gleich gut, einige sind überholt und andere besitzen die Fähigkeit, weit über die Gerechtigkeitstheorie hinaus zur vernünftigen Gestaltung der Kooperation und der sozialen Verhältnisse beizutragen. Solche rationalen Globallehren – wie die Theorien im Anschluss an Marx – sind keine beliebigen Globallehren, sondern stellen eine Konkurrenz für die rawlssche Gerechtigkeitstheorie dar, die sich mit ihrer Festlegung auf eine spezifische liberale Ordnung als eine partikularistische Theorie erweist, und sie stellen deren Geste, über den Parteien zu stehen, infrage.

2.3 Die Diskussion von zwei gegensätzlichen und prominenten Positionen innerhalb der jüngeren Moralphilosophie zeigt, dass es ihnen nicht gelingt, ihre Gerechtigkeitstheorie als eine wirklich allgemeine auszuweisen. Ihre Gerechtigkeitsvorstellungen sind parteiisch, in den gesellschaftlichen Konflikt hineingezogen und treten für nur begrenzte soziale Fortschritte ein. Damit scheitert im Prinzip gerade das, was Gerechtigkeit beansprucht, nämlich die Allgemeinverbindlichkeit von normativen Maßstäben herzustellen, die der Beurteilung des Handelns von Individuen und gesellschaftlichen Verhältnissen zugrunde gelegt werden und richtiges Handeln anleiten kann. Was Friedrich Engels (1888: 289) über die feuerbachsche Moraltheorie sagt, gilt auch hier: „Sie ist auf alle Zeiten, alle Völker, alle Zustände zugeschnitten, und deswegen ist sie nie und nirgends anwendbar und bleibt der wirklichen Welt gegenüber ebenso ohnmächtig wie Kants kategorischer Imperativ." Die Gerechtigkeitsdiskurse denken ihre eigene Praxis nicht. Aufgrund der Tatsache, dass Philosoph_innen in Anspruch nehmen, sich mit den Geltungsaspekten von Gerechtigkeit zu befassen, sich in einem Bereich normativer Idealität zu bewegen, glauben sie, die Nachfrage, was sie da tun, wenn sie moralische Normen begründen, ignorieren zu können. Dabei gibt es gute Gründe, sich zu fragen, was es genau bedeutet, dass sich Philosoph_innen seit Jahrhunderten um die Bestimmung von Gerechtigkeit bemühen, diese Bemühungen jedoch nicht zum Erfolg geführt haben – wenn der Maßstab des Erfolgs der wäre, dass das gesellschaftliche Leben gerecht und von den Individuen als gerechtes gelebt werden kann. Angesichts dieses Scheiterns können die Gerechtigkeitsphilosophien entgegen ihrem Anspruch auf Allgemeinverbindlichkeit allenfalls Diskussionsvorschläge sein. Damit muss die Erwartung einhergehen, dass soziale Gruppen ihre Argumente bestärkt sehen oder staatliche Akteure überzeugt werden, eine entsprechende Politik zu verfolgen. Dies müsste zur Folge haben, dass gesellschaftliche Gruppen mit oder ohne Globallehre, die andere Gruppen in ihrer Freiheit schon längst übermächtigt und in ihrer Freiheit eingeschränkt haben, demoralisiert werden und ihre Lebensform, also ihre Form von Freiheit, aufgeben. Allerdings handelt es sich ohnehin nicht um Argumente im Zusammenhang einer in der Gesellschaft von allen und offen geführten Diskussion darüber, wohin sich die konkrete Gesellschaft entwickeln will. Das Allgemeine nimmt in den moralphilosophischen Diskussionen zunächst die Gestalt einer partikularen arbeitsteiligen Funktion an. Denn es handelt sich zunächst nur um Überlegungen von Philosophieprofessor_innen, die sich in einem bestimmten akademischen Kontext mit definierten Problemen, einer Referenzliteratur und einem spezifischen professionellen Geltungsbereich bewegen. Auf diesem Feld der Moralphilosophie gibt es zahlreiche Philosoph_innen, die bemüht sind zu zeigen, dass das moralisch Richtige von den anderen jeweils noch nicht gut genug begründet ist. In dieser konkreten Diskussion müssen Nussbaum oder Rawls nun beweisen, dass ihre Argumente tatsächlich dem Anspruch auf Allgemeinheit genügen, den sie erheben müssen, soll ihre Theorie zu einer allgemein verbindlichen normativen Orientierung werden können. Da das Publikum sich interessenorientiert oder rational verhält, wird es die professionellen Philosophien selbst dann nicht als verbindliche Wahrheit betrachten, wenn ihre Vertreter_innen schon eine gewisse Bekanntheit und Bedeutung jenseits einer kleinen Fachöffentlichkeit erlangt haben und als relevante Sprecher_innen bestimmter bürgerlicher Gruppen und Funktionsträger gelten können. Vielmehr wird das Publikum warten, wie der Streit zwischen den Expert_innen weitergeht, und sich im Handeln bis auf Weiteres von anderen Gesichtspunkten leiten lassen.

Theodor W. Adorno hat das grundlegende Problem moralischen Argumentierens angesprochen: „Moralische Fragen stellen sich bündig [...] in Sätzen wie: Es soll nicht gefoltert werden; es sollen keine Konzentrationslager sein [...]. Bemächtigte aber ein Moralphilosoph sich jener Sätze und jubelte, nun hätte er die Kritiker der Moral erwischt: auch sie zitierten die von Moralphilosophen mit Behagen verkündeten Werte, so wäre der bündige Schluss falsch. Wahr sind die Sätze als Impuls, wenn gemeldet wird, irgendwo sei gefoltert worden. Sie dürfen sich nicht rationalisieren; als abstraktes Prinzip gerieten sie sogleich in die schlechte Unendlichkeit ihrer Ableitung und Gültigkeit." (Adorno 1966: 281) Die Paradoxie der moralphilosophischen Begründung von Normen besteht Adorno zufolge darin, dass, wenn mit vernünftigen Argumenten gegen Konzentrationslager oder gegen Folter argumentiert wird, die entsprechende Handlungsweise, der Bau von Konzentrationslagern oder die Folter, abhängig gemacht wird vom richtigen Argument. Die empirische Erfahrung mit der Moral als Denkform aber zeigt, dass moralisches Argumentieren an kein Ende kommt, weil gegen jede moralphilosophische Begründung von Normen immer noch ein_e Philosoph_in Gegenargumente vorbringen wird – sodass eine Dynamik der „schlechten Unendlichkeit" in Gang gesetzt und die Gerechtigkeit immer aufgeschoben wird. Adorno zufolge sind die moralischen Gefühle, auch das der Ungerechtigkeit, ein Impuls. Wenn sie rationalisiert werden und die Gestalt der praktischen Philosophie annehmen, werden sie zum Gegenstand einer spezialisierten Kategorie von Intellektuellen, die es zu ihrem Beruf machen, moralische Argumente zu prüfen, hin und her zu wenden, zu verwerfen oder zu verteidigen. Daraus entsteht etwas Inhumanes. Das Dringlichste, nämlich das Unrecht, die Angst, das Elend, werde, so Adorno, kontemplativ, Gegenstand akademischer Begründungsrituale und professioneller Routinen. Das Grauen ginge weiter. Denen, die widerständig sind, kann vorgeworfen werden, ohne moralische Rechtfertigung zu handeln.

Adorno nährt in seiner Überlegung das Misstrauen in die moderne Gestalt des philosophischen Intellektuellen, der die traditionelle Praxis der Kleriker fortsetzt, wenn er alle Einwände damit kontert, dass auch die Kritiker der Moral moralische Normen in Anspruch nähmen, und wenn er angesichts dieses vermeintlichen argumentativen Triumphs glaubt, etwas zur Änderung der Verhältnisse beigetragen zu haben. Doch mit moralischen Argumenten reichen die Intellektuellen an die Verhältnisse nicht heran. Dies gilt allerdings auch für den moralischen Impuls, der mittlerweile Gegenstand der empirischen Gerechtigkeitsforschung und einer rekonstruktiven Moralphilosophie geworden ist, die moralische Intuitionen in den Blick nimmt, um auch noch solche Impulse selbst in die paradoxen Endlosschleifen der Moralphilosophie hineinzuziehen. Der moralische Impuls wird von Adorno positiv bewertet, weil er überhaupt noch auf die Beseitigung von Verhältnissen zielt, in denen die Menschen unfrei leben. Erstaunlicherweise denkt Adorno an diesem Punkt nicht radikal genug und vertraut diesem Impuls, ohne sich zu fragen, woher genau er kommt und mit welcher gesellschaftlichen Praxis er selbst verbunden ist. Es spricht jedoch viel dafür, dass solche moralischen Impulse nicht erst durch nachträgliche professionelle Rationalisierungsstrategien in Handlungsunfähigkeit überführt werden, sondern selbst schon widersprüchlich sind und das Handeln blockierende Folgen mit sich führen. Dies möchte ich im nächsten Abschnitt zeigen.

Gesellschaftskritik und Gerechtigkeit 403

3. Handlungsblockaden durch Gerechtigkeit

In seiner Studie über das Ungerechtigkeitsempfinden am Arbeitsplatz untersucht François Dubet nicht professionell ausgearbeitete, sondern von Lohnabhängigen in ihrem beruflichen Alltag intuitiv geäußerte moralische Impulse, die sich als Gerechtigkeitsprinzipien rekonstruieren lassen: Gleichheit, Leistung, Autonomie, Recht, Macht und Anerkennung. Er beobachtet, dass die von ihm Befragten alle diese Prinzipien gleichzeitig zur Beschreibung von Ungerechtigkeiten in ihrem Arbeitsalltag verwenden. a) Nach dem Maßstab der *Gleichheit* fragen die Individuen nach der Gerechtigkeit ihrer Position in der Organisation der Arbeit. So fühlen sich Befragte als arm, minderwertig oder untergeordnet behandelt; es werden die geringen Verdienste, die anstrengende Arbeit, die rauen Umfangsformen der Vorgesetzten, die schlechten Chancen des Zugangs zu guten Schulen und des Aufstiegs in den beruflichen Hierarchien beklagt. b) Das Prinzip der *Leistungsgerechtigkeit* erlaubt eine Abwägung der Angemessenheit der Entlohnung. Es rangiere noch vor dem der Gleichheit. Der Glaube an Leistung sei auch bei Arbeiter_innen sehr hoch, variiere aber mit der sozialen Stellung der Befragten (Dubet 2008: 99). Leistung rechtfertigt eine hart errungene Position, ebenso aber auch die Kritik an Privilegien, die nicht auf angemessenen Leistungen beruhen wie Dienstalter oder Beziehungen; die ungleiche Entlohnung von gleicher Arbeit; der Status, der erlangte und protegierte Positionen vor Unsicherheit schütze; intransparente und subjektive Leistungsbewertung. c) *Autonomie* ermöglicht eine Beurteilung der Arbeit nach Gesichtspunkten der inneren Befriedigung, dem Gefühl der Entfaltung und der Freiheit. Von einem „Ende der Arbeit" könne nicht die Rede sein, der Mehrheit der Französ_innen gelte die Arbeit nach der Familie als der zweitwichtigste Wert. Für die Arbeit spreche Selbstverwirklichung, Bewährung eigener Fähigkeiten, Erfahrung des Hergestellten und Gestalteten, menschliche Beziehungen und Kommunikation, Abwechslung, Initiative und Verantwortung. Kritisiert wird die Arbeit, weil sie ermüdend, erschöpfend, monoton, angsterregend und schmutzig sei, aber auch, weil sie als Herrschaft, Zwang und Kontrolle erfahren wird, weil man kommandiert, abgewertet, missachtet oder auf bloße körperliche Arbeitskraft ohne Subjektivität reduziert wird, weil es Stress und zeitlichen Druck gibt.

Diese Beobachtungen erlangen ihre Bedeutung in einem zweiten argumentativen Schritt. Die Befragten verwenden alle diese Gerechtigkeitsprinzipien gleichzeitig, doch damit geraten sie in Widerspruch zueinander und tragen zu einer Art von Desorientierung bei. a) Aus dem Blickwinkel der *Gleichheit* erscheint das Leistungsprinzip als Egoismus, es verschärft die Konkurrenz und die Ungleichheiten, es individualisiert, zerstört die Arbeitsbeziehungen und das Vertrauen untereinander. Autonomie isoliere die Menschen, Individualismus höhle die Solidarität und die für alle geltenden Regeln aus und trage zum moralischen Verfall auf der Arbeit und in der Gesellschaft bei. b) Aus dem Blickwinkel der *Leistung* stellt sich der Anspruch auf Gleichheit als Hindernis dar: die Leistung am Arbeitsplatz steht in einer Spannung zu den erworbenen Bildungsabschlüssen, die aus einer früh erbrachten Leistung ein lebenslanges Privileg macht; die Gleichheit, die von legitimen hierarchischen Ordnungen geschaffen wird, führt zu Statusprotektion und hemmt die freie Konkurrenz. Dem Leistungsprinzip zufolge müssen für alle die gleichen Ausgangsbedingungen und Leistungsmaßstäbe gelten. Dem widerspricht aber der Anspruch auf Autonomie, der etwas subjektiv Einzigartiges und insofern auch Irrationales anhaftet. Sie anzuerkennen heißt, die Objektivität der Leistung zu beeinträchtigen. c) Die *Autonomie* mit ihrem Anspruch auf Selbstbestimmung, dem Recht, sein Leben zu leben und sich nach eigenen Maßstäben zu verwirklichen steht im Widerspruch zum Gleichheitsprinzip, das Selbstverleugnung und Konformismus verlangt. Der Gesichtspunkt der Autonomie impliziert harte Erwartungen an die Eigenverantwortlichkeit der Individuen; die Arbeit, den Lohn, die öffentliche Unterstützung muss man sich durch eigene Aktivität verdienen. Die Autonomie ist auch nicht mit dem Leistungsprinzip in Einklang zu bringen, die sich an Kriterien der Effizienz und des Resultats orientiert. So kommt es zu dem Gefühl, dass die eigene Autonomie, die Motivation und Arbeitsmoral von den Vorgesetzten nur ausgebeutet und verschlissen werden, das Verlangen nach Autonomie könne zur Falle werden. (Ebd.: 249).

Dubet hält die aus der Inanspruchnahme der Gerechtigkeitsprinzipien resultierenden Widersprüche nicht für einen Mangel an Stimmigkeit oder Irrationalität. Vielmehr seien die Individuen in einer Spirale, einem Rondo der Kritik befangen, die „eine oft fast vollständige Realisierung der Syntax [seien], die den Gerechtigkeitsprinzipien innewohnt". „Wenn für die Subjekte gleichzeitig mehrere Prinzipien der Gerechtigkeit bedeutsam sind, ist es sehr wahrscheinlich, dass eines davon nicht befriedigt wird; es ist kaum vorstellbar, dass man gleichermaßen in puncto Gleichheit, Leistung und Autonomie wunschlos glücklich ist. Darüber hinaus führt aber die Annahme eines bestimmten Gerechtigkeitsprinzips zwangsläufig zu einer Kritik der anderen und ihrer negativen Auswirkungen auf das bevorzugte Prinzip der Gerechtigkeit." (Ebd.: 259) Der Bezug der Gesellschaftskritik auf die Gerechtigkeit wird deswegen prekär, weil sie in diesem Begriff nicht zu wenig, sondern zu viel kritisches Potenzial vorfindet und zu einem beständigen „Kreislauf von widersprüchlichen Prinzipien führt" (ebd.: 261). Die Kritiken dynamisieren sich wechselseitig, doch gerade damit lähmen sie sich. Diese Dynamik führt im Alltag von Gerechtigkeitsempfindungen zu dem, was Adorno an der oben zitierten Stelle die „schlechte Unendlichkeit" genannt hat: Jedes Gerechtigkeitsprinzip gilt im Lichte der jeweils anderen als problematisch und verlangt einen Perspektivenwechsel oder neue Begründungen. Dies schafft Unsicherheit, Inkohärenz, Widersprüchlichkeit. Dies ist die

Grundlage für die von Dubet vertretene These, dass die Gerechtigkeitsgefühle selbst es sind, die von einem gemeinsamen Kampf und Handeln abhalten (ebd.: 384). Denn die drei Gerechtigkeitsprinzipien geben die Möglichkeit, sich auf die unlösbaren Widersprüche zwischen ihnen zu beziehen und Ungleichheit und Ungerechtigkeit doch für unvermeidbar oder gar für gerecht zu halten (weil die Lohnabhängigen sich aus Gründen der moralischen Selbstwertschätzung nicht als Opfer sehen wollen; weil sie sich als mitverantwortliche Rädchen im Getriebe sehen; weil sie Vorteile von Ungerechtigkeit genießen; weil nach Leistungs- oder Autonomiemaßstäben angenommen werden kann, dass Individuen selbst schuld an ihrer Situation sind; weil der Gleichheitsanspruch in einem Widerspruch zu meritokratischen Gesichtspunkten steht). Da gemeinsames Handeln einen Preis hat: Einkommenseinbußen, Repressalien, Isolierung von den Kolleg_innen, verhindern die inkohärenten und widersprüchlichen Gerechtigkeitsimpulse gerade das, was sie anregen sollen, nämlich Mobilisierung und gemeinsames Handeln. Die Mobilisierung zu kollektivem Handeln gelinge nur, wenn die Berufung auf homogene Gerechtigkeitsprinzipien möglich sei. Doch gerade einen übergreifenden Horizont der Gerechtigkeit, der die Gerechtigkeitsprinzipien in Einklang bringt, gebe es nicht. „So werden eher diejenigen handeln, die handeln können, als diejenigen, die dafür gute moralische Gründe hätten." (Ebd.: 420)

4. Moral als ideologische Form und die Versöhnung von Besonderem und Allgemeinem

Die Moralphilosophie hat einen positivistisch-affirmativen Zug, denn sie unterstellt die Trennung von Sein und Sollen als eine Gegebenheit und gewinnt daraus ihre Rechtfertigung als akademische Disziplin. Sie besteht seit Kant darauf, dass es neben den empirischen, analytischen Wissenschaften auch eine Disziplin geben muss, die sich mit der Idealität von Normen und Werten befasst, die moralisch richtiges Handeln begründet und dazu motiviert. Unterstellt wird, was selbst Gegenstand einer Frage sein müsste, dass es nämlich Moral als „ewige Kategorie" gibt (Horkheimer 1933: 113). Die theoretische Aufgabe der kritischen Theorie der Gesellschaft besteht nicht darin, Handeln zu rechtfertigen, eine Norm der Gerechtigkeit zu entwerfen und anderen Gerechtigkeitskonzeptionen entgegenzustellen. Es geht darum, die Tatsache der Existenz von Gerechtigkeitsnormen und ihrer Widersprüche und Verwicklungen zu begreifen. Warum werden Sein und Sollen unterschieden und getrennt? Wie lässt sich das Scheitern der Begründungsversuche von Gerechtigkeit erklären? Wieso führt Moral, die Handeln anleiten will, zu einer widersprüchlichen Bewegung, die in dessen Blockade mündet?

Die materialistische Tradition seit Marx hat es abgelehnt, die kapitalistischen Verhältnisse nach Gesichtspunkten der Gerechtigkeit zu kritisieren. Moral ist Marx zufolge wie Philosophie, Politik, Recht oder Kunst eine jener Bewusstseins- und Denkformen (Haug 1986: 45, 50), die zur ideologischen Herrschaft beitragen, indem sie Individuen als Willenssubjekte konstituieren, denen Handeln, Verantwortung, Freiheit zugerechnet werden. Gerechtigkeit, Moral, Religion gehört zu jenen vermeintlichen ewigen Wahrheiten, die mit der Geschichte der Klassengegensätze verbunden sind. Statt Moral neu zu gestalten, argumentiert er zusammen mit Engels für einen Bruch mit jenen überlieferten Bewusstseinsformen (Marx/Engels 1848, MEW 4: 480f). Ausdrücke wie recht, unrecht, Gerechtigkeit, so Engels (1872, MEW 18: 277), mögen im gewöhnlichen Leben ohne Missverständnisse hingenommen werden, doch in wissenschaftlichen Untersuchungen habe ein Begriff wie der der Gerechtigkeit einen Status wie das Phlogiston in der Chemie. Das Ideal einer überhistorischen Norm der Gerechtigkeit, an dem sich Pierre-Joseph Proudhon orientiert, um die Warenproduktion und die ihr entsprechenden Rechtsverhältnisse umzugestalten, habe er gerade aus diesen Produktionsverhältnissen gewonnen und liefere damit zirkulär noch den Beweis, dass Gerechtigkeit ebenso ewig sei wie die Gerechtigkeit (Marx 1890, MEW 23: 99). Der Bezug auf Gerechtigkeit füge konkreten inhaltlichen und theorievermittelten Forderungen nichts hinzu (Maihofer 1992: 87). Der Bezug auf Gerechtigkeit ist also politisch und wissenschaftlich falsch.

Marx hat sich nicht weiter dazu geäußert, warum diese sozialen Gegensätze „historisch genau diesen spezifischen Typ gesellschaftlichen Bewußtseins, nämlich einen Gerechtigkeitsdiskurs" hervorgebracht haben (Maihofer 1992: 76). Sein Begriff der Form legt allerdings nahe, dass er eine Widerspruchsbewegung in den Blick nehmen will. Die Form prozessiert Widersprüche. Widersprüchliche gesellschaftliche Tendenzen nehmen eine Form an, „worin dieser Widerspruch sich ebensosehr verwirklicht als löst" (Marx 1890, MEW 23: 118f). Moral ist also nicht einfach nur eine von oben kommende Praxis der Herrschaft. In den ideologischen Formen werden die Menschen sich ihrer Konflikte bewusst und tragen sie aus. Die moralische Bewusstseinsform bildet ein Feld, auf dem soziale Konflikte auf spezifische Weise, nämlich vor allem in der Gestalt von verschiedenen Gerechtigkeitskonzeptionen ausgetragen werden.

Max Horkheimer hat im Anschluss an Marx einen Versuch unternommen, den Widerspruch und die Konflikte genauer zu kennzeichnen, die die Form des moralischen Bewusstseins annehmen. Ihm zufolge ist es ein Merkmal des Materialismus, dass er versucht, die wirklichen Verhältnisse aufzuzeigen, aus denen das „moralische Problem hervorgeht" und die sich in den „moralphilosophischen Lehren spiegeln" (Horkheimer 1933: 118). Er kritisiert an der Moralphilosophie, dass ihr Moral als ewige Kategorie gilt. „Die Wandelbarkeit des Inhalts, das

Angeborensein einzelner Sätze wird behauptet und bestritten, aber die Fähigkeit zum moralischen Werturteil gilt in der Regel als ein der theoretischen Erkenntnis mindestens ebenbürtiger Grundzug der menschlichen Natur." (Ebd.: 114) Demgegenüber bestreitet Horkheimer, dass die Moral eine überhistorische Instanz sei. Er vertritt die Ansicht, dass die Moral eine „Lebensäußerung bestimmter Menschen" sei (ebd.: 131) und zu „der bestimmten Form der menschlichen Beziehungen" gehöre, „welche diese auf Grund der Wirtschaftsweise des bürgerlichen Zeitalters angenommen haben" (ebd.: 136). Das Moralproblem hat seine Wurzeln in der bürgerlichen Ordnung. Sie ist entscheidend gekennzeichnet dadurch, dass einzelne Private ihre jeweiligen Interessen verfolgen und ihren Besitz mehren. Da sie dies nur erreichen, wenn sie etwas leisten, was andere brauchen, setzen sich mit der egoistischen Verfolgung des jeweils eigenen Wohls die Bedürfnisse der Allgemeinheit nur indirekt durch. Die Interessen der Einzelnen und die Interessen der Gesamtgesellschaft greifen auf diese Weise nur ungenau und mit vielen Reibungen ineinander. Dieser Zusammenhang des eigenen Handelns mit der Gesellschaft wird zu einem Problem des subjektiven Bewusstseins. Es kommt zu einer Aufspaltung des Individuums. In einer Hinsicht verfolgt es sein eigenes Wohl, in einer anderen richtet es sich am Maßstab der Allgemeinheit aus. „In seiner Seele spielt sich ein Kampf zwischen dem persönlichen Interesse und der vagen Vorstellung des Gesamtinteresses, zwischen individueller und allgemeiner Zweckmäßigkeit ab. Doch ist nicht zu ersehen, wie eine vernünftige Entscheidung nach Kriterien zwischen beiden möglich sei. Es entsteht eine unendliche Reflexion und fortwährende Bekümmerung, die grundsätzlich nicht zu überwinden ist." (Ebd.: 115) Kant bringt, Horkheimer zufolge, diese historische Konstellation auf den Begriff. Das moralische Handeln ist das Handeln nach Gesichtspunkten des schlechthin Allgemeinen und beinhaltet die Lossagung von allem Interesse, von jedem empirischen Gehalt. Daraus resultiert erstens, dass die Moralphilosophie behauptet, dass das Allgemeine Vorrang vor dem Besonderen hat; zweitens, dass die Moralphilosophie selbst keine Partei ergreift, sondern sich ihre Unbedingtheit und ihren Allgemeinheitsanspruch damit erkauft, dass sie sich nicht auf einen geschichtlichen Augenblick bezieht (vgl. ebd.: 113). Drittens schließlich reicht ein Handeln nach dem Sittengesetz, also ein Handeln nach Prinzipien der moralischen Allgemeinheit und Richtigkeit nicht an die gesellschaftliche Allgemeinheit heran, führt also das Handeln der Einzelnen und die Allgemeinheit nicht zusammen (ebd.: 119ff). Viertens folgt daraus, dass das Individuum immerzu ein schlechtes Gewissen hat, weil es, innerlich zerrissen, jeweils für sich selbst überlegen muss, ob und wie sein individuelles Handeln mit der Allgemeinheit zusammenstimmt, dieses Ziel jedoch niemals oder nur zufällig erreicht. Als moralisch gelten deswegen eher der gute Wille, die Tugend, die Gesinnung, das Pflichtbewusstsein als die Wirklichkeit eines gemeinsamen, allgemeinen Handelns selbst. Es sei nicht das Gewissen, das Auskunft darüber gebe, in welchem Verhältnis der Inhalt moralischen Handelns zur Entwicklung der Gesamtgesellschaft stehe, sondern die „richtige Theorie" (ebd.: 122; Maihofer 1992: 86). Diese Theorie steht der Moral nicht einfach gegenüber wie das Richtige dem Falschen. Die Moral ist eine historische Form des Handelns wie der Erkenntnis; die Theorie ist, Horkheimer zufolge, eine neue historische Stufe, die das, was die Moral historisch wollte, aber nicht vollenden kann, aufgreift, aufhebt und zur Verwirklichung treibt. Die Theorie dieser Verwirklichung „führt von der Philosophie zur Kritik der politischen Ökonomie" (Horkheimer 1933: 128). Die Kritik der politischen Ökonomie ist die Theorie, die zu Ende bringt, was der Moralphilosophie nicht gelingt, weil sie im Zustand der „schlechten Unendlichkeit" von Begründungen und der „Ewigkeit" der Erwartung auf eine immer noch kommende Gerechtigkeit verharrt.

Horkheimer zufolge können unter kapitalistischen Verhältnissen die Einzelnen für ihr Handeln nicht verantwortlich gemacht werden. Allerdings darf damit nicht der Gesichtspunkt der Allgemeinheit fallen gelassen und das spannungsreiche Widerspruchsverhältnis zwischen Einzelnen und Allgemeinheit affirmativ aufgelöst werden. Horkheimer zielt auf das „Ende der Moral" (ebd.: 123). Aber über dieses Ende wird nicht rationalistisch von der Theorie entschieden. Aus Horkheimers Sicht ist ein wesentlicher Aspekt der materialistischen Methode und Theorie, dass sie sich solchen Fragen stellen, die so beharrlich in der gesellschaftlichen Welt wiederkehren. „Die Moral wird vom Materialismus daher keineswegs etwa als bloße Ideologie im Sinne falschen Bewußtseins verworfen. Sie gilt als menschliche Erscheinung, die während der Dauer des bürgerlichen Zeitalters gar nicht zu überwinden ist." (Ebd.: 119) Horkheimer gelangt hier zu der Frage, die auch Derrida beschäftigt: eine Befragung der Gerechtigkeit – die aus der Unzulänglichkeit der Gerechtigkeit, dem Wunsch nach einem Mehr der Gerechtigkeit, einem Mehr als Gerechtigkeit resultiert. Derrida versteht diese supplementäre Gerechtigkeit als Antrieb zur Suche nach einer immer neuen Gerechtigkeit. Damit argumentiert er trotz der betonten Differenz zu moralphilosophischen Annahmen einer universalistischen Norm in der Perspektive der Ewigkeit: Die Gerechtigkeit, die kein politischer oder juridischer Begriff ist, sei unendlich, sie bleibe immer im Kommen, sie schaffe die niemals abgeschlossene, immer noch kommende „zu-künftige Offenheit für eine Verwandlung, eine Umgestaltung oder eine Neu(be)gründung des Rechts und der Politik" (Derrida 1991: 56). Horkheimer lenkt die Frage nach der Gerechtigkeit – ganz im Sinne von Marx – in eine andere Richtung. Die Gerechtigkeit, um die seit Jahrtausenden gekämpft wurde, soll an ein Ende kommen, sie soll einen Wendepunkt markieren, von dem an alles anders werden kann. Die Moral drängt auf ihre „Erfüllung" und „zugleich ihre Aufhebung" (Horkheimer 1933: 123, 125). Die Moral und das Streben nach Gerechtigkeit verlieren ihre Grundlage in der Gesellschaft. Historisch konkret kann der Unterschied und Gegensatz von individuellen und allgemeinen Interessen überwunden werden und die Menschheit eine Stimme bekommen (ebd.: 123). Horkheimer antizipiert, dass dies für utopisch gehalten werden könnte, hält es aber mit Kant für möglich, dass die Zwecke eines jeden Individuums mit den Zwecken aller übrigen zusammen bestehen könnten. So verlangt das Streben nach Verwirklichung des Sittengesetzes das Verändern der gesellschaftlichen Verhältnisse, unter denen die Einzelinteressen durch die Verschiedenheit der Eigentumsverhältnisse bestimmt seien. Die verschiedenen Interessen der Einzelnen seien keine letzten Tatsachen. „Die Menschen stehen heute gegeneinander als Funktionen verschiedener ökonomischer Potenzen, deren jede den anderen widersprechende Entwicklungstendenzen zeigt. Erst wenn diese gegensätzliche Wirtschaftsweise, deren Einführung einmal einen außerordentlichen Fortschritt, unter anderem die Entwicklungsmöglichkeit selbstbewußter Menschen bedeutet hat, von einer Lebensform der Gesellschaft abgelöst sein wird, in der das produktive Eigentum nicht bloß der guten Absicht nach, sondern mit vernünftiger Notwendigkeit im allgemeinen Interesse verwaltet wird, hört die Zusammenstimmung der Einzelzwecke auf, als Wunder zu erscheinen." (Ebd.: 126) Dies wird den moralphilosophischen Einwand provozieren, nicht denkbar zu sein, weil zwischen Allgemeinem und Besonderem immer wieder Widersprüche entstehen könnten und insofern die Gerechtigkeit tatsächlich eine „ewige" Aufgabe, ein immer noch bevorstehendes Ereignis sei. Diesen Horizont zu schließen, könnte gefährliche autoritäre oder sogar totalitäre Konsequenzen haben, wenn den Einzelnen abverlangt würde, dem herrschenden Allgemeinen nicht mehr zu widersprechen, weil alle ihre Bedürfnisse, Interessen, Impulse schon befriedigt wären und sie glücklich zu sein hätten. Horkheimer wendet sich gegen Vorstellungen der Unterordnung der Einzelnen unter das Allgemeine. Das ist aus seiner Sicht die Fortsetzung des Naturzwangs. Vielmehr plädiert er für gesellschaftliche Verhältnisse, unter denen die „sachlichen Verrichtungen aufs feinste gegliedert", die Entfaltungsmöglichkeiten und das Glück der Individuen aber nicht mehr Schicksal und der gesellschaftlichen Hierarchie unterworfen sind (ebd.: 127). „Im Sinne Kants gebührt keiner besonderen Ganzheit die Ehre, als absoluter Zweck zu gelten, sondern den Individuen: nur sie haben Vernunft." (Ebd.: 128) Mit ihrer Vernunft können die Individuen zweckmäßig über den gesellschaftlichen Reichtum entscheiden.

Besteht das Argument also darin, sich gar nicht auf Moral und Gerechtigkeit einzulassen? Gerade weil es sich um eine ideologische Form handelt, die Herrschaft ausübt, indem in ihr das Subjekt und sein Handeln betreffende Konflikte über die Spannung von Allgemeinem und Besonderem ausgetragen werden, lässt sich aus ihr nicht ohne Weiteres heraustreten. Marx hat an wenigen Stellen seiner

Schriften – wenn er Betrug bei Löhnen, Qualität der Waren oder Sklaverei als ungerecht bezeichnet – auf ein für die kapitalistischen Produktionsverhältnisse spezifisches Gerechtigkeitskriterium zurückgegriffen, um die bürgerlichen Herrschaftsverhältnisse zu kritisieren (Maihofer 1992: 65ff). Gerechtigkeit gilt ihm jedoch nicht als universeller Maßstab, dessen Verwirklichung Emanzipation intendiert, sondern als ein Anachronismus; sie ist eine historische Bewusstseinsform, die selbst überflüssig wird. Horkheimer argumentiert deswegen dialektisch-praxistheoretisch dafür, an die Grenze der Moralbegriffe zu gehen, die über sich hinausweisen. Gerade um einmal über die Vergeblichkeit und das Scheitern der Moral und ihre spezifischen Widersprüche hinauszukommen und zu verwirklichen, was Freiheit, Gleichheit, Gerechtigkeit, Glück als „einzelne Züge der vernünftigen Gesellschaft" (ebd.: 138) in der Moral schon vorweggenommen haben, müsse über die Moral hinausgegangen werden. Die jahrtausendealte Forderung nach Gerechtigkeit könne unter den Bedingungen des entwickelten Kapitalismus eingelöst werden, weil „heute die Hilfsmittel der Menschheit groß genug geworden seien, dass ihre angemessene Verwirklichung als unmittelbare geschichtliche Aufgabe gestellt ist" (ebd.: 138).

Literatur

Adorno, Theodor W. (1955): Zum Verhältnis von Soziologie und Psychologie. In: *Ges. Schriften*, Bd. 8. Frankfurt/M 1972: 42-85.
– (1966): Negative Dialektik. In: *Ges. Schriften*, Bd. 6. Frankfurt/M 1973.
Derrida, Jacques (1991): *Gesetzeskraft. Der „mystische Grund der Autorität"*. Frankfurt/M.
Dubet, François (2008): *Ungerechtigkeiten. Zum subjektiven Ungerechtigkeitsempfinden am Arbeitsplatz*. Hamburg.
Engels, Friedrich (1872): Zur Wohnungsfrage. In: *Marx-Engels-Werke*, Bd. 18. Berlin 1973: 209-287.
Haug, Wolfgang Fritz (1986): Marx, Ethik und ideologische Formbestimmtheit von Moral. In: Angehrn, Emil/Lohmann, Georg (Hg.): *Ethik und Marx. Moralkritik und normative Grundlagen der Marxschen Theorie*. Königstein/Ts: 36-57.
Horkheimer, Max (1933): Materialismus und Moral. In: *Ges. Schriften*, Bd. 3. Frankfurt/M 1988: 111-149.
Marx, Karl (1890): Das Kapital, Bd. 1. In: *Marx-Engels-Werke*, Bd. 23, Berlin 1969.
–/Engels, Friedrich (1848): Manifest der Kommunistischen Partei. In: *Marx-Engels-Werke*, Bd. 4, Berlin 1972: 459-493.
Maihofer, Andrea (1992): *Das Recht bei Marx. Zur dialektischen Struktur von Gerechtigkeit, Menschenrechten und Recht*. Baden-Baden.
Miller, David (2008) *Grundsätze sozialer Gerechtigkeit*. Frankfurt/M-New York.
Nullmeier, Frank (2009): Soziale Gerechtigkeit – ein politischer „Kampfbegriff"?. In: APuZ 47/2009: 9-14.
Nussbaum, Martha C. (1999): *Gerechtigkeit oder Das gute Leben*. Frankfurt/M.
Rawls, John (2003): *Gerechtigkeit als Fairneß. Ein Neuentwurf*. Frankfurt/M.

Emma Dowling, Silke van Dyk und Stefanie Graefe

Rückkehr des Hauptwiderspruchs?
Anmerkungen zur aktuellen Debatte um den Erfolg der Neuen Rechten und das Versagen der „Identitätspolitik"

Donald Trumps Wahlsieg in den USA, der relative Erfolg der AfD hierzulande, das Votum für den britischen Brexit, die Entwicklungen in Frankreich, den Niederlanden und Österreich sprechen eine deutliche Sprache: Emanzipatorische Politikmodelle und die linke Kritik neoliberaler Hegemonie sind, von Ausnahmen abgesehen, in der Defensive. Angesichts dessen stellt sich die Frage nach Erklärungen, und so tobt in Feuilletons und Zeitschriften eine Debatte darüber, warum die (neoliberalen) Verhältnisse gegenwärtig vorrangig von rechts kritisiert werden. Wir verfolgen diese Debatte mit Interesse, aber auch mit zunehmendem Befremden, beobachten wir doch gerade in linken Beiträgen eine Tendenz, die soziale Frage zulasten anderer Widersprüche zu priorisieren. In der Diskussion dieser Tendenz greifen wir bewusst zum Mittel der Zuspitzung und beziehen uns auch auf Aussagen von Autor*innen, deren Analysen wir in vielen anderen Hinsichten teilen. Mit dieser Fokussierung wollen wir auf ein Problem hinweisen, das sich u.E. auch jenseits der Feuilletons für die globale Linke aktuell stellt: die derzeitige Entwicklung zu erfassen und zu kritisieren, ohne dabei die Errungenschaften und Erkenntnisse der neuen und neuesten sozialen Bewegungen über Bord zu werfen.

Ein homogenes Klassensubjekt?

Die uns diskussionswürdig erscheinende Argumentationslinie geht davon aus, dass die Bereitschaft von De-Klassierten, Arbeiter*innen und/oder Unterschichten (das Subjekt der Diagnose changiert), rechts zu wählen oder sich für rechtspopulistische Politikangebote zu begeistern, auf ein durch den Neoliberalismus verletztes, vermeintlich homogenes Klasseninteresse zurückgeführt werden kann. Das ist analytisch nicht der Hauptwiderspruch der marxistischen Debatten vergangener Tage, inhaltlich aber eine klare Hierarchisierung gesellschaftlicher Widersprüche, die in unterschiedlichen Varianten auftritt:
Am prominentesten ist sicherlich das *Notwehr-Argument*, das dem Wortsinn nach Freispruch von Verantwortung impliziert: Hier wird davon ausgegangen,

dass die Hinwendung zu rechten Parteien unvermeidlich sei, da sich infolge der neoliberalen Wende der Sozialdemokratie kein geeigneter Adressat für soziale Anliegen mehr finde. Vor allem hierzulande viel beachteter Stichwortgeber der Notwehr-These ist Didier Eribon (2016: 124), wobei dieser den manifesten Rassismus der rechten Anhängerschaft nicht bestreitet; die zum *Front National* Übergelaufenen, so Eribon, seien bereits als Kommunist*innen zu großen Teilen rassistisch eingestellt gewesen (ebd.: 133). Andere Kommentator*innen hingegen klassifizieren Rassismus mehr oder weniger explizit als abgeleitetes bzw. „uneigentliches" Phänomen, das letztlich der Erfahrung sozialer Deklassierung geschuldet sei (vgl. Jörke/Selk 2015; Fraser 2017; Baron 2016; Zizek 2017; Jones 2012: 254ff.). Nancy Fraser (2017: 90) etwa betont, dass die „*Mehrheit* der Trump-Wähler [...] *weder Rassisten noch in der Wolle gefärbte Rechte sind*, sondern Opfer des 'manipulierten Systems'." (Herv.: Autorinnen). Diesen Punkt noch weiter zuspitzend skizziert Owen Jones in seinem Buch *Dämonisierung der Arbeiterklasse* den liberalen Anti-Rassismus als Instrument eines Klassenkampfes von oben, mit dem „weiße Arbeiter in die Pfanne" gehauen würden (Jones 2012: 148).

Neben der Notwehr-Diagnose findet sich das *Mehrheiten-Minderheiten-Argument*, das weniger einen von rechts geführten ökonomischen Klassenkampf als einen Kulturkampf ausmacht. Hier wird beklagt, dass die Kämpfe kleiner Gruppen die Interessen der Mehrheit an den gesellschaftlichen Rand gedrängt hätten, sodass deren Anliegen – ökonomischer wie kultureller Art – über Jahrzehnte vernachlässigt worden seien. Adressatin der Kritik ist hier nicht die neoliberale Politik, sondern „die Linke", womit von Linksliberalen über (autonome) soziale Bewegungen bis hin zu Poststrukturalist*innen alles gemeint sein kann. Stichwortgeber ist hier der US-amerikanische Kulturwissenschaftler Marc Lilla, der für einen neuen Linksliberalismus plädiert, der „sich auf die Verbreiterung seiner Basis konzentrieren und die Amerikaner als Amerikaner ansprechen [würde]; dabei würde er den Anliegen Priorität geben, die einem Großteil der Bevölkerung am Herzen liegen. [...] Kleinere Anliegen, die symbolisch stark aufgeladen sind und die potentielle Verbündete abschrecken könnten – insbesondere Fragen der Sexualität und der Religion –, würden diskret, einfühlsam und mit einem Gefühl für Verhältnismäßigkeit behandelt." (Lilla 2017: 51) Die Annahme, dass eigentlich nachrangige Minderheitenanliegen von „der" Linken problematischerweise zu Kernproblemen erklärt würden, findet sich auch bei anderen Autor*innen wieder (z.B. Baron 2016: 201ff.).

Auch auf der Ebene politischer Strategien findet sich eine neue „Hauptwidersprüchlichkeit": Wenige gehen so weit wie Bernd Stegemann (2017), der im Anschluss an den US-amerikanischen Ökonomen Robert B. Reich explizit für eine Querfrontstrategie von Linken und Rechten gegen den Neoliberalismus plädiert. Die Idee aber, der Hauptfeind sei nicht die Neue Rechte, sondern der

Neoliberalismus, findet sich bei einigen wieder, die sich in der Linken verorten (z.B. Nölke 2017). Wolfgang Streeck (2017: 262) etwa beklagt „die moralische und kulturelle Ausbürgerung der Antiglobalisierungsparteien" und unterstellt auf diese Weise eine gemeinsame Schnittmenge der Anliegen von rechts und links. Wo er zudem von den „kleinen Leuten" spricht, die Opfer des liberalen Kosmopolitismus und seiner „antinationalen Umerziehungsmaßnahmen" (217) werden, erscheinen Nationalismus und Rassismus als plausible Renitenz gegen den gemeinsamen Gegner.

Zusammengefasst schlägt die berechtigte Kritik am Neoliberalismus in den genannten Argumentationen um in die Suche nach dem „echten", nicht durch Vielfalteuphorie verwässerten Klassensubjekt. Die Annahme, die Linke habe sich zu sehr auf Kämpfe gegen kulturelle Diskriminierung konzentriert und darüber den eigentlich wichtigeren Kampf gegen ökonomische Ausbeutung vergessen, ist grundlegend für diese Argumentationsfigur. In den Hintergrund rückt dabei die Idee, dass eine emanzipatorische Linke in der Lage sein sollte, Rechtspopulismus und Neoliberalismus gleichermaßen zu kritisieren – ohne Antirassismus oder Antisexismus auf der einen und soziale Gleichheit bzw. Gerechtigkeit auf der anderen Seite gegeneinander auszuspielen.

Nostalgie des Klassenkompromisses

Konzeptionell fragwürdig erscheint uns an dieser Argumentation, dass es ein unproblematisches „eigentliches" Klassensubjekt nicht gibt und nie gab. Zwar stellte es sich zu Hochzeiten des fordistischen Klassenkompromisses oberflächlich so dar: hier die – bestenfalls kollektiv organisierte – Arbeiterschaft, dort die antagonistischen Interessen von Kapital und Politik. Doch dieser Klassenkompromiss war mit Blick auf Geschlechterverhältnisse, die Ausbeutung migrantischer Arbeitskraft und internationale Ungleichheiten von Anfang an ein sexistischer, rassistischer und nationaler Klassenkompromiss; das fordistische Sicherheitsversprechen ist von diesen Unterdrückungs- und Diskriminierungsverhältnissen nicht zu lösen. Und das heißt umgekehrt: Bei Kämpfen gegen Rassismus und Sexismus handelt es sich nicht um bloß kulturelle oder symbolische Auseinandersetzungen, sind sie doch auf das Engste mit ökonomischen (Klassen-)Verhältnissen verschränkt. Natürlich waren auch weiße, proletarische Männer im Fordismus nur bedingt privilegiert, verglichen aber mit vielen Frauen, die zwar über ihre Ehemänner abgesichert, erwerbsmäßig aber prekär waren, wie auch im Vergleich zu migrantischen Arbeitskräften, haben sie stärker von den fordistischen Sicherheiten profitiert. Selbstverständlich ging mit der Durchsetzung des Neoliberalismus eine massive Umverteilung von Einkommen und Vermögen zulasten dieser vormals bedingt Privilegierten einher, aber auch heute sind die ehemaligen weißen Industriearbeiter nicht unbedingt das Schlusslicht der sozialen Stufenleiter und sind Geschlecht und Ethnizität weiterhin zuverlässige Indikatoren für geringeres Einkommen und Vermögen.

Die Fiktion eines homogenen Klassensubjekts muss folglich zugunsten einer Analyse der historisch-spezifischen Zusammensetzung sozialer Klasse(n) samt der darin implizierten Hierarchien-, Konkurrenz- und Machtverhältnisse aufgegeben werden. Zugleich muss gefragt werden, ob sich im Erfolg der Neuen Rechten nicht auch eine Reaktion auf die im Übergang zum Postfordismus partiell erfolgten Aufstiege, z.B. von hoch qualifizierten Frauen oder Migrant*innen ausdrückt, fordern diese doch die jahrhundertealte Gewissheit heraus, dass sich die Dividende weißer Männlichkeit zuverlässig auszahlt. Die partiellen Aufstiege wiederum schaffen neue strukturelle Ungleichheiten, etwa wenn privilegiertere Frauen die ihnen kulturell zugeschriebene und praktisch auferlegte Reproduktionsarbeit auf andere – oft migrantische – Frauen in prekären Arbeitsverhältnissen übertragen: Ebenso wenig wie es ein homogenes Klassensubjekt gibt, existiert ein homogenes Subjekt „Frau". Im Kontext der US-Wahl weist Angela McRobbie (2016) darauf hin, dass trotz der überraschend hohen Zahl an Frauen, die bei den jüngsten US-Wahlen für Donald Trump stimmten, gerade schwarze Frauen ihn mit deutlicher Mehrheit *nicht* wählten, weil die *relativ* privilegierte Position von weißen Frauen im fordistisch-keynesianischen Klassenkompromiss für sie nie in gleicher Weise existierte. Folglich konnten diese Frauen mit dem trumpschen Versprechen, Amerika wieder „great" zu machen, nicht mobilisiert werden.

Was die Annahme eines homogenen Klassensubjekts betrifft, zeigt sich am Beispiel des Brexit, dass die einfache These, der Sieg der Brexit-Befürwortenden sei ein Aufschrei der abgehängten britischen Arbeiterklasse (vgl. McKenzie 2016), die Situation nur zum Teil erklärt und der Komplexität der realen Spaltungslinien nicht gerecht wird. Tatsächlich kamen viele Stimmen für den Brexit auch aus der Mittelklasse und vor allem stimmten viele ältere Wähler*innen pro Brexit (vgl. O'Reilly, 2017). Vorwiegend gegen den Brexit stimmte die Überzahl der jüngeren Wähler*innen, die durch die neoliberale Politik vom fordistisch-keynesianischen Klassenkompromiss ausgeschlossen wurden sowie Wähler*innen ethnischer Minderheiten, die noch nie vom Klassenkompromiss profitierten.

Wer rechts wählt, will eigentlich soziale Gerechtigkeit

Noch eine weitere Argumentationstendenz, die wesentlich die Notwehrthese begründet, erscheint uns diskussionswürdig: In vielen Beiträgen zum Erfolg der Neuen Rechten wird der Anhängerschaft rechtspopulistischer Parteien und

Bewegungen ein zwar verstelltes, prinzipiell aber legitimes oder sogar begrüßenswertes Begehren nach Gleichheit und/oder Gerechtigkeit unterstellt. Man wählt dann „im Grunde" nicht rechts, weil man rassistische und nationalistische Welterklärungsangebote attraktiv findet, sondern weil man seine eigene Deklassierung kompensieren muss: Aus einem eigentlich Guten wird etwas Schlechtes. Im Umkehrschluss impliziert diese Argumentationsfigur zum einen, dass Rassismus und Nationalismus als logische Folgeerscheinungen der durch neoliberale Politik verursachten sozialen Spaltung, nicht aber als genuine ideologische Formationen verstanden werden. Zum anderen schrumpft der konzeptionelle Abstand zwischen rechtspopulistischen und linksemanzipatorischen Transformationsvorstellungen – im Grunde will man ja Ähnliches.

Die entsprechende Argumentationsfigur taucht einerseits eher *en passant* in Beiträgen auf, die ansonsten sehr differenziert argumentieren. So heißt es etwa im Editorial der Zeitschrift *Luxemburg*: „Der Wunsch nach Gerechtigkeit wird in Wut und Hass gegen eine offene und plurale Gesellschaft verkehrt." (Fried 2017) Auch Klaus Dörre (2017) geht davon aus, dass die bei Arbeiter*innen zu beobachtende Neigung zu rechtspopulistischen Welterklärungsangeboten im Kern auf ein „verletztes Gerechtigkeitsempfinden" verweist. Und wenn Sighard Neckel (2016) erklärt, soziale Deklassierung käme einer „Einladung zum Ressentiment" gleich, dann blendet die Metapher der Einladung aus, dass Rassismus keine spontane Reaktion, sondern ein ebenso verbreitetes wie fest verankertes Einstellungsmuster darstellt. Keineswegs *en passant*, sondern explizit ausgesprochen, behauptet diesen Zusammenhang Bernd Stegemann (2017), der die Konjunktur des Rechtspopulismus in ein bipolares Weltbild einsortiert, in dem auf der einen Seite die neoliberale Elite und die sie unterstützende Klasse der „Besitzindividualisten" stehen und auf der anderen Seite all diejenigen, „die Solidarität und Gleichheit fordern" (ebd.: 85). Konsequent fordert er ein, die Linke müsse „ihre Angst vor dem Volk [...] überwinden" (ebd. 91f.). Auch Nancy Fraser (2017) führt den Trump-Wahlsieg vor allem auf das verletzte Gerechtigkeitsempfinden der abgehängten weißen Arbeiter*innenklasse zurück – und begreift deshalb seine Wähler*innen auch als potenzielle Bündnispartner*innen für die Erneuerung der US-amerikanischen Linken. Die wiederum müsse sich positiv auf den „common cause" zwischen „Immigranten, Feministinnen und people of colour" auf der einen und den weißen „rust-belt"-Arbeitern, die Trump gewählt haben, auf der anderen Seite beziehen (ebd.). Während also die ökonomische Deklassierung als Kernmotiv der Wahlentscheidung ausgemacht wird, scheint die soziale Spaltung qua Rassismus deutlich weniger relevant gewesen zu sein – bzw. eine, die sich durch intelligentes Politikmanagement seitens der Linken überwinden lässt. Pointiert bringt diesen Zusammenhang Fatima El-Tayeb (2016: 19) auf den Punkt: „Bei Rassismus geht es scheinbar immer um etwas anderes: Angst vor der Zukunft, wirtschaftliche Unsicherheit oder sozialistische Altlast".

Werden nun aber – worauf rechtspopulistische Gesellschaftskonzepte im Kern zulaufen – Gleichheit und Gerechtigkeit für die je eigene Gruppe an der symbolischen und materiellen Deprivilegierung spezifischer Anderer (z.B. Migrant*innen, Frauen, Schwarze) gemessen, dann handelt es sich nicht um eine spezielle Spielart eines emanzipatorischen Universalismus, sondern um dessen äußersten Gegenpunkt. Von daher gibt es zwischen linken und rechtspopulistischen Politiken auch keine konzeptionelle Wahlverwandtschaft, sondern, im Gegenteil, maximale Distanz – eine Distanz, deren programmatische Überwindung nur um den Preis der radikalen Verschiebung resp. Verabschiedung emanzipatorischer Minimalstandards zu haben ist.

Wer ist schuld? Die „Identitätspolitik"!

Das Wörtchen „Identitätspolitik" ist in der aktuellen Debatte zu einer ubiquitären Chiffre für die Probleme der Linken und ihrer Verantwortung für den Erfolg der Neuen Rechten avanciert (Lilla 2017; Baron 2016; Stegemann 2017; Jörke/Heisterhagen 2017). Problematisiert wird der vermeintlich partikulare Charakter von Identitätspolitiken sowie ihre Komplizenschaft mit dem Neoliberalismus; im Zusammenspiel habe dies, so die Kritik, dazu geführt, dass Antworten auf Fragen sozialer Gerechtigkeit nicht mehr bei den Linken, sondern bei den Rechten gesucht werden.

Der Vorwurf, Identitätspolitik sei partikularistisch und würde damit den Universalismus der Kämpfe um soziale Gerechtigkeit unterminieren, verkennt den ursprünglichen Impuls vieler sozialer Bewegungen, die heute als „identitätspolitisch" gelabelt werden: aufzuzeigen, dass und wo sich universale Versprechen als machtvolle Verallgemeinerungen der partikularen Interessen bestimmter sozialer Gruppen erweisen. Identitätspolitik bedeutet in diesen Fällen gerade nicht, „dass sich eine gesellschaftlich abgesonderte Gruppe mit ihren spezifischen Problemen beschäftigt, sondern dass aus einer marginalisierten Perspektive Missstände aufgezeigt werden, die mitten ins Herz der Gesellschaft führen" (Putschert 2017: 20). Es ist das Dilemma von marginalisierten Gruppen, dass sie, um sichtbar zu werden, auf jene Differenz Bezug nehmen müssen, die ihre Ausgrenzung begründet. Und ja: mitunter wird die Betonung partikularer Identitäten zum Selbstzweck und verliert ihren politischen Impuls, die Partikularität der weiß-männlich-heterosexuell affizierten „Normalität" zu überwinden und auf diese Weise eine Basis für gemeinsame soziale Kämpfe zu schaffen. Aber zum einen wird dies von den inkriminierten sozialen Bewegungen durchaus selbst thematisiert und problematisiert und zum anderen rechtfertigt es nicht eine generelle Desavourierung des Kernanliegens emanzipatorischer „Identitätspolitik".

Warum eigentlich, ist zudem zu fragen, gelten die Kämpfe von Frauen, Schwarzen oder Schwulen/Lesben als identitätspolitische Kämpfe, während das Leben und die darauf bezogenen Kämpfe (weißer, männlicher) Arbeiter als soziale und ökonomische Realität betrachtet werden? Der US-amerikanische Autor Ta-Nehisi Coates (2015), der seinem Sohn in *Between the World and Me* beschreibt, was es bedeutet, als Schwarzer in den USA zu leben, kommentierte via Twitter (1.12.2016) die Debatten um die Trump-Wahl mit der Beobachtung, „dass die Anliegen weißer Männer als ökonomisch gelten, während alle anderen sich angeblich nur über ihre Gefühle austauschten" (Übers.: Autorinnen). Und wenn er hinzufügt „In Amerika ist 'Klasse' nicht die einzige Art der Klasse" (Übers.: Autorinnen) – dann weist er die implizite Klassenfarbe „weiß" zurück und verwehrt sich dagegen, dass die Kämpfe von Schwarzen und anderen „Minderheiten" kein ökonomisches Anliegen hätten.

Auch der in der Debatte prominente Vorwurf der Komplizenschaft von Identitätspolitik und Neoliberalismus erscheint uns diskussionswürdig: Es soll hier nicht darum gehen, die soziologischen Vereinnahmungsdiagnosen – wie sie Boltanski und Chiapello (2001) für die „Künstlerkritik" im Neoliberalismus oder Nancy Fraser (2009) für den liberalen Feminismus formuliert haben – komplett zurückzuweisen. Vielmehr spricht viel dafür, dass bestimmte Formen der Entfremdungskritik, aber auch Diversity- und Gleichstellungspolitiken anschlussfähig an das neoliberale Projekt sind. Gegenwärtig wird die Diagnose aber in einer Radikalität pauschalisiert, die wir für problematisch halten. So gibt es – um nur ein Beispiel zu nennen – eben nicht nur einen liberalen, sondern auch einen kritischen (z.B. marxistischen, schwarzen) Feminismus (z.B. Bhandar/Ferreira da Silva 2013), und die Kämpfe der *Black Lives Matter*-Bewegung haben auch auf den zweiten Blick mit liberalem Multikulturalismus wenig zu tun. Hinzu kommt, dass in der gegenwärtigen Debatte meist nicht die mögliche Indienstnahme mit all ihren Ambivalenzen und parallelen emanzipatorischen Effekten, sondern die angeblich aktive Komplizenschaft von Identitätspolitik und Neoliberalismus im Zentrum steht.

Zur „Klassenvergessenheit" der Intersektionalitätstheorie

Nichtsdestotrotz ist zu fragen, ob nicht jene Theorieströmungen, die sich der Dekonstruktion bzw. analytischen Durchdringung von Identitätszuweisungen und -aneignungen verschrieben haben, doch eine Mitverantwortung für die aktuelle Dynamik tragen. Diese Frage erscheint uns gerade mit Blick auf die für die zeitgenössische Genderforschung so grundlegende Annahme von der Intersektionalität sozialer Identitäts- und Ungleichheitskategorien relevant. In aller Kürze: Ja, die Klassenvergessenheit der Gender- bzw. Intersektionalitätstheorie existiert – nämlich da, wo es zu einer systematischen Verwechslung bzw. Gleichsetzung von Klasse als sozialer Strukturkategorie, die auf ökonomischer Ausbeutung basiert, mit Klassismus als Diskriminierungspraxis kommt. Daraus folgend sind auch die Differenzen zwischen *race*, *class* und *gender*, die prominentesten intersektionalen Kategorien, konzeptionell immer noch ebenso unterbestimmt, wie die Differenz zwischen Diskriminierung und Ausbeutung als kategorial zu unterscheidende Macht- und Herrschaftstechniken: So führt etwa die Unterstellung von Unterklassenzugehörigkeit je nach konkreter Konstellation zwar zu vergleichbar abwertenden Symbolisierungen und exkludierenden Effekten wie rassistische oder sexistische Zuschreibungen. Davon abgesehen aber ist Klasse zunächst ein analytischer Begriff, der selbst schon, etwa bei Marx, gesellschaftskritisch gemeint ist, während Ethnizität oder Geschlecht genealogisch auf binär codierte Grundannahmen über die Differenz der Geschlechter, der Völker, der Kulturen und damit auf Herrschaftswissen zurückverweisen. *Race*, *class* und *gender* lassen sich deshalb nicht in paralleler Weise dekonstruieren und ihre Analyse stellt für sich genommen noch keine Gesellschaftstheorie dar (Soiland 2012).

Nur: Diese theoretischen Unschärfen sind erstens nicht allein von „der" Gender- oder Intersektionalitätstheorie zu verantworten, sondern ebenso von jenen Ansätzen, die ihrerseits Fragen nach der Intersektion von z.B. Geschlecht und Klasse oftmals nur kursorisch aufrufen oder an die entsprechenden Gender-Expertinnen delegieren (etwa im Kontext der soziologischen Prekarisierungsdebatte; vgl. Aulenbacher 2009). Zweitens mindert die Diagnose einer konzeptionellen Leerstelle nicht die Bedeutung der theoretischen Perspektive insgesamt. Denn ein fundiertes Verständnis von Intersektionalität brauchen wir gerade in der aktuellen Situation dringend – nicht zuletzt um zu verstehen, wer sich auf Basis welcher multidimensionalen sozialen Positionierung tatsächlich von der Neuen Rechten angesprochen fühlt und wer nicht. Gerade *weil* kein homogenes Klassensubjekt existiert, gerade *weil* wir es nicht mit einer Rückkehr des Hauptwiderspruchs zu tun haben, gerade *weil* die soziale Frage aufs Tiefste verschränkt (aber nicht identisch) ist mit Rassismus, Nationalismus, Antifeminismus und Sexismus brauchen wir kritische Ansätze, die in der Lage sind, diese Analyseebenen zusammenzubringen. Und drittens schließlich findet sich die Verwechslung von Klasse mit Klassismus auch in der derzeitigen Debatte um den Erfolg der Neuen Rechten wieder: Symbolische und materielle Deklassierung werden kaum differenziert und der analytische Begriff der Klasse wird – jedenfalls dort, wo er gegen „die Falle der Identitätspolitik" (Jörke/Heisterhagen 2017) in Anschlag gebracht wird – um eben jene Intersektionalitäten bereinigt, die einzubeziehen für eine Klassenanalyse grundlegend wäre.

Fazit

Warum ist die Diagnose, die ökonomisch und/oder kulturell De-Klassierten würde sich aus Notwehr nach rechts wenden, derzeit so populär? Vielleicht scheint hier ja die Sehnsucht nach einem verloren geglaubten revolutionären (Arbeiter-) Subjekt auf – einem Subjekt, das zwar in die falsche Richtung läuft, aber dies immerhin aus den richtigen Gründen, und das deshalb von links auch „nur" noch zurückgewonnen werden muss. Manchen erscheint eine solche Rückgewinnung offenkundig attraktiver oder leichter zu realisieren als eine theoretisch wie praktisch eindeutige Positionierung an zwei Fronten – gegen Neoliberalismus und (alte wie neue) Rechte gleichermaßen. Wenn die Rückbesinnung auf die soziale Frage im Modus der Revitalisierung eines eigentlichen, homogenen Klassensubjekts erfolgt, werden in dieser Engführung die tatsächlichen komplexen Klassenverhältnisse der Gegenwart faktisch dethematisiert: „Die im New Yorker Call Center arbeitende queere Migrantin gehört ebenso zur Arbeiterklasse wie der kräftige Bergarbeiter in einer Rostgürtel-Stadt des mittleren Westens. Der Nativismus mancher Trump-Anhänger*innen unter den Arbeiter*innen ist, mit anderen Worten, nicht unbedingt der authentische und unveränderliche Ausdruck einer Arbeiterklassenerfahrung." (Sparrow 2017, Übers.: d. Autorinnen). Genau diese tatsächlichen Klassenverhältnisse sollten aber der Ausgangspunkt für eine emanzipatorische und zeitgemäße Politik sein, die sich der Hierarchisierung von gesellschaftlichen Widersprüchen und der damit verbundenen Tendenz zur Verharmlosung von Rassismus und Sexismus verweigert.

Literatur

Aulenbacher, Brigitte (2009): Die soziale Frage neu gestellt – Gesellschaftsanalysen der Prekarisierungs- und Geschlechterforschung. In: Castel, Robert/Dörre, Klaus (Hg.): *Prekarität, Abstieg, Ausgrenzung.* Frankfurt/M-New York: 65-77.
Baron, Christian (2016): *Proleten Pöbel Parasiten. Warum die Linken die Arbeiter verachten.* Berlin.
Bhandar, Brenna/Ferreira da Silva, Denise (2013): White Feminist Fatigue Syndrome. In: *Critical Legal Thinking*, 23.11.2013.
Boltanski, Luc/Chiapello, Eve (2006): *Der neue Geist des Kapitalismus.* Konstanz.
Coates, Ta-Nehisi (2015): *Between the World and Me: Notes on the First 150 Years in America.* New York.
Dörre, Klaus (2017): In einem abgekoppelten Wagen (Interview). In: *Neues Deutschland*, 23.6.2017.
El-Tayeb, Fatima (2016): Deutschland postmigrantisch? Rassismus, Fremdheit und die Mitte der Gesellschaft. In: *Aus Politik und Zeitgeschichte*, 66(14-15): 15-21.

Eribon, Didier (2016): *Rückkehr nach Reims*. Berlin.

Fraser, Nancy (2009): Feminismus, Kapitalismus und die List der Geschichte, In: Blätter für deutsche und internationale Politik (Hg.): *Das Ende des Kasino Kaptalismus? Globalisisierung und Krise*. Berlin: 86-100.

Fraser, Nancy (2017): Against Progressive Neoliberalism, A New Progressive Populism. URL: https://www.dissentmagazine.org/online_articles/nancy-fraser-against-progressive-neoliberalism-progressive-populism, Zugriff: 10.7.2017.

Fried, Barbara (2017): Die Linke im Einwanderungsschland. Emanzipatorische Klassenpolitik für eine solidarische Einwanderungsgesellschaft. In: *Luxemburg* 1/2017: 10-15.

Jörke, Dirk/Heisterhagen, Nils (2017): Was die Linken jetzt tun müssen. In: *FAZ*, 26.1.2017.

Jörke, Dirk/Selk, Veith (2015): Der hilflose Antipopulismus. In: *Leviathan* 43(4): 484-500.

Jones, Owen (2012): *Prolls. Die Dämonisierung der Arbeiterklasse*. Mainz.

Lilla, Marc (2017): Das Scheitern der Identitätspolitik. In: *Blätter für deutsche und internationale Politik* 62(1): 48-51.

McKenzie, L. (2016): EU Referendum: Many Don't Care What Happens Next, They Just Wanted Change. In: *Times Higher Education*, 24.6.2016.

McRobbie, Angela (2016): Anti-feminism Then and Now. In: *Open Democracy*, 28.11.2016.

Neckel, Sighard (2016): Aus Scham wird Rache. In: *Süddeutsche Zeitung*, 22.11.2016.

Nölke, Andreas (2017): Vortrag im Panel: „Klassenpolitik und/oder Identitätspolitik?", Tagung „Arbeiterbewegung von Rechts?", 22.-24. Juni 2017, Friedrich-Schiller-Universität Jena.

O'Reilly, Jacqueleine (2017): The Fault Lines Unveiled By Brexit. In: *Socio-Economic Review* 14(4): 808-814.

Putschert, Patricia (2017): Es gibt kein Jenseits der Identitätspolitik. Lernen vom Combahe River Collective. In: *Widerspruch* 36(1): 15-24.

Sparrow, Jeff (2017): Class and identity politics are not mutually exclusive. In: *guardian*, 18.11.2016.

Soiland, Tove (2012): Die Verhältnisse gingen und die Kategorien kamen. URL: http://portal-intersektionalitaet.de/theoriebildung/ueberblickstexte/soiland/, Zugriff: 10.7.2017.

Stegemann, Bernd (2017): Der liberale Populismus und seine Feinde. In: *Blätter für deutsche und internationale Politik*, 62(4): 81-94.

Streeck, Wolfgang (2017): Die Wiederkehr der Verdrängten als Anfang vom Ende des neoliberalen Kapitalismus. In: Geiselberger, Heinrich (Hg.): *Die große Regression*. Berlin: 253-275.

Žižek, Slavoj (2017): Zukunft nach Trump: Mehr Selbstkritik bitte!. In: *NZZ*, 3.2.2011.

Michael Heinrich

150 Jahre „Kapital" – und kein Ende
Unsystematische Anmerkungen zu einer unendlichen Geschichte

Rezeptionsprobleme

Marx hatte Pech. Als er 1867 den ersten Band des *Kapitals* im Verlag Otto Meißner in Hamburg veröffentlichte, hätten Ort und Zeit für dieses Buch kaum schlechter sein können.

Wahrscheinlich war Karl Marx im 19. Jahrhundert der mit Abstand beste Kenner ökonomischer Theorie. Bereits 1844 in Paris hatte er mit ökonomischen Studien begonnen. Im Sommer 1845, Marx war inzwischen aus Paris ausgewiesen worden und lebte mit seiner Familie in Brüssel, unternahm er zusammen mit Friedrich Engels eine Reise nach Manchester – um in der Chetham Library ökonomische Literatur zu studieren. Als Marx nach der Niederschlagung der 1848er-Revolution nach London emigrieren musste, bedeutete dies für ihn und seine Familie zunächst einmal fürchterliches Elend. Für seine Studien gab es jedoch keinen besseren Platz: London war nicht nur das Zentrum des damals am weitesten entwickelten kapitalistischen Landes, mit einer Presse, die ausführlich ökonomische Themen behandelte und einem Parlament, das Untersuchungsberichte zu ökonomischen Krisen oder zu den Arbeitsbedingungen in englischen Fabriken veröffentlichte; London verfügte im Britischen Museums auch über die damals größte Bibliothek der Welt. Nirgendwo anders konnte man eine dermaßen umfangreiche Sammlung bekannter wie auch völlig unbekannter ökonomischer Texte aus mehreren Ländern und in verschiedenen Sprachen finden. Liest man den ersten Band des *Kapitals*, geben vor allem die Fußnoten einen Eindruck von Marx' enzyklopädischer Kenntnis der ökonomischen Literatur. Wie detailliert er sich mit einer Vielzahl unterschiedlicher Autoren tatsächlich auseinandergesetzt hatte, konnte man aber erst zu Beginn des 20. Jahrhunderts erfahren, als Karl Kautsky zwischen 1905 und 1910 die *Theorien über den Mehrwert* herausgab. Wie Marx tatsächlich gearbeitet hat, was er alles gelesen hat, weit mehr als ins *Kapital* und die *Theorien über den Mehrwert* eingegangen ist, das lässt sich erst seit einigen Jahrzehnten nachvollziehen, seit in der IV. Abteilung der großen Marx Engels Gesamtausgabe (MEGA²) auch die marxschen Exzerpthefte vollständig veröffentlicht werden.

Es ist diese enorm umfangreiche Auseinandersetzung mit der ökonomischen Theorie, die den programmatischen Untertitel des *Kapitals* rechtfertigt: *Kritik der politischen Ökonomie*. In England und Frankreich war politische Ökonomie seit dem 16. Jahrhundert die Bezeichnung für die damals neue Wissenschaft von der Wirtschaft eines ganzen Landes. *Kritik der politischen Ökonomie* bedeutet nicht nur die Kritik einzelner Theorien, sondern die Kritik einer gesamten Wissenschaft – ein enormer Anspruch, aber Marx überblickte diese Wissenschaft zu seiner Zeit wie kein anderer.

Im *Kapital* arbeitete er sich vor allem an der „klassischen" politischen Ökonomie ab, womit in erster Linie die „englische" Ökonomie gemeint war, die mit den Werken von Adam Smith (1776) und David Ricardo (1817) ihren Höhepunkt erreicht hatte. In Deutschland war diese „Klassik" zu der Zeit als Marx den ersten Band des *Kapitals* veröffentlichte, noch gar nicht richtig angekommen. Zwar waren die Werke von Smith und Ricardo schon seit Langem (schlecht) übersetzt auch auf Deutsch verfügbar, auf fruchtbaren Boden waren sie aber nicht gefallen. Entsprechend wenig konnten die deutschen Ökonomen mit der marxschen Kritik anfangen. Es waren nicht nur politische Gründe, die zur Nicht-Rezeption des *Kapitals* nach 1867 führte, sondern auch die Provinzialität der akademischen deutschen Ökonomie, die mit den englischen und französischen Debatten noch lange nicht mithalten konnte.

Wäre der erste Band des *Kapitals* 1867 in London auf Englisch erschienen, hätte er wahrscheinlich mehr Furore gemacht. Auf Englisch erschien er aber erst 20 Jahre später – und da war es auch in England für eine anständige Rezeption bereits zu spät. Zu Beginn der 1870er Jahre setzte mit den fast gleichzeitigen Veröffentlichungen von William Stanley Jevons, Carl Menger und Léon Walras die „marginalistische Revolution" ein. Während Adam Smith Nutzentheorien des Werts erfolgreich kritisiert und stattdessen menschliche Arbeit als wertbestimmende Größe etabliert hatte, wurde jetzt das Konzept des „marginalen" Nutzens oder Grenznutzens (d.h. des zusätzlichen Nutzens einer zusätzlichen Gütereinheit) sowie weiterer „Marginal"-Begriffe in die Ökonomie eingeführt, wo sie sehr schnell zu ihrer weitgehenden Mathematisierung führten. 1887, als in England der erste Band des *Kapitals* veröffentlicht wurde, galt die klassische Ökonomie schon als weitgehend veraltet. Nur drei Jahre nach der englischen Übersetzung des *Kapitals* erschienen Alfred Marshalls *Principles of Economics*, mit denen sich der Marginalismus – im 20. Jahrhundert dann als Neoklassik bezeichnet – als neue Orthodoxie durchsetzte. Selbst die Bezeichnung „political economy" wurde durch „economics" ersetzt. Im 20. Jahrhundert wurde das marxsche *Kapital* von den Neoklassikern der „Klassik" zugeschlagen und wie diese als wissenschaftlich überholt betrachtet.

Nun mag man einwenden, dass Marx das *Kapital* gar nicht für die ökonomische Fachwelt geschrieben habe, dass es vielmehr eine Waffe im politischen

Kampf sein sollte, das „furchtbarste Missile das den Bürgern (Gründeigentümern eingeschlossen) noch an den Kopf geschleudert worden ist" wie Marx am 17. April 1867 an Johann Philipp Becker schrieb (MEW 31: 541). Aber welches Lesepublikum war mit dem *Kapital* tatsächlich angezielt? Der erste Band kostete 3 Taler 10 Groschen (1 Taler = 30 Groschen). Das war ungefähr der Wochenlohn eines qualifizierten Arbeiters; Arbeiterinnen verdienten erheblich weniger. Nur die wenigsten Arbeiterinnen und Arbeiter konnten sich das *Kapital* überhaupt leisten. Versuchten sie es zu lesen, stießen sie auf erheblich größere Schwierigkeiten als wir heutzutage. Die Erstausgabe war noch kaum untergliedert: sie bestand aus lediglich 6 Kapiteln mit nur wenigen Untergliederungspunkten. Engels schimpfte wie selten: „Aber wie hast Du die äußere Einteilung des Buches so lassen können, wie sie ist! Das 4. Kapitel ist fast 200 Seiten lang und hat nur 4 durch dünngedruckte, kaum wiederzufindende Überschriften bezeichnete Abschnitte. Dabei der Gedankengang fortwährend durch Illustration unterbrochen und der zu illustrierende Punkt nie am Schluß der Illustration resümiert, so daß man stets von der Illustration eines Punkts direkt in die Aufstellung eines andren Punkts hineinplumpst. Das ist scheußlich ermüdend und bei nicht ganz scharfer Aufmerksamkeit auch verwirrend." (Brief vom 23. August 1867, MEW 31: 324) In der zweiten Auflage wurden aus den 6 Kapiteln dann 7 große Abschnitte mit insgesamt 25 Kapiteln, die fast alle noch weiter unterteilt waren. Eine andere Schwierigkeit war aber auch in der zweiten Auflage noch längst nicht gelöst. Anders als in heutigen Ausgaben wurden fremdsprachige Zitate nicht übersetzt: neben Latein und Altgriechisch findet sich Englisch, Französisch und zuweilen auch Italienisch. Selbst ungewöhnliche Fremdworte oder mythologische Namen wurden nirgendwo erklärt. Wer das *Kapital* lesen wollte, musste eine erhebliche Bildung mitbringen.

Implizite Kritik

Damit sich die Sprengkraft des *Kapitals* aber so richtig entfalten konnte, war nicht nur Bildung im Allgemeinen, sondern auch die Kenntnis einschlägiger ökonomischer und philosophischer Theorien nötig, um nicht nur die expliziten, sondern auch die *impliziten* Kritiken wahrnehmen zu können. Bereits der erste Satz des ersten Kapitels beinhaltet eine fundamentale Kritik an Adam Smith' *Reichtum der Nationen*: „Der Reichthum der Gesellschaften, in welchen kapitalistische Produktionsweise herrscht, erscheint als eine 'ungeheure Waarensammlung', die einzelne Waare als seine Elementarform. Unsere Untersuchung beginnt daher mit der Analyse der Waare." (MEGA² II/5: 17; MEW 23: 49). Marx schreibt hier nicht, dass der Reichtum aus Waren besteht, sondern dass der Reichtum in bestimmten Gesellschaften (solchen, in welchen kapitalistische Produktionsweise herrscht) eine bestimmte Form annimmt, die einer Warensammlung. Das bedeutet im Umkehrschluss, dass in anderen Gesellschaften Reichtum auch eine andere Form besitzt. Wenige Absätze später wird die Vielzahl gesellschaftlicher Formen des Reichtums explizit angesprochen: „Gebrauchswerthe bilden den *stofflichen Inhalt des Reichthums*, welches immer seine *gesellschaftliche Form* sei." (MEGA² II/5: 18; MEW 23: 50 Hervorhebungen von Marx in der Erstauflage). Adam Smith glaubte hingegen, seine *Inquiry into the Nature and Causes of the Wealth of Nations* (so der vollständige Titel seines Werkes) ohne eine solche Unterscheidung machen zu können. Er betrachtete die Warenform des Reichtums als eine ganz selbstverständliche, sozusagen *natürliche* Formbestimmung. Die Kritik an der Naturalisierung gesellschaftlicher Formbestimmungen, die durch diese Naturalisierung als ewig und unveränderlich gelten, zieht sich durch alle drei Bände des *Kapitals*, von der Untersuchung des Warenfetischs im ersten Kapitel bis zur Dechiffrierung der „Trinitarischen Formel" am Ende des dritten Bandes, aber sie beginnt bereits im ersten Satz als implizite Kritik an Adam Smith.

Auf mehreren Ebenen finden sich derartige Kritiken auch zu Beginn des zweiten Kapitels (in der Zählung der zweiten Auflage): „Die Waaren können nicht selbst zu Markte gehn und sich nicht selbst austauschen. Wir müssen uns also nach ihren Hütern umsehn, den Waarenbesitzern." (MEGA² II/5: 51: MEW 23: 99) Deutlich wird hier gesagt, dass es erst im zweiten Kapitel um die Warenbesitzer geht. Marx hatte im ersten Kapitel das Austausch*verhältnis* der *Waren* untersucht, im zweiten Kapitel analysiert er den Austausch*prozess*, den die Waren*besitzer* vollziehen. Erst *nachdem* die ökonomischen Formbestimmungen der Waren dargestellt sind, werden also auf dieser Grundlage die Handlungen der Warenbesitzer untersucht – implizit ist dies eine fundamentale Kritik am „methodologischen Individualismus" (der Vorstellung, man könne gesellschaftliche Zusammenhänge ausgehend von den einzelnen Individuen analysieren), von dem sowohl die klassische politische Ökonomie, die Neoklassik wie auch große Teile der modernen Soziologie ausgehen. Und nur durch dieses Vorgehen, ist die bekannte Aussage aus dem Vorwort, dass es um Kapitalist und Grundeigentümer nur insoweit geht, als sie „Personifikation ökonomischer Kategorien" sind (MEGA² II/5: 14; MEW 23: 16).

Aber das ist noch nicht alles, weiter heißt es: „Um diese Dinge als Waaren auf einander zu beziehn, müssen die Waarenhüter sich aufeinander als *Personen* beziehn, deren *Willen* ein Dasein in jenen Dingen hat, sodaß Jeder nur mit seinem Willen und dem Willen des andern, beide also nur mit ihrem gemeinschaftlichen Willen sich die fremde Waare aneignen, indem sie die eigne veräußern und die eigne veräußern, um sich die fremde anzueignen. Sie müssen sich daher wechselseitig als *Privateigenthümer* anerkennen." (MEGA² II/5: 51f.; MEW 23: 99) Entgegen der Grundannahme der bürgerlichen Sozialphilosophie von Locke bis Hegel wird hier sehr deutlich, dass die Eigenschaft „Privateigentümer" zu sein, keineswegs eine Eigenschaft „des" Menschen ist, der, in dem er eine Sache zu seinem Eigentum macht, seine Freiheit verwirklicht – was dann im Umkehrschluss bedeuten würde, dass die Abschaffung des Privateigentums mit der Abschaffung menschlicher Freiheit identisch wäre. Ganz im Gegenteil: die wechselseitige Anerkennung als Privateigentümer ergibt sich erst innerhalb eines bestimmten sozialen Zusammenhangs – des Tauschs von Waren – als Notwendigkeit. Privateigentümer zu sein ist nichts allgemein Menschliches, sondern etwas historisch Besonderes.

Was war neu an der marxschen Wert- und Kapitaltheorie?

Der Aufstieg des Marginalismus hatte die marxsche Theorie an die Seite der Klassik gedrückt und dies wurde auch von vielen Marxistinnen und Marxisten mehr oder weniger akzeptiert: Die Debatte drehte sich bis weit ins 20. Jahrhundert hinein vor allem um den Gegensatz von Arbeitswerttheorie und Nutzentheorie des Werts, wobei die Arbeitswerttheorie in erster Linie als Grundlage einer Theorie der Ausbeutung verteidigt wurde. Hinzu kam, dass der erste Band des *Kapitals*, der den Produktionsprozess des Kapitals zum Gegenstand hatte, fast 30 Jahre vor dem dritten Band erschienen war, und die Rezeption dominierte. „Produktion" schien das Wesentliche zu sein, „Zirkulation" das bloß Nachgeordnete, Unwesentliche.

Als zentrale Einsichten des ersten *Kapital*-Bandes galten die Wertbestimmung durch Arbeit und der Nachweis, dass die Ausbeutung der Arbeiterinnen und Arbeiter die Grundlage von Mehrwert und Profit sei. Beide Aussagen finden sich mehr oder weniger deutlich schon lange vor der Veröffentlichung des *Kapitals*. Die Wertbestimmung durch menschliche Arbeit war bereits eine Erkenntnis der Klassik und Linksricardianer wie Charles Wentworth Dilke (1789–1864) oder Thomas Hodgskin (1787-1869) hatten daraus auch schon den Schluss gezogen, dass der Profit der Kapitalisten auf dem Wert beruht, den die Arbeiterinnen und Arbeiter geschaffen, aber nicht erhalten hatten (vgl. dazu Hoff 2008).

Marx wiederholte im *Kapital* nicht die schon vorliegenden Erkenntnisse; er kritisierte sie, indem er tiefer ging. Er betonte, dass es nicht einfach Arbeit ist, die Wert bildet, sondern „abstrakte Arbeit".[1] Das hat Konsequenzen für die

---

1 Die Einsicht, dass „die in der Waare enthaltene Arbeit zwieschlächtig ist" (also keineswegs jede Arbeit ist zwieschlächtig) stellt Marx als zentrale eigene Erkenntnis heraus (MEGA² II/5: 22, in der zweiten Auflage ist dann vom „Doppelcharakter der in den Waren dargestellten Arbeit" die Rede (MEW 23: 56). Als konkrete Arbeit (z.B. Tischlerarbeit) bildet

Auffassung der Wertes, er ist dann nämlich nur „abstrakte Gegenständlichkeit, ein Gedankending" (MEGA² II/5: 30, diese Stelle ist in der zweiten Auflage der Überarbeitung zum Opfer gefallen, allerdings ist dort von der „gespenstige[n] Gegenständlichkeit" des Werts die Rede, MEGA² II/6: 72; MEW 23: 52). Diese abstrakte oder gespenstige Gegenständlichkeit benötigt eine selbstständige, konkrete Wertgestalt, um ökonomisch handhabbar zu sein. Ist eine solche Wertgestalt für den Wert *aller* Waren gültig, ist sie allgemeingültig, wird sie zur *Geldform*. In der zweiten Auflage nennt Marx daher als Ziel seiner Analyse der Wertform: „Hier gilt es jedoch zu leisten, was von der bürgerlichen Oekonomie nicht einmal versucht ward, nämlich die Genesis dieser Geldform nachzuweisen, also die Entwicklung des im Werthverhältniß der Waaren enthaltenen Werthausdrucks von seiner einfachsten unscheinbarsten Gestalt bis zur blendenden Geldform zu verfolgen" (MEGA² II/6: 81; MEW 23: 62).

Im ersten Jahrhundert nach Erscheinen des ersten *Kapital*-Bandes wurde, was Marx hier als besondere Leistung gegenüber der bürgerlichen Ökonomie herausstellt, weder von Marx-Kritikern noch von Marxistinnen wirklich gewürdigt. In einflussreichen Einführungen in die marxsche ökonomische Theorie wurde diese Analyse der Wertform weitgehend ignoriert (Sweezy 1942; Meek 1956) oder als abstrakter Abriss der historischen Entstehung des *Geldes* aufgefasst (Zeleny 1962; Mandel 1968). Diese historisierende Auffassung übersieht nicht nur den Unterschied zwischen Geld*form* und *Geld*, sie impliziert auch, dass Marx ein ziemlicher Angeber war: Was nämlich die Darstellung der historischen Entstehung des *Geldes* angeht, konnte man keineswegs behaupten, dass sie von den bürgerlichen Ökonomen vor Marx nicht einmal versucht worden sei. Ganz im Gegenteil, es war sogar ein häufig behandeltes Thema. Kein Thema war dagegen die Genesis der Geld*form*, d.h. die *notwendige kategoriale* Beziehung zwischen Wert und Geldform, eine Beziehung, die erst Marx zum Gegenstand machte und die es erlaubt, die marxsche Werttheorie als *monetäre Werttheorie* zu bezeichnen[2] – im Unterschied zum nicht-monetären Ansatz sowohl der Arbeitswerttheorie der Klassik als auch der Nutzentheorie der Neoklassik.[3]

Ähnlich oberflächlich wurde lange Zeit auch das vierte Kapitel (in der Zählung der zweiten Auflage) rezipiert. Häufig ging es fast nur um dessen dritten

---

Arbeit einen Gebrauchswert, als abstrakte Arbeit (Arbeit, bei der von jeder Besonderheit abstrahiert wird) bildet sie Wert.

2 Der Ausdruck geht auf die Arbeiten von Backhaus in den 1970er Jahren zurück (wieder abgedruckt in Backhaus 1997), der die marxsche Werttheorie als Kritik *prämonetärer* Werttheorien auffasste.

3 Vgl. dazu Heinrich (2001; 2017, Kapitel 5), eine ausführliche Darstellung diesbezüglicher werttheoretischer Debatten gibt Elbe (2008a: 30ff.).

Abschnitt über Kauf und Verkauf der Ware Arbeitskraft, und hier wurde nur zu oft die „Ausbeutung" betont – obwohl Marx im vierten Kapitel an keiner einzigen Stelle von Ausbeutung spricht. Die Ausbeutung (oder „Exploitation") der Arbeitskraft wird erst ganz beiläufig im 7. Kapitel erwähnt, wo gezeigt wird, dass die Mehrwertrate ein Maß für den „Exploitationsgrad" der Arbeitskraft ist. Mit einer moralischen Kritik am Kapitalismus hat die Rede von Ausbeutung nichts zu tun. Die beiläufige Erwähnung der Ausbeutung der Arbeitskraft zielt genauso wenig auf eine solche Kritik wie die Rede von der Ausbeutung der Naturgesetze (MEGA² II/5: 316; MEW 23: 407f.) oder die von der „Ausbeutung des Dampfwebstuhls" (MEGA² II/5: 352; MEW 23: 452). Noch in seinem letzten ökonomischen Manuskript, den *Randglossen zu Wagner* verwahrt sich Marx gegen die Vorstellung, seine Theorie des Mehrwerts beinhalte irgendwelche Vorstellungen von einem „Raub am Arbeiter" (MEW 19: 359f.). Die Analyse der *Ware* Arbeitskraft sollte ja gerade zeigen, dass Mehrwertbildung auch dann möglich ist, wenn die Arbeiterinnen und Arbeiter den Wert der von ihnen verkauften Ware Arbeitskraft vollständig erhalten.

Die grundlegenden Formbestimmungen des Kapitals (Maßlosigkeit, Endlosigkeit) werden im ersten Unterabschnitt des vierten Kapitels analysiert – und zwar bevor Marx auf den „Kapitalisten" zu sprechen kommt. Dieser wird nicht etwa als *Eigentümer* des Kapitals, sondern als „bewußter Träger dieses Prozesses" der Kapitalverwertung eingeführt: „Der *objective Inhalt* jenes Prozesses – Verwerthung des Werths – ist sein *subjektiver Zweck*, und nur soweit wachsende Aneignung des abstrakten Reichthums das allein treibende Motiv seiner Operationen, funktionirt er als *Kapitalist* oder personificirtes, mit Willen und Bewußtsein begabtes Kapital." (MEGA² II/5: 108; MEW 23: 167f.) Dass der Kapitalist dem Kapital kategorial nachgeordnet ist, hat unmittelbar politische Konsequenzen: nicht der tatsächlich oder vermeintlich „gierige Kapitalist" ist das Problem, sondern die ökonomischen Verhältnisse, die diese Gier nach immer mehr Profit nicht bloß ermöglichen, sondern geradezu erzwingen. Nicht Kapitalistenschelte, sondern Kritik der kapitalistischen Produktionsweise folgt aus der marxschen Analyse.

Vielleicht am meisten unterschätzt wurde der zweite Unterabschnitt des vierten Kapitels. Marx setzt sich dort mit Scheinerklärungen des Mehrwerts auseinander, die zu einem bemerkenswerten Ergebnis führen: „Kapital kann also nicht aus der Circulation entspringen und es kann eben so wenig aus der Circulation nicht entspringen. Es muß zugleich in ihr und nicht in ihr entspringen." (MEGA II/5: 119; MEW 23: 180). Während häufig argumentiert wurde, dass Marx die Kapitalverwertung aus der Produktion erklärt, macht Marx hier deutlich, dass Mehrwert und Kapital zwar nicht allein durch die Zirkulation erklärt werden können, sie können aber auch nicht ohne Zirkulation erklärt werden. Reine

Produktionstheorien von Wert und Mehrwert sind genauso falsch wie reine Zirkulationstheorien.

Stereotype der Marx-Kritik

Nachdem es Engels im Jahr vor seinem Tod noch gelungen war, den dritten Band des *Kapitals* herauszugeben, erschienen auch Beiträge von bürgerlichen" Ökonomen und Sozialwissenschaftlern, angefangen bei Eugen von Böhm-Bawerk (1896) über Joseph Alois Schumpeter (1954) bis hin zu Karl Popper (1957), die sich kritisch mit dem *Kapital* auseinandersetzten. Die heutige Kritik am *Kapital*, sofern sie denn überhaupt stattfindet, betet im Wesentlichen die alten Thesen nach, in der Regel ohne auf die Antworten auf diese Thesen oder die erheblich erweiterte Textgrundlage, die seit Jahren in der MEGA² bereitgestellt wird, auch nur ansatzweise einzugehen. Nach wie vor konzentriert sich die Kritik vor allem auf zwei Punkte: die marxsche „Arbeitswerttheorie" und die marxschen „Vorhersagen".

Besonders einfach mit der Kritik an der marxschen Werttheorie (von „Arbeitswerttheorie" hat Marx an keiner einzigen Stelle gesprochen) macht es sich der aus vielen deutschen TV-Talkrunden bekannte Ökonom Hans-Werner Sinn: „Zu Marx' größten wissenschaftlichen Fehlleistungen gehört die Arbeitswerttheorie [...]. Die Behauptung, dass sich die relativen Güterpreise in der Marktwirtschaft grundsätzlich nach der in den Waren steckenden Arbeitszeit richten, ist schlichtweg falsch, denn erstens sind die Löhne nur eine von vielen Kostenkomponenten einer Firma und zweitens sind Preise grundsätzlich Knappheitspreise, die ihren Wert auch von den Präferenzen und der gegenseitigen Konkurrenz der Nachfrager herleiten. Was hat beispielsweise der Preis eines Gemäldes von Rembrandt mit dem Lohn des Meisters zu tun? Was hat der Preis des Erdöls mit dem Lohn der Arbeiter am Bohrloch zu tun? Nichts, oder so gut wie nichts." (Sinn 2017: 24)

Abgesehen davon, dass Sinn hier die Wertbestimmung durch Arbeitszeit mit der Wertbestimmung durch die Arbeitslöhne zusammenwirft – ein Unterschied, auf den nicht erst Marx, sondern bereits Ricardo im ersten Kapitel seiner *Principles* verweist, hat Marx nirgendwo die Behauptung aufgestellt, dass sich die relativen Preise in der Marktwirtschaft (also im alltäglichen Tausch) „nach der in den Waren steckenden Arbeitszeit richten". Ganz im Gegenteil: Bereits im ersten Band des *Kapitals* weist Marx in zwei Fußnoten darauf hin, dass die Wertgrößen der Waren keineswegs mit den Durchschnittspreisen der Waren im kapitalistischen Alltag identisch sind (MEGA² II/5: 119, 165; MEW 23: 180f., 234) und im dritten Band des *Kapitals* behandelt Marx das Thema dann ausführlich.

Marx-Kritiker, deren Lektüre etwas genauer ist als die von Sinn, führen daher auch regelmäßig das sogenannte Transformationsproblem als Widerlegung der Werttheorie an. Im dritten Band zeigt Marx, dass die Werte in solche Preise transformiert werden müssen, die in den verschiedenen Branchen eine annähernd gleiche Profitrate ermöglichen. Das dabei zur Illustration benutzte quantitative Transformationsverfahren ist strenggenommen falsch – was Marx selbst hervorhebt (MEW 25: 174). Welche Konsequenzen sich aus diesem falschen Transformationsverfahren ergeben, ist in der Tat seit gut 100 Jahren heftig umstritten. Eine Widerlegung der marxschen Werttheorie würde aus dem Transformationsproblem aber nur dann folgen, wenn *erstens* der Zweck der Werttheorie ausschließlich darin bestehen würde, die Preisverhältnisse im kapitalistischen Alltag zu erklären und wenn *zweitens* überhaupt keine Art von „Transformation" möglich wäre. Statt solche Fragen auch nur anzusprechen, wird aus der Existenz eines „Problems" ohne weitere Umstände auf die „Widerlegung" der Werttheorie geschlossen.[4]

Das andere Stereotyp ist die Widerlegung marxscher Vorhersagen, am beliebtesten ist dabei die „Verelendungstendenz". So heißt es bei Ulrike Herrmann (2017: 19): „Für Kritiker ist es bis heute ein Spaß, dass Marx die totale Verarmung prognostizierte. So höhnte der Nobelpreisträger Paul Samuelson: 'Man sehe sich die Arbeiter mit ihren Autos und Mikrowellenherden doch an – besonders verelendet sehen sie nicht aus.'" Freundlicherweise hält Herrmann Marx zugute, dass es im 19. Jahrhundert tatsächlich viel Elend gab: „Der Durchbruch zur modernen Wohlstandsgesellschaft begann erst kurz vor Marx' Tod. Ab etwa 1880 stiegen die Reallöhne deutlich an" (ebd.). So weckt sie zwar Verständnis für die falsche Prognose, dass Marx aber eine solche Prognose unternommen hat, wird aber nicht bezweifelt.

Im *Kommunistischen Manifest* von 1848 ging Marx in der Tat von einer Tendenz zur absoluten Verarmung aus – aber nicht mehr im *Kapital* von 1867. Zwar heißt es dort, „daß im Maße wie Kapital accumulirt, die Lage des Arbeiters, *welches immer seine Zahlung*, sich verschlechtert." (MEGA² II/5: 520; MEW 23: 675, Hervorhebung in der Erstauflage). Aber mit dieser Verschlechterung ist eben keine „totale Verarmung" anvisiert, was der Zusatz „welches immer seine Zahlung" sehr deutlich macht. Worauf es Marx ankommt, wird ein paar Sätze später formuliert: „Die Accumulation von Reichthum auf dem einen Pol ist also zugleich Accumulation von Elend, Arbeitsqual, Sklaverei, Unwissenheit,

---

4 So etwa auch Ulrike Herrmann (2017: 20) in demselben Heft wie Sinn. Hier ist nicht der Platz, um das Transformationsproblem ausführlicher zu diskutieren, vgl. dazu meinen früheren PROKLA-Artikel, Heinrich (1988) sowie Heinrich (2017: 267ff.). Einen neuen, interessanten Beitrag zu dieser Diskussion lieferte Moseley (2016).

Brutalisierung und moralischer Degradation auf dem Gegenpol" (ebd.). Mit der kapitalistischen Entfesselung der Produktivkräfte wächst zwar insgesamt der Reichtum der Gesellschaft, er ist aber nicht nur höchst ungleich verteilt, die allein am Profit orientierte Produktivkraftentwicklung geht auf Kosten der Lohnabhängigen, auch wenn die Löhne steigen. Ausführlich zeigt Marx im *Kapital* wie selbst elementare Regeln zum Unfall- und Gesundheitsschutz nur gegen den erbitterten Widerstand der Kapitalisten durchgesetzt werden konnte, wie die „produktivere" Technik häufig mit einer verstärkten psychischen Belastung einhergeht. Dass aber alles, was einmal als Schutzregeln für die Lohnabhängigen erkämpft und zum Teil in staatliche Gesetze gegossen wurde, keineswegs ein für allemal gesichert ist, zeigt gerade die Entwicklung in Deutschland in den letzten Jahrzehnten. Von Pausenregelungen in den Betrieben über den Kündigungsschutz bis hin zur Ausdehnung der (in der Regel schlechter bezahlten) Leiharbeit wurden in den letzten 20 Jahren – und zwar vor allem während der Zeit der rot-grünen Bundesregierung – eine Vielzahl von Vorschriften und Gesetzen zuungunsten der Lohnabhängigen geändert, sodass deren Lebens- und Arbeitssituation zum Teil erheblich unsicherer wurde, auch wenn die Löhne nicht gefallen sind.

Was die Kaufkraft der Löhne angeht, hat Marx bereits in seiner Analyse der Produktion des relativen Mehrwerts gezeigt, dass Mehrwert und Exploitationsgrad der Arbeitskraft steigen können, *ohne* dass die Kaufkraft der Löhne abnimmt. Steigt nämlich die Produktivkraft der Arbeit (z.B. durch eine verbesserte Arbeitsorganisation, vermehrte Teilung der Arbeit oder den Einsatz von Maschinerie), dann wird zur Produktion einer gegebenen Warenmenge weniger Zeit benötigt. Auch wenn die Kaufkraft des Lohnes gleich bleibt, wird ein bei steigender Produktivität ein immer kleinerer Teil der täglichen Arbeitszeit dafür benötigt, um den Wert des (täglichen) Lohns zu bilden, dementsprechend bleibt ein größerer Teil für die Bildung des (täglichen) Mehrwerts. Wenn man aus dem *Kapital* eine Vorhersage ableiten will, dann ist es nicht totale Verarmung, sondern wachsende Ungleichheit und zwischen den Lohnabhängigen und denjenigen, die über Kapital verfügen, und diese Vorhersage ist bis heute sehr gut bestätigt.

Und ist das „Kapital" jetzt endlich fertig?

Im Vorwort des 1867 veröffentlichten ersten Bandes des *Kapitals* kündigte Marx insgesamt vier Bände an: zum *Produktionsprozess des Kapitals*, zum *Zirkulationsprozess des Kapitals*, zu den *Gestaltungen des Gesamtprozesses* und zur *Geschichte der Theorie*. Bis zu seinem Tod 1883 blieb es aber beim ersten Band. Erst Engels gab nach Marx' Tod 1885 und 1894 den zweiten und den dritten Band heraus und schließlich legte Karl Kautsky 1905–1910 die *Theorien über den Mehrwert* vor, die als vierter Band des *Kapitals* galten. Es hatte zwar über 40 Jahre gedauert, doch nun schien das *Kapital* endlich vollständig vorzuliegen. Ganz so einfach ist die Geschichte aber nicht; mehrere Problemebenen wurden in den letzten Jahrzehnten deutlich.

Bereits in den Debatten der 1970er Jahre zeigte sich, dass die *Theorien über den Mehrwert* alles andere als einen Entwurf zu dem von Marx geplanten vierten Band darstellen. Dieser sollte eine Geschichte ökonomischer *Theorien* beinhalten, bei den *Theorien über den Mehrwert* handelt es sich aber um die Geschichte einer einzelnen *Kategorie*. Auch wurden die *Theorien* nicht auf der Grundlage der entfalteten marxschen Ökonomiekritik formuliert, sie stellen vielmehr einen wichtigen Schritt in der *Herausbildung* dieser Ökonomiekritik dar (vgl. dazu PEM 1975). In der MEGA² wurde deshalb weder ein vierter Band des *Kapitals* veröffentlicht, noch wurden die *Theorien über den Mehrwert* überhaupt separat präsentiert, sondern dort, wo sie hingehören, als Teil des *Manuskripts 1861–63* (MEGA² II/3).

Ein weiteres Problem ist die engelssche Edition der marxschen Texte. Nachdem zu Beginn der 1990er Jahre das marxsche Originalmanuskript zum dritten Band erschienen war (MEGA² II/4.2), zeigte sich, dass Engels ganz erheblich in den Originaltext eingegriffen hatte: Es gab eine Unmenge von Streichungen, Umstellungen, Umformulierungen und von Engels nicht ausgewiesener Einfügungen. Ein Großteil der Gliederung mit samt Überschriften stammte von ihm. Hier zeigte die in den 1990er Jahren geführte Diskussion, dass ein Teil dieser Eingriffe nicht unerhebliche inhaltliche Konsequenzen für einzelne Aussagen hatte (vgl. ausführlich dazu Jungnickel/Vollgraf 1995). Engels wollte den unfertigen marxschen Text lesbarer machen, und ohne ihn gäbe es heute wahrscheinlich keinen zweiten und dritten *Kapital*-Band. Doch die Hochachtung vor Engels' Leistung sollte nicht dazu führen, die Differenzen unter den Teppich zu kehren.[5]

Ein anderes Problem findet sich in den marxschen Manuskripten selbst. Marx schrieb einmal, dass das „Kapital" ein „artistisches Ganzes" sei (Brief an Engels vom 31. Juli 1865, MEW 31: 132). Dass die drei „theoretischen" Bände des *Kapitals* eine sehr stark miteinander verzahnte Einheit bilden, erschließt sich allen, die die Lektüre dieser drei Bände hinter sich gebracht haben. Liest man nur den ersten Band, dann ist die Lektüre nicht nur unvollständig, sie verleitet geradezu zu Fehlschlüssen: Werte werden dann leicht als Schwankungszentren der Marktpreise missverstanden, Mehrwert wird leicht mit Profit oder Unternehmergewinn verwechselt und der kapitalistische Produktionsprozess erscheint als die einzig wirklich wichtige ökonomische Sphäre. Allerdings beruhen die drei Bände, so

---

5 Mit ziemlicher Verspätung wurde ein solcher Versuch von Krätke (2007) unternommen. Kritisch dazu Elbe (2008b).

wie wir sie heute kennen, nämlich in der Edition von Engels, auf Manuskripten, die zu ganz unterschiedlichen Zeiten entstanden sind, und die unterschiedliche Niveaus in der Analyse der kapitalistischen Produktionsweise repräsentieren.

Den 1867 erschienenen ersten Band hatte Marx für die zweite deutsche Auflage von 1872/73 erheblich überarbeitet, weitere Veränderungen berücksichtigte er für die französische Übersetzung, die zwischen 1872 und 1875 in einzelnen Heften erschien. In der von Engels 1890 herausgegebenen vierten deutschen Auflage, heute weltweit die Standardausgabe des ersten Bandes, wurden die meisten (aber nicht alle) Veränderungen der französischen Übersetzung in die zweite deutsche Auflage integriert. Diese Ausgabe repräsentiert somit den marxschen Kenntnisstand aus der ersten Hälfte der 1870er Jahre. Für die Edition des zweiten Bandes benutzte Engels Manuskripte, die zwischen 1868 und 1879 (möglicherweise sogar noch etwas später) entstanden waren. Dagegen beruht der dritte Band fast ausschließlich auf einem 1864/65 entstandenen Manuskript, er repräsentiert also den am wenigsten fortgeschrittenen Kenntnisstand von allen drei *Kapital*-Bänden.

In mehreren Bereichen weist der dritte Band erhebliche Defizite auf. Der Forschungsprozess zum Kreditwesen war noch längst nicht abgeschlossen, sodass bei der Behandlung von Kredit und Bankkapital die Darstellung in das Protokoll eines erneuten Forschungsprozesses umschlägt. Durch eine besonders intensive Umarbeitung versuchte Engels dies zu kaschieren, verdunkelte dadurch aber die Richtung, in die die marxschen Forschungen zielten. Marx betrachtete diesen Teil jedenfalls als überholt, in den 1870er Jahren plante er die völlige Neugestaltung dieses Abschnitts, wobei sich die Darstellung nicht am englischen, sondern am US-amerikanischen Kapitalismus orientieren sollte, dessen Entwicklung Marx in den 1870er Jahren genau beobachtete (vgl. das 1878 von John Swinton mit Marx geführte Interview, MEGA² I/25: 442f.).

Defizite zeigt auch die Krisentheorie. Zwar ist es eine wichtige Leistung von Marx, dass er die Wirtschaftskrisen nicht als zufällige Betriebsunfälle betrachtete, sondern sie als notwendige Folge kapitalistischer Entwicklung auffasste, doch ist die Krisentheorie keineswegs fertig. Die ausführlichsten und immer wieder diskutierten marxschen Texte dazu stammen aus den *Theorien über den Mehrwert* (1861–1863) und aus dem Manuskript zum dritten Band des *Kapitals* (1864/65). Nach 1865 geht die marxsche Krisenanalyse aber weiter. Bereits die englische Krise von 1866 zeigte ein neues Gesicht, sodass Marx im März 1867 noch ein paar Bemerkungen zum „rein finanziellen Charakter" dieser Krise an völlig unpassender Stelle in das Manuskript des ersten Bandes quetschte (MEGA² II/5: 540; MEW 23: 697). Die genauere Untersuchung dieser Krise erfolgte in einem 1868 angelegten, bislang noch unveröffentlichten Exzerptheft (vgl. dazu de Paula u.a. 2016). Die umfangreichen ebenfalls noch unveröffentlichten Exzerpthefte zu Kredit, Geldmarkt und Krisen, die 1868 und 1869 entstanden sind, waren eine Folge dieser Krisenanalyse. Damit war Marx' Beschäftigung mit Krisen und Krisentheorie aber noch längst nicht abgeschlossen. Am 10. April 1878 schrieb er an seinen russischen Freund Nikolai F. Danielson, dass er den zweiten und dritten Band nicht fertig machen könne, „ehe die augenblickliche industrielle Krise in England ihren Höhepunkt erreicht hat. Die Phänomene sind diesmal ganz eigenartig, sie unterscheiden sich in vieler Beziehung von früheren [...]. Man muß also den gegenwärtigen Verlauf beobachten, bis die Dinge ausgereift sind, dann erst kann man sie 'produktiv konsumieren', das heißt '*theoretisch*'." (MEW 34: 370f) Marx will also die jüngste Krise nicht nur als empirische Illustration aufnehmen, ihm ist offensichtlich klar, dass seine Krisentheorie theoretisch noch gar nicht fertig ist.[6]

Das *Kapital* ist also noch längst nicht fertig. Dies gilt nicht bloß in dem banalen Sinn, dass sich der Kapitalismus weiterentwickelt und dass daher immer wieder Aktualisierungen oder Ergänzungen notwendig sind. Das *Kapital* ist bei wichtigen *theoretischen* Grundfragen, wie etwa der Kredit- oder der Krisentheorie noch unfertig. Um den marxschen Forschungsstand kennenzulernen, reicht es nicht, sich mit den verschiedenen *Kapital*-Manuskripten auseinanderzusetzen, die inzwischen vollständig in der II. Abteilung der MEGA² veröffentlicht sind. Zukünftig wird man sich wahrscheinlich immer stärker auf die Exzerpthefte beziehen, die in der IV. Abteilung veröffentlicht werden. Was alles in diesen Heften steckt, macht eine kürzlich erschienene Studie von Kohei Saito (2016) klar. Bislang konnte man dem Vorwurf, dass Marx gegenüber ökologischen Fragen blind gewesen sei, durch Verweis auf eine Reihe von Bemerkungen im *Kapital* entgegentreten. Marx war hier zwar nicht blind, aber es war nicht zu übersehen, dass ökologische Probleme in der Kritik der politischen Ökonomie keinen systematischen Stellenwert hatten. Durch die Auswertung von Marx' naturwissenschaftlichen Exzerpten der 1860er und 1870er Jahre konnte Saito zeigen, dass die ökologische Problematik (noch ohne diesen Begriff zu benutzen) für Marx einen immer größeren Stellenwert bekam. Bei der von Marx angestrebten Überarbeitung, nicht nur der Manuskripte für Band zwei und drei, sondern auch des ersten Bandes (vgl. Marx' Brief an Danielson vom 13. Dezember 1881, MEW 35: 246) wäre sehr wahrscheinlich auch die *systematische* Entwicklung des Widerspruchs zwischen Kapitalverwertung und dem menschlichen Stoffwechsel mit der Natur in die Darstellung eingegangen. Nach 150 Jahren ist über das

---

6 Es fehlt hier der Platz, um auf ein anderes interessantes Thema einzugehen: Einige Manuskripte aus den späten 1860er und den 1870er Jahre legen nahe, dass Marx an dem „Gesetz des tendenziellen Falls der Profitrate", das er nach 1868 niemals mehr erwähnte, selbst gezweifelt hat (vgl. dazu Heinrich 2016: 126ff).

Kapital also keineswegs schon alles gesagt worden, in manchen Bereichen fängt die Diskussion erst an.

Literatur

Backhaus, Hans-Georg (1997): *Dialektik der Wertform*. Freiburg/Br.
Böhm-Bawerk, Eugen v. (1896): Zum Abschluß des Marxschen Systems. In: Eberle, Friedrich (Hg.), *Aspekte des Marxschen Systems*, Bd. 1. Frankfurt/M 1973: 25-129.
Elbe, Ingo (2008a): *Marx im Westen. Die neue Marx-Lektüre in der Bundesrepublik seit 1965*. Berlin.
– (2008b): Die Beharrlichkeit des 'Engelsismus'. Bemerkungen zum „Marx-Engels Problem". In: *Marx-Engels-Jahrbuch 2007*. Berlin: 92-105.
Heinrich, Michael (1988): Was ist die Werttheorie noch wert? Zur neueren Debatte um das Transformationsproblem und die Marxsche Werttheorie. In: *PROKLA* 18(3): 15-38.
– (2001): Monetäre Werttheorie. Geld und Krise bei Marx. In: *PROKLA* 31(2): 151-176.
– (2016): „Capital" after MEGA: Discontinuities, Interruptions and New Beginnings. In: *Crisis and Critique* 3(3): 92-138.
– (2017): *Die Wissenschaft vom Wert. Die Marxsche Kritik der politischen Ökonomie zwischen wissenschaftlicher Revolution und klassischer Tradition*, 7. um ein Nachwort erw. Aufl., überarb. und erw. Neuaufl. Münster.
Herrmann, Ulrike (2017): Das „Kapital" und seine Bedeutung. In: *Aus Politik und Zeitgeschichte* 67(19/20): 17-22.
Hoff, Jan (2008): *Karl Marx und die „ricardianischen Sozialisten"*. Köln.
Krätke, Michael R. (2007): Das Marx-Engels-Problem: Warum Engels das Marxsche „Kapital" nicht verfälscht hat. In: *Marx-Engels Jahrbuch 2006*. Berlin: 142-170.
Mandel, Ernest (1968): *Marxistische Wirtschaftstheorie*. Frankfurt/M.
Marshall, Alfred (1890): *Principles of Economics*. London.
Meek, Ronald L. (1956): *Studies in the Labour Theory of Value*, Second Edition. London 1975.
Mosley, Fred (2016): *Money and Totality*. Leiden.
PEM (Projektgruppe Entwicklung des Marxschen Systems) (1975): *Der 4. Band des „Kapitals"?* Westberlin.
Popper, Karl (1957): *Das Elend des Historizismus*. Tübingen 1965.
Ricardo, David (1817): On the Principles of Political Economy and Taxation. In: *The Works and Correspondence of David Ricardo*, Vol.I. Cambridge 1951.
Saito, Kohei (2016): *Natur gegen Kapital. Marx' Ökologie in seiner unvollendeten Kritik des Kapitalismus*. Frankfurt/M.
Schumpeter, Joseph A. (1954): *Geschichte der ökonomischen Analyse*. Göttingen 1965.
Sinn, Hans-Werner (2017): Was uns Marx heute noch zu sagen hat. In: *Aus Politik und Zeitgeschichte* 67(19/20): 23-28.
Smith, Adam (1776): An Inquiry into the Nature and Causes of the Wealth of Nations. In: *The Glasgow Edition of the Works and Correspondence of Adam Smith*, Vol. 2. Oxford 1976.
Sweezy, Paul M. (1942): *Theorie der kapitalistischen Entwicklung*. Frankfurt/M 1970.
Vollgraf, Carl-Erich; Jungnickel, Jürgen (1995): Marx in Marx' Worten? Zu Engels Edition des Hauptmanuskripts zum dritten Buch des „Kapitals". In: *MEGA-Studien* 1(2): 3-55.
Zeleny, Jindrich (1962): *Die Wissenschaftslogik bei Marx und „Das Kapital"*. Berlin 1968.

Lukas Egger

Der „schreckliche erste Abschnitt"
Zu Louis Althussers Kritik an der marxschen Werttheorie

Kaum eine Intervention in das Feld der marxistischen Theoriebildung führte im 20. Jahrhundert zu einem solchen Widerhall wie die von Louis Althusser (1918–1990). Sein Versuch einer immanenten Subversion der orthodox-marxistischen Theorie mittels Begriffen und Konzepten aus Psychoanalyse und Strukturalismus löste zum Teil massive Abwehrreaktionen, zum Teil aber auch geradezu enthusiastische Zustimmung aus. Alfred Schmidt (1969) warf ihm in seiner im deutschsprachigen Raum sehr populären Kritik vor, Geschichte und Subjektivität aus der marxistischen Theorie eliminiert zu haben. In späteren Auseinandersetzungen wurden diese Vorwürfe oft nur wiederholt, eine intensivere Befassung mit seinen Thesen wurde so bequem umgangen. Zur gleichen Zeit gab es im Rahmen der neuen Marx-Lektüre in Deutschland jedoch auch Arbeiten zu Themen der marxschen Theorie, die stark von Althusser beeinflusst waren (vgl. Kocyba 1979; Kratz 1979).

Heute scheint die Frontstellung zwischen einer von Hegel und der Kritischen Theorie ausgehenden und einer an Althusser orientierten, strukturalen Lesart von Marx ein wenig aufgeweicht. Es erscheinen in regelmäßigen Abständen Arbeiten, die versuchen, die verschiedenen Traditionslinien des westlichen Marxismus in einen produktiven Dialog zu bringen.[1] Diese erfreuliche Tendenz soll dieser Text stärken, indem er eine bisher eher oberflächlich rezipierte Seite an Althussers Werk analysiert: die Kritik an der marxschen Werttheorie und dem Fetischismuskonzept.

Während nämlich jener Strang der neuen Marx-Lektüre, der sich in der Tradition der Kritischen Theorie sieht, gerade an Marx' Werttheorie den revolutionären Gehalt der Kritik der politischen Ökonomie festmacht, wird sie von Althusser skeptisch beurteilt. In seinem 1978 verfassten Text *Marx in his Limits* formuliert er eine fundamentale Kritik der marxschen Darstellungsmethode. Die Wertformanalyse wird als hegelianisierende Keimzellendialektik und der Unterabschnitt über den Warenfetischismus als zu „hundert Prozent feuerbachianisches" Kapitel (Althusser 2006: 126) kritisiert. Folgerichtig weist Althusser seine LeserInnen an,

---

1 Vgl. Dimoulis/Milios 1999; Hirsch/Kannankulam 2006; Hackbarth 2015.

die ersten drei Kapitel des *Kapitals* zu überspringen (Althusser 2015c: 679) und äußert Sympathien für die neoricardianische These, die marxsche Werttheorie sei überflüssig (Althusser 2006: 40). Wie Althusser zu diesen Positionen kam, will ich im Folgenden darlegen.

Dabei interessiert mich weniger die Frage, ob Althusser und wertformanalytische Ansätze kombinierbar sind.[2] Der vorliegende Text fragt vielmehr danach, inwiefern Althussers Ablehnung der Werttheorie und der Fetischismusproblematik aus seinen epistemologischen Auffassungen *notwendig* folgt. Schließlich ist er selbst mit Gaston Bachelard der Auffassung, dass theoretische Fehler nicht zufällig entstehen, sondern unvermeidlich aus der jeweiligen wissenschaftlichen Problematik resultieren. Die „paradoxe und notwendige Identität des Nicht-Sehens und des Sehens" sei „innerhalb des Sehens selber zu begreifen" (Althusser 2015a: 32). Eine immanente Kritik von Althussers Urteilen über die marxsche Werttheorie muss daher von seinem eigenen wissenschaftlichen Diskurs ausgehen und fragen, wie diese Urteile darin „funktionieren" (Pühretmayer 2017: 106). Deshalb nähert sich dieser Text Althussers Kritik nicht unmittelbar, sondern über den Umweg seiner Wissenschaftstheorie, die Erkenntnisebene und Realität radikal voneinander unterscheidet. Dieses Vorgehen ist dadurch gerechtfertigt, dass epistemologische Fragen das Kernstück sämtlicher Schriften von Althusser bilden, auch seiner selbstkritischen Spätphase (Rheinberger 1975: 924).

Althussers epistemologischer Zugang zum *Kapital*

Das Motiv für die Auseinandersetzung mit Marx und dem *Kapital*, wie sie Althusser Anfang 1965 mit seinen Schülern unternahm, war es, *Das Kapital* als Philosophen zu lesen (Althusser 2015a: 21). Damit war allerdings keine ideengeschichtliche Untersuchung gemeint, die darauf zielt, die philosophischen Quellen von Marx herauszuarbeiten, sondern zu versuchen, „die Frage nach dem wissenschaftlichen Diskurs" des *Kapitals* zu beantworten (ebd.), zu fragen was Marx' *Objektverständnis* ist. Ein wissenschaftliches Objekt ist nach Althusser nicht einfach gegeben, sondern ist das Ergebnis einer theoretischen Produktion, die im Rahmen einer wissenschaftlichen Problematik stattfindet. Unter „Problematik" versteht er im Anschluss an Gaston Bachelard die begriffliche Struktur eines wissenschaftlichen Systems, die dessen Objektauffassung und Fragestellungen definiert. Welche Probleme überhaupt als Probleme auftauchen und welche Fragen an einen Gegenstand gestellt werden können, wird von der jeweiligen wissenschaftlichen Problematik begrenzt (Pühretmayer 2010: 10f.). Das Lektüre-Projekt ging

---

2 Beispielsweise bei Gallas 2006; Milios 2009 und Sotiris 2015.

von der schon in *Für Marx* aufgestellten These aus, Marx habe im Zuge seiner Überwindung der junghegelianischen Philosophie 1845/46 eine theoretische Revolution eingeleitet, die Althusser (1968: 31) als einen *epistemologischen Bruch* bezeichnet. Ein solcher Bruch ist eine Neudefinition der gesamten theoretischen Problematik einer Wissenschaft. Es werden nicht nur neue Eigenschaften an einem gegebenen Forschungsobjekt entdeckt, sondern das Forschungsobjekt selbst sowie die Fragen, die an es herangetragen werden und das ganze Begriffssystem verändern sich. Wissenschaftlicher Fortschritt wird daher nicht als linearer Fortschritt im Sinne eines „Akkumulationsmodell[s] des wissenschaftlichen Wissens" (Ritsert 1996: 180) aufgefasst, sondern vollzieht sich in Brüchen.

Marx' „unermessliche theoretische Revolution" (Althusser 2015b: 416) habe nun darin bestanden, eine neue Konzeption von gesellschaftlicher Wirklichkeit und einen theoretischen Begriff der Geschichte erarbeitet zu haben. Damit habe er mit der bisherigen Geschichtsphilosophie und Philosophie des Menschen gebrochen (ebd.: 328). Das 'Wesen des Menschen' diene Marx nicht mehr als Kategorie, die Geschichte und Politik erklären kann, sondern der philosophische Humanismus, dem die Vorstellung eines menschlichen Wesens zugrunde liege, werde von ihm nunmehr als theoretische Ideologie verstanden und verworfen (Althusser 1968: 176). Zugleich sei dieser epistemologische Einschnitt von Marx selbst nicht adäquat begrifflich erfasst worden und er habe immer wieder auf Begriffe und Konzepte aus der eigentlich überwundenen Problematik zurückgreifen müssen – vorrangig aus jener Hegels. Der neue Wissenschaftsdiskurs liege zwar im *Kapital* praktisch vor, begrifflich aber werde diese Neuheit von Marx nicht immer explizit gemacht (Assiter 1984: 291). Gewisse Antworten, die im *Kapital* gegeben werden, vermissten noch die adäquaten Fragen und Begriffe. Solche Antworten, die für Althusser aus Worten und nicht aus wirklich wissenschaftlichen Begriffen bestehen, gelten ihm mit Bachelard als epistemologische Hindernisse (Pfaller 1997: 74f.; Balibar 1994: 84f.). Die „bloßen Worte" sind für Althusser ein Symptom eines noch nicht gänzlich überwundenen ideologischen Diskurses, dessen Überreste durch eine *symptomale Lektüre* des *Kapitals* aufgedeckt werden sollen. Althusser gelingt es, eine bis dahin in der marxistischen Diskussion kaum beachtete Frage aufzuwerfen: Was unterscheidet Marx' Objektverständnis von der politischen Ökonomie? Damit wird auch die klassische Auffassung in Zweifel gezogen, wonach Marx eine hegelianische Methode auf die politische Ökonomie angewandt, damit deren Problematik einfach übernommen und nur anders bearbeitet habe. Obwohl gerade Althussers epistemologische Perspektive es ermöglichte, diese wichtigen Fragen zu stellen, machen es ihm seine wissenschaftstheoretischen Positionen – wie ich nun zeigen will – zugleich unmöglich, die Differenz zwischen Marx und der politischen Ökonomie hinsichtlich der Werttheorie zu begreifen.

Die empiristische Problematik

Um Marx' neue Konzeption von Wissenschaft deutlich zu machen, kontrastiert Althusser diese mit der klassischen Erkenntnistheorie, die er als „empiristische Auffassung der Erkenntnis" (Althusser 2015a: 53) bezeichnet. Die dieser Auffassung zugrundeliegende Problematik könne „sowohl einen rationalistischen wie einen sensualistischen Empirismus umfassen und man findet sie selbst im Denken Hegels" (ebd.). Im Empirismus werde die Realität als „homogener Raum" konzipiert. Ein gegebenes Subjekt tritt – innerhalb einer als einfach und einheitlich strukturiert begriffenen Wirklichkeit – einem gegebenen Objekt gegenüber und legt durch Abstraktion dessen Wesen frei, worin die Erkenntnis des Objekts bestehe. Der grundlegende Fehler der empiristischen Problematik liege in der Vermischung von Real- und Erkenntnisobjekt, da die Erkenntnis als ein durch Abstraktion herauszuschälender Bestandteil der Wirklichkeit begriffen wird (ebd.: 54). Genau hier hätte Marx' einen erkenntnistheoretischen Bruch vollzogen. Das Realobjekt, wie es „außerhalb des Kopfes" existiert, werde von Marx erstmals in der *Einleitung zur Kritik der politischen Ökonomie* von 1857 radikal vom Erkenntnisobjekt, also der theoretischen „Verarbeitung von Anschauung und Vorstellung in Begriffe" (MEW 42: 36) unterschieden.

Wissenschaftliche Tätigkeit werde von Marx als relativ autonome *Praxis* begriffen. Sie sei zwar mit dem gesellschaftlichen Ganzen vermittelt, aber nicht vollends von diesem determiniert. Das unterscheidet die theoretische Praxis von der ideologischen, die lediglich ihre eigenen Voraussetzungen in ihren Ergebnissen widerspiegele, während die wissenschaftliche Erkenntnisproduktion ein ergebnisoffener Prozess sei (Althusser 2015a: 99). Wissenschaft konstituiere sich stets erst durch die Überwindung von ideologischem Wissen (Althusser 1968: 12), indem sich die Wissenschaft von den „praktischen, religiösen moralischen und politischen 'Interessen'" (Althusser 2015a: 79) emanzipiert, die bei der Produktion von Ideologien ausschlaggebend seien. Erst wenn eine Wissenschaft mit ihrer theoretischen Arbeit neue Einsichten *produziert*, anstatt ihre eigenen, außertheoretischen Voraussetzungen blind zu *reproduzieren*, kann nach Althusser wirklich von Wissenschaft gesprochen werden. Diesen Übergang von ideologischem zu wissenschaftlichem Wissen hätte Marx mit seiner Ökonomiekritik geleistet. Dennoch fänden sich im *Kapital* noch immer begriffliche und konzeptionelle Reste der ideologischen, empiristischen Problematik, die Marx von Hegel und Feuerbach aufgegriffen hätte (Althusser 2015a: 44; 2006: 46). Beinahe alle marxistischen Fehlinterpretationen, seien sie humanistischer oder ökonomistischer Natur, hätten in diesen „geborgten" Begrifflichkeiten ihren Ursprung (Althusser 2006: 42ff.).

Indem Althusser bei seiner Interpretation der *Einleitung* von 1857 aus der „Reproduktion des Konkreten im Weg des Denkens" (MEW 42: 35; Herv.: L.E.) eine

Produktion von Erkenntnissen macht, verwirft er auch Marx' Korrespondenztheorie der Wahrheit (Sayer 1979b: 43; Lindner 2013: 243). Es gebe nach Althusser „*keinen homogenen gemeinsamen Raum*" (Althusser 2015b: 428) zwischen Begriff und Gegenstand, weshalb deren Übereinstimmung auch nicht gedacht werden kann. Dieses Motiv hat Althusser direkt von Bachelard übernommen, der sich hier wiederum auf Spinoza bezieht (Pfaller 1997: 163). Das Realobjekt, auf das sich die Erkenntnis bezieht, werde zwar durch den Erkenntnisprozess begrifflich erfasst, jedoch wird die transzendentale Frage nach der Möglichkeit, oder wie sich Althusser (2015a: 83) ausdrückt, einer „Garantie einer Möglichkeit von Erkenntnis" als idealistisch verworfen.

Dennoch kann Althusser das Problem, ob und wie ein Realobjekt auf dessen Erkenntnis Einfluss nimmt, nicht vollends ausblenden, sonst würde es ihn nicht immer wieder einholen. Das Erkenntnisobjekt sei in keiner Form „von den *Eigenschaften* des *Real*objekts affiziert" (Althusser 2015b: 321), dennoch „rufe" das Realobjekt den Erkenntnisprozess „hervor" (Althusser 1977: 73), und trotzdem sei wiederum alleine die Frage nach dem Verhältnis ein Scheinproblem (Althusser 2015b: 323). Aufgrund dieser überaus vagen Bestimmungen wurde Althusser – wie ich denke zurecht – immer wieder ein philosophischer Nominalismus vorgeworfen, mit dem er dem postmarxistischen Diskursreduktionismus eine Steilvorlage geliefert habe (Bhaskar 1989: 188). Althusser war sich diesem Problem auch selbst bewusst, wenn er in einem späteren Text bezüglich der Unterscheidung von Erkenntnis- und Realobjekt schreibt, dass „wenn diese notwendige Unterscheidung nicht genügend abgesichert wird, ... sie zum Nominalismus, ja zum Idealismus führen" könne (Althusser 1977: 75). Um die Unterscheidung abzusichern, postuliert Althusser in seinen „materialistischen Thesen", dass das Realobjekt erkennbar und nur Reales denkbar sei (Althusser 2015b: 281). Diese Thesen werden allerdings dogmatisch gesetzt und sie infrage zu stellen, sei schon an sich idealistisch. Dieser Idealismus bestehe in einem Skeptizismus, der bezweifelt, dass es möglich sei, die Realität zu erkennen (Althusser 1985: 104). Für ontologische Fragen, danach, wie die Wirklichkeit beschaffen sein muss, um so etwas wie Erkenntnis überhaupt möglich zu machen, ist in Althussers Epistemologie kein Platz.

Die „fiktive Einheit" der Darstellung im *Kapital*

Die gerade dargelegte Erkenntnistheorie samt ihrer absoluten Trennung von Real- und Erkenntnisobjekt führt Althusser auch zu einer spezifischen Interpretation der marxschen Darstellungsmethode im *Kapital*. Es gelte in wissenschaftlichen Präsentationsverfahren ebenso die Prämisse, die Ordnung der Begriffe absolut von jener der empirischen Wirklichkeit zu unterscheiden (Althusser 2015b: 321;

Macherey 2015: 217f.), was Althusser zu einer radikalen Kritik an der historisch-logischen Lesart des *Kapitals* führt, wie sie in der Folge von Friedrich Engels vertreten wird.[3] Althusser kritisiert, wie auch Rancière (2015: 176f.), dass Engels an mehreren Stellen den Fehler gemacht habe, „die theoretische Entwicklung der Begriffe mit der Genese der realen Geschichte" zu verwechseln (Althusser 2015b: 321). Marx hätte entgegen dieser Auffassung versucht, die *synchron*, also gleichzeitig existierenden Momente des durch einen langen Forschungsprozess gewonnenen Gedankenganzen *diachron*, das heißt nacheinander, zu präsentieren. Diese Ordnung der Darstellung sei allerdings, so Althusser, wiederum gänzlich verschieden von der historischen Entwicklung der behandelten Kategorien. Damit wurde von den Autoren von *Das Kapital lesen* Jahre vor der neuen Marx-Lektüre in Deutschland eine deutliche Kritik an der historisierenden Lesart des *Kapitals* vorgebracht (Elbe 2010: 63).

Der Erkenntniseffekt wird nach Althusser durch die adäquate Präsentation der Forschungsergebnisse im „Diskurs der wissenschaftlichen Beweisführung" (Althusser 2015b: 322) hervorgerufen. Die Wahrheit von Wissenschaft ist daher keine Sache der wie auch immer zu ermittelnden Korrespondenz des Erkenntnisobjekts mit dem Realobjekt, sondern der inneren Kohärenz der wissenschaftlichen Darstellung. Daher kommt der Methode der Präsentation im *Kapital* für Althusser enorme Bedeutung zu (Glucksmann 1972: 84). Seine Einschätzung der marxschen Darstellungsform verändert sich aber zwischen *Das Kapital lesen* von 1965 und späteren Texten fundamental. Während Althusser zunächst Marx' Präsentation für gelungen hält, wird sie von ihm im Vorwort zu Gérard Duménil (Althusser 2015c: 701-725) sowie in *Marx in his Limits* von 1978 als zu großen Teilen misslungener Versuch aufgefasst, eine hegelsche Methode auf die Darstellung der kapitalistischen Produktionsweise anzuwenden.

In *Das Kapital lesen* fasst Althusser Marx' „'Entwicklung der Formen'" als „Manifestationen der systematischen *Abhängigkeit*, welche die Begriffe im System der Gedankentotalität miteinander verbindet" (Althusser 2015a: 101). In späteren Texten wird diese Interpretation der Darstellung des *Kapitals* weiter ausgearbeitet. Althusser wendet sich dabei vor allem gegen die Auffassung der Darstellungsmethode als „dialektisch" im hegelschen Sinne. Die Darstellungsform in *Kapital* sei nicht als Selbsthervorbringung von Begriffen zu verstehen, sondern als Setzung von Begriffen, die einen theoretischen Raum eröffnen und

---

3 Diese geht davon aus, dass es sich bei der Darstellung in den ersten Kapiteln des ersten Bandes des *Kapital* um eine abstrakte Nachzeichnung der historischen Entwicklung des Kapitalismus „entkleidet der historischen Form und der störenden Zufälligkeiten" handelt (MEW 13: 475).

zugleich schließen. Jeder neu eingeführte Begriff erweitere dabei durch seine Setzung das theoretische Feld und mache dieses damit immer komplexer (ebd.: 713).

Hat die marxsche Darstellungsmethode also keinerlei vom Gegenstand der Darstellung selbst affizierten Gehalt, sondern wird sie rein didaktisch oder pragmatisch angeleitet? Wie schon beim Verhältnis von Real- und Erkenntnisobjekt im Erkenntnisproduktionsprozess bleibt Althusser auch hier ambivalent. Einerseits sei lediglich der „Diskurs der wissenschaftlichen Beweisführung" (Althusser 2015a: 101) ausschlaggebend, andererseits lasse sich die Darstellung im *Kapital* „offensichtlich von den großen Realitäten leiten" (Althusser 2015c: 717), die Marx in seinem Forschungsprozess entdeckt habe. Auch die Abstraktion des Wertes[4], mit der Marx *Das Kapital* beginnen lässt, werde „von der zugrunde liegenden Realität der 'Abstraktion *in actu*' getragen" (ebd.), dennoch komme die Darstellungsmethode von Marx „einem axiomatischen Denken jedenfalls sehr nahe" (ebd.), womit erst wieder eine Selbstbezüglichkeit der kategorialen Entwicklung postuliert wird. Diese vagen Bestimmungen verdunkeln den erklärenden Charakter der Darstellung im *Kapital*, und ihr formaler Gehalt wird von Althusser einer schroffen Kritik unterzogen.

„Befangen in einem hegelianischen Wissenschaftsbegriff" und auf der Suche nach einem absoluten Anfang der Wissenschaft, hätte Marx jenen „schrecklichen [terrible] I. Abschnitt" (Althusser 2015c: 686) verfasst und sich damit in große Schwierigkeiten gebracht. Diese „unglückliche Idee" (Althusser 2006: 31), mit der Abstraktion der Ware zu beginnen, hätte gerade verhindert, dass das *Kapital* jene Wirkung entfaltet, die es hätte entfalten können. Daher wäre es eigentlich sogar nötig, jene ersten Kapitel neu und vereinfacht zu schreiben (Althusser 2015c: 690), was Althusser jedoch nie in Angriff nahm. Marx' Glaube, es handle sich beim *Kapital* um „ein artistisches Ganzes" (MEW 31: 132), sei daher reine idealistische Fiktion:

> Egal wie beeindruckend die Einheit der Methode der Darstellung im *Kapital* auch sein mag, wir kamen dazu, sie als das zu sehen, was sie ist: *fiktiv*. Aber was war der Grund für diese fiktive Einheit? Er war, dass Marx *glaubte, er wäre verpflichtet*, als ein guter 'semi-Hegelianer' – das heißt als ein zu einem Materialisten 'umgestülpter' Hegelianer, der er war –, in eine wissenschaftliche Disziplin das ausschließlich *philosophische* Problem des *Anfangs* eines philosophischen Werkes einzuschleusen. (Althusser 2006: 38f., Übers.: L.E.)

---

4 Althusser verwechselt immer wieder Ware und Wert, und damit die Darstellung in den *Grundrissen*, die Marx selbst als idealistisch bezeichnet hat (MEW 42: 85f.), mit jener im *Kapital*. Dass Marx auch erst im *Kapital* ein zureichendes Verständnis von abstrakter Arbeit hat und die Darstellung deshalb mit der Ware anstatt mit dem Wert beginnt, wird von Althusser nicht registriert.

Marx' Darstellung sei gerade an den Stellen wissenschaftlich, wo er nicht versucht, kategoriale Ableitungen – von Althusser als spekulative Begriffsdeduktion verstanden – vorzunehmen, sondern dort, wo der Arbeitsprozess, sozio-technische Arbeitsteilung, die Länge des Arbeitstags, die ursprüngliche Akkumulation usw. behandelt werden (ebd.: 43).

Am Umgang mit den empirischen Kapiteln des *Kapitals* wird ein weiterer tragender Unterschied zwischen dem Althusser von *Das Kapital lesen* und dem der späteren Texte deutlich. 1965 werden jene noch als Analysen abqualifiziert, „welche weit entfernt davon sind, historische Analysen im starken Sinne zu sein" und aus „halbfertige[n] Materialien" bestehen (Althusser 2015b: 325). In seinen *Hinweisen an die Leserschaft des I. Bandes des 'Kapital'* von 1967 gilt ihm das Kapitel über die ursprüngliche Akkumulation plötzlich als Kernstück des gesamten Werks, das „außerordentliche, noch gar nicht erforschte Schätze" beinhalte (Althusser 2015c: 684). Die empirischen Teile des *Kapitals* brächen jedoch als etwa Äußerliches in die Darstellung herein, weil Marx sich entschied, mit der Ware zu beginnen. Er hätte die Ausbeutung nur als „den bloßen Abzug des Mehrwertes" im Rahmen seines theoretischen Feldes thematisieren können, was für Althusser eine mathematische Reduktion und keine „*vollständige Theorie der Ausbeutung*" darstellt (ebd.: 721).

Ebenso sei die Herleitung eines konstitutiven Zusammenhangs der kapitalistischen Reichtumsformen durch eine Ableitung von Geld und Kapital aus dem Wert, die sich bei Marx finde, fehlerhaft und auch gar nicht möglich (ebd.: 709). Althusser vertritt also die Auffassung, dass der kategoriale Zusammenhang, den Marx im ersten Abschnitt des ersten Bandes entwickelt, eine künstliche Vereinheitlichung disparater Einzelergebnisse von Marx' Forschungsprozess darstellt. Damit verkennt Althusser, dass der Zusammenhang der theoretischen Darstellung des ersten Abschnitts des *Kapitals* immanente Zusammenhänge im Realobjekt begrifflich reproduziert. Die Ordnung, in der die Begriffe im ersten Abschnitt eingeführt werden, reflektiert den notwendigen Zusammenhang von Ware und Geld innerhalb der kapitalistischen Produktionsweise und ist damit nicht didaktisch oder rein pragmatisch gewählt, „sondern besitzt selbst noch einen spezifischen Informationsgehalt" (Heinrich 2014: 173).

Hermann Kocyba (1979) argumentiert, in direkter Reaktion auf die Thesen von Althusser, dass Marx' Beginn mit der einfachen Warenzirkulation unter Abstraktion vom unmittelbaren Produktionsprozess keiner spekulativen Vorstellung vom „Anfang der Wissenschaft" folgt, sondern eine explanatorische Funktion besitzt. Ein unmittelbarer Beginn mit der Analyse vom Verhältnis von Lohnarbeit und Kapital im Produktionsprozess hätte Schwierigkeiten, die Formunterschiede zwischen kapitalistischer und vorkapitalistischer Ausbeutung deutlich zu machen. Eine einfache Beschreibung des kapitalistischen Exploitationsprozesses, ohne vorhergehende begriffliche Entfaltung der Kategorie des Mehrwerts auf Basis eines entwickelten Wertbegriffes unter Voraussetzung von Äquivalententausch müsse nach Kocyba zu einer „anthropologischen Reduktion" (1979: 97) der Ausbeutungsproblematik im Sinne der Entfremdungstheorie der *Pariser Manuskripte* (1844) oder dem Verdunkeln des strukturellen Determinationsverhältnisses von Arbeits- und Verwertungsprozess führen.

Althussers Kritik an Marx' Darstellung im *Kapital* resultiert also aus seinem Unverständnis bezüglich ihres gegenstandsinduzierten Charakters, was sich wiederum auf Althussers tendenziell nominalistische[5] Wissenschaftstheorie zurückführen lässt, die ein Korrespondenzverhältnis zwischen Begriff und Sache abstreitet. Selbst Ansätze, die sich in ihrer Interpretation der marxschen Darstellungsmethode stark an Althusser orientieren, müssen – sofern sie deren Systematik nicht auf rein didaktisch-pragmatische Fragen reduzieren wollen – in diesem Punkt von Althusser abweichen. Das heißt, sie müssen eine Korrespondenz zwischen der Abfolge der Kategorien und den Eigenschaften des Forschungsobjekts – die Möglichkeit einer begrifflichen Reproduktion der „Ordnung des wirklichen Objekts" (Heinrich 2014: 175) – voraussetzen, die die Systematik des *Kapitals* ermöglicht und erfordert. Die dialektische Form der Darstellung, die mit der Abfolge der Kategorien reale Allgemeinheiten begrifflich reproduzieren will, ist ohne Strukturisomorphie[6] von Real- und Erkenntnisobjekt nicht zu halten. Anderenfalls wäre die Formentwicklung tatsächlich rein pragmatisch oder modelltheoretisch angeleitet und muss – wie das Althusser auch konsequenterweise macht – als hegelianisch-evolutionistischer Fetisch aufgefasst werden, durch den versucht wird, isolierte Einzelergebnisse gewaltsam und fiktiv zu vereinheitlichen.

Der Wert als „strukturale Kausalität"

Die Ausführungen zur Wertproblematik in Althussers Beiträgen in *Das Kapital lesen* sind dünn gesät. Sie tauchen vor allem dort auf, wo er auf Marx' explizite Aussagen über den innovativen Gehalt seiner Ökonomiekritik eingeht. Althusser zitiert hierfür aus einem Brief an Engels von 1867 und aus den *Randglossen zu*

---

5 Zu Althussers epistemologischen Nominalismus im Vergleich zum klassischen Nominalismus vgl. Pfaller 1997: 178-183. Entgegen Pfaller und auch Montag (1997) würde ich aber bestreiten, dass Althusser dem epistemologischen Nominalismus in der Folge von Bachelard ohne Weiteres zuzurechnen ist. Eher schwankt Althusser zwischen nominalistischen und realistischen Positionen.

6 Der Begriff der Strukturisomorphie, den Jürgen Ritsert unter Rekurs auf Popper und Wittgenstein einführt, bezeichnet eine Entsprechung des Relationsgefüges der Elemente des Realobjekts und der Kategorien des Erkenntnisobjekts (Ritsert 2012: 31).

Wagner[7]. Darin betont Marx vor allem die Wichtigkeit des Doppelcharakters der warenproduzierenden Arbeit und die gesonderte Behandlung des Mehrwerts unabhängig von seinen besonderen Gestalten (MEW 31: 326; MEW 19: 370f.). Das wird von Althusser auch festgehalten:

> die folgenden Begriffe sind die Träger der grundlegenden [fondamentales] Entdeckungen von Marx: die Begriffe des *Werts* und des *Gebrauchswerts*; [die] der *abstrakten Arbeit* und der *konkreten Arbeit*; [der des] *Mehrwerts*. (Althusser 2015b: 272)

Trotz dieser Feststellung widmet Althusser der Entdeckung des Doppelcharakters der Arbeit erstaunlich wenig Aufmerksamkeit. Er hebt vor allem die Bedeutung der Unterscheidung von Arbeit und Arbeitskraft sowie den Begriff des Mehrwerts hervor. Mit diesen begrifflichen Innovationen hätte Marx nicht einfach neue Antworten auf die Fragen der politischen Ökonomie gegeben, sondern neue Fragestellungen begründet. Der Begriff des Mehrwerts trete bei Marx „als *Repräsentant* eines neuen Begriffssystems" auf, „das dem Auftreten eines neuen Objekts entspricht." (Althusser 2015b: 366)

Da Marx aber diese objekttheoretische Differenz nur ungenügend auf den Begriff gebracht hätte, sei es der klassischen Ökonomie ein Leichtes gewesen, ihm ausgehend von ihrer eigenen Problematik vorzuwerfen, er habe „'philosophische' und 'metaphysische' Begriffe" entworfen, die als „'nicht-operative' Begriffe zurückgewiesen werden, welche nicht-ökonomische, weil nicht messbare, nicht quantifizierbare Realitäten bezeichnen." (Ebd.: 273) Jedoch sei unumgänglich, dass Wert und Mehrwert keinen quantitativ messbaren, empirischen Referenten direkt entsprechen können, da sie *theoretische Begriffe* seien, die erst das Verständnis der empirischen Wirklichkeit der Ökonomie und ihrer messbaren und beobachtbaren Objekte ermöglichen würden (ebd.: 275; 386f.). Damit laufe dieser bis heute populäre Einwand vonseiten der bürgerlichen Ökonomie gegenüber Marx' Ökonomiekritik ins Leere. Der Mehrwert bezeichnet für Althusser keine unmittelbar gegebene Entität, sondern eine *strukturale Kausalität*:

> Dass der Mehrwert keine messbare Realität ist, hängt damit zusammen, dass er kein Ding ist, sondern der Begriff für ein Verhältnis, der Begriff einer gesellschaftlichen Struktur der Produktion, welche in einer sichtbaren und messbaren Existenzweise *allein in ihren 'Auswirkungen'* besteht (ebd.: 413).[8]

Damit wendet sich Althusser vehement gegen jede Interpretation der marxschen Wert- und Mehrwerttheorie als klassische Arbeitsmengenlehre (Milios 2009: 261).

---

7   Zwischen 1880 und 1883 niedergeschrieben; in Auszügen 1932 und vollständig erstmals in den Marx-Engels-Werken in russischer (1961) und deutscher (1962) Sprache veröffentlicht.

8   Michael Heinrich hat die Bestimmung des Werts als strukturaler Kausalität Ende der 1980er Jahre wieder aufgegriffen (1988: 33).

Anstatt diesen Weg aber weiter zu verfolgen und eine nicht-substanzialistische Interpretation der Wertproblematik zu entwickeln, kommt er in seinen späteren Texten zu einer skeptischen Beurteilung der Werttheorie von Marx. Das hängt, denke ich, vor allem mit seinem Desinteresse am Begriff der *Form* und Marx' Werttheorie als *Formtheorie der Arbeit* zusammen. Dabei wäre der epistemologische Bruch mit der klassischen Ökonomie gerade an diesem Begriff aufzuweisen, was Rancière in seinem Beitrag in *Das Kapital lesen* auch zurecht betont:

> Die kritische Frage ist die Problematisierung des Verhältnisses von Inhalt und Form. Für Ricardo ist der Wert *etwas an Arbeit*. Auf die Form, in der diese Substanz erscheint, kommt es kaum an. Für Marx *stellt sich* die Arbeit im Wert *dar*, sie *nimmt die Form* des Wertes der Waren *an*." (Rancière 2015: 136)[9]

Marx macht an zahllosen Stellen deutlich, dass sich seine Konzeption von der der klassischen politischen Ökonomie unterscheidet, die stofflichen Inhalt und gesellschaftlicher Form nicht voneinander abgrenzen (z.B. MEW 23: 94f., 565). Damit betont Marx entgegen Althusser, der den Wert einfach als gesellschaftliches Verhältnis auffasst, dass es sich hierbei um ein Verhältnis *in sachlicher Hülle* handelt (ebd.: 88, Fn.27). Die Eigentümlichkeit der kapitalistischen Reichtumsformen besteht also darin, dass die Vergesellschaftung der Arbeit im Austausch über die Werteigenschaft der Waren stattfindet. Es handelt sich bei ihnen um „gegenständlich vermittelte (Wert), von Gegenständen repräsentierte (Geld u.a. Wertformen) und als bloße Dingeigenschaften erscheinende (Fetischismus/Mystifikation) soziale Verhältnisse zwischen Produzenten unter privat-arbeitsteiligen Vergesellschaftungsbedingungen der Arbeit" (Elbe 2007: 16).

Gerade im ersten Abschnitt bricht Marx radikal mit der Auffassung der bürgerlichen Ökonomen, indem er den Nachweis erbringt, dass der Wert sich nur im Gebrauchswert einer anderen Ware ausdrücken kann. Weiter müssen – soll systematischer Tausch von Äquivalenten möglich sein – die Waren ein allgemeines Äquivalent ausschließen, dass als Geld als „unmittelbare Inkarnation der allgemeinen Arbeit" (MEW 13: 103) fungiert. Damit ist Geld nicht nur Zirkulationsmittel und Wertmaß, sondern zugleich Selbstzweck. Seine Vermehrung als Kapital ist der einzige Grund der Produktion. Bei Marx' *monetärer Wertund Kapitaltheorie* geht es also keineswegs darum, Preise zu errechnen, sondern den notwendigen Zusammenhang von Ware, Geld und Kapital nachzuweisen, während die politische Ökonomie diese als einander völlig äußerliche, ewige Naturformen konzipiert, da sie nicht oder nur ungenügend von der empirischen Ebene der fertigen Phänomene abstrahiert (Sayer 1979a: 121).

---

9 Auch Piere Macherey weist in seinem Beitrag in *Das Kapital lesen* auf die Wichtigkeit des Formbegriffs hin (2015: 229f.).

Ein zu „hundert Prozent feuerbachianisches" Kapitel

Während Althusser in *Das Kapital lesen* noch teilweise versucht, das Fetischismuskonzept mit seiner Wissenschaftstheorie zu akkomodieren (Althusser 2015a: 25; 2015b: 411), kritisiert er es später grundsätzlich, was – wie ich denke – auf seine erneute Auseinandersetzung mit Feuerbach um 1967 zurückgeht. 1960 übersetzt Althusser frühe Texte von Feuerbach, die den jungen Marx beeinflusst haben, ins Französische. Für ein Seminar beschäftigt er sich sieben Jahre später noch einmal intensiv mit Feuerbach und glaubt, diesen auch beim „reifen" Marx wiederfinden zu können. Feuerbach habe, so Althusser, eine Umkehrung der hegelschen Philosophie vollzogen, die in zentralen Punkten wieder hinter Hegel zurückfalle. Wesentliche Kategorien aus Hegels Konzeption, Geschichte und Arbeit, seien eliminiert und durch eine anthropologische Wesensphilosophie ersetzt worden (Althusser 2003: 88ff.). Marx hätte bis ins *Kapital* hinein Feuerbachs Konzept der Entäußerung des menschlichen Wesens übernommen (ebd.: 128):

> Marx übernahm eine Sache von Feuerbach: die Idee, dass 'die Wurzel für den Menschen der Mensch selbst' und dass die Unvernunft des Staates der Effekt der Entfremdung des Menschen sei. Er fügte hinzu (im Jahr 1843), dass der Grund für die Entfremdung woanders gesucht werden müsse als in der Differenz zwischen Individuum und Gattung – nämlich in den entfremdeten Lebensbedingungen innerhalb der Gesellschaft. (Althusser 2006: 66, Übers.: L.E.)

Da Althusser nun im Warenfetischismus eine Gegenüberstellung von Mensch und Ding erkennt, wobei Marx die verdinglichten Verhältnisse als entfremdete Formen intersubjektiver Verhältnisse auffasse, sei dieses ein „zu hundert Prozent feuerbachianisches" Unterkapitel (ebd.: 126). Marx' Fetischismuskonzept basiere auf einer Philosophie der doppelten Transparenz und Unmittelbarkeit, einerseits zwischen dem Subjekt und seinem Arbeitsprodukt und andererseits zwischen den Subjekten eines Kollektivs und ihrem gemeinsamen, gesellschaftlichen Arbeitsprozess. Indem aber Marx hier die feuerbachsche Philosophie der Unmittelbarkeit adaptieren und auf die Gesellschaft übertragen würde, falle er der *juridischen Ideologie* anheim. In dieser werde ein Rechtssubjekt und sein Eigentum unmittelbar aufeinander bezogen und dieses Verhältnis zwischen Mensch und Ding als transparent unterstellt (ebd.: 128).

Nach Althusser würde jede Philosophie, die Mensch und Ding in Opposition zueinander stellt, in jener juridischen Ideologie verhaftet bleiben und damit ein normatives Ideal einer völlig transparenten Gesellschaft und völlig unvermittelter, intersubjektiver Beziehungen vertreten. Deshalb würde Marx immer wieder den Kommunismus „als Produktionsweise *ohne Produktionsverhältnisse*" (ebd.: 37, Übers.: L.E.) entwerfen. Althusser geht sogar so weit, schon den Doppelcharakter der Ware – von ihm verstanden als Gegenüberstellung von dinglicher Eigenschaft

(Gebrauchswert) und gesellschaftlichem Verhältnis (Tauschwert) – als Resultat der juridischen Ideologie zu verwerfen, in die sich Marx verstrickt hätte (ebd.: 134). Aus dieser Gegenüberstellung von Mensch und Ding, die von Althusser als juridische Ideologie kritisiert wird, ergibt sich auch seine Kritik an einer Philosophie der Ursprünglichkeit. Althusser hält die Bestimmung des Fetischs als „gegenständlichen Schein der gesellschaftlichen Arbeitsbestimmungen" (MEW 23: 97) für hoch problematisch, da sie zum Beispiel die Arbeitsbedingungen, das Rohmaterial des Arbeitsprozesses und die Produktionsmittel als Ausdruck einer ursprünglichen Substanz (Arbeit) und zugleich als reinen Schein designieren würde. Dieser Schein werde zugleich für eine Erklärung von Ideologie ausgegeben, was auf der Ebene der Darstellung des ersten Kapitels des *Kapitals*, wo von Lohnarbeit, Ausbeutung und dem Staat noch abstrahiert wird, gar nicht möglich sei (Althusser 2006: 130f.). Diese Vorwürfe von Althusser sollen nun der Reihe nach betrachtet werden.

Die Gegenüberstellung von unvermittelten und sachlich vermittelten Verhältnissen, die Marx im Fetischismuskapitel einführt, unterscheidet sich von der feuerbachschen Entfremdungsphilosophie dadurch, dass sie keine *normative* Theorie darstellt, die gute, wahre und menschliche Beziehungen, den schlechten, entfremdeten, dinglichen Beziehungen gegenüberstellen würde (Heinrich 2014: 373). Marx' Theorie des Fetischismus besagt, dass die Reduktion der verausgabten, konkreten Arbeiten auf gesellschaftlich gültige, abstrakte Arbeit vermittels der Werteigenschaften der Waren im Tausch vollzogen wird, wodurch eben der gesellschaftliche Charakter der Arbeit den Austauschenden als sachliche Eigenschaft ihrer Produkte erscheint. Dass die „gesellschaftliche Bewegung" der WarenbesitzerInnen „für sie die Form einer Bewegung von Sachen [annimmt], unter deren Kontrolle sie stehen, statt sie zu kontrollieren" (MEW 23: 89), ist wiederum keine Reaktivierung von anthropologischen Entfremdungstheorien, sondern versucht die Tatsache zu begreifen, dass diese spezifische Form der Vergesellschaftung der Arbeit mit einer sachlichen Abhängigkeit der WarenbesitzerInnen einhergeht. Die ProduzentInnen treten nicht direkt miteinander in Kontakt, um bewusst auszuhandeln, wie sie die gesellschaftliche Gesamtarbeit untereinander aufteilen können. Vielmehr stellt sich am Markt, in einem prekären, krisenhaften Prozess heraus, ob die für die Herstellung der Waren aufgewandte Arbeit als Teil der gesellschaftlichen Gesamtarbeit anerkannt wird – oder nicht. Die kapitalistische Produktionsweise ist also durch eine *Verselbständigung* der ihr eigentümlichen abstrakten Reichtumsformen charakterisiert.

Indem Althusser den Fetischabschnitt als normative Kritik an Entfremdung interpretiert, kollabiert bei ihm auch die notwendige Unterscheidung zwischen *sozialer Emergenz* und *spezifisch-kapitalistischer Verselbständigung* der Reichtumsformen. Althusser übersieht, dass die spezifische Form, in der im Kapitalismus die

Subjekte den von ihnen erzeugten Strukturen auf Gedeih und Verderb ausgeliefert sind, nicht in einem allgemeinen und überhistorischen Strukturbegriff aufgeht. Es wird zwar immer gesellschaftliche Strukturen geben, die aus Menschen und Dingen bestehen und deren Kombination emergente, nicht auf die Individuen und Dinge reduzierbare Eigenschaften und Kräfte hervorbringt. Dennoch kann die Vergesellschaftung der Arbeit in einem demokratischen Prozess stattfinden, anstatt vermittels der Werteigenschaften von Produkten „hinter dem Rücken" (MEW 23: 59) der Akteure abzulaufen.

Ähnliches gilt auch für Althussers These, dass die fetischisierten Reichtumsformen nur Ausdruck der allgemeinen und wiederum überhistorischen Intransparenz des Realobjekts sind. Hier wäre jedoch zu unterscheiden zwischen der auch von Marx vertretenen Annahme der *Undurchsichtigkeit von Wirklichkeit*, die sowohl für Natur- als auch Sozialwissenschaften gilt (MEW 23: 335; MEW 25: 219), und einer *spezifischen Kontraphänomenalität* (Collier 1994: 7; Lindner 2013: 276) in Bezug auf die kapitalistischen Reichtumsformen, die aus der nachträglichen Vergesellschaftung der Produkte vermittels ihrer Werteigenschaften resultiert:

> Die fertige Gestalt der ökonomischen Verhältnisse, wie sie sich auf der Oberfläche zeigt, in ihrer realen Existenz, und daher auch in den Vorstellungen, worin die Träger und Agenten dieser Verhältnisse sich über dieselben klarzuwerden suchen, sind sehr verschieden von, und in der Tat verkehrt, gegensätzlich zu ihrer innern, wesentlichen, aber verhüllten Kerngestalt und dem ihr entsprechenden Begriff. (MEW 25: 219)

Die ökonomische Kontraphänomenalität besteht beim Warenfetischismus also darin, dass die auf der empirischen Ebene liegende fertige Gestalt des Werts, der sich wiederum als relationales, rein gesellschaftliches Phänomen nur im Gebrauchswert einer anderen Ware darstellen kann, in Form einer „dinglich-volumenhaften" (Brentel 1989: 87) Eigenschaft der Ware in Äquivalentform erscheint. Dadurch wird den Akteuren und WissenschaftlerInnen, die sich unmittelbar diesen Erscheinungen nähern, *nahegelegt,* dass es sich um dingliche, natürliche und damit ewige Eigenschaften der Arbeitsprodukte handelt, egal in welcher gesellschaftlichen Form die Arbeit verausgabt wird. Insofern geht Marx davon aus, dass die Erscheinungsweise des Realobjekts selbst noch Einfluss auf die Bildung des Erkenntnisobjekts hat und somit die im Fetischismus befangenen Vorstellungen „objektive Gedankenformen" (MEW 23: 90) darstellen. Sie erhalten nur vor dem Hintergrund der verkehrten, empirischen Erscheinungswelt Plausibilität. Althusser kann mit seiner epistemologischen Auffassung, der grundsätzlichen Undurchsichtigkeit der Wirklichkeit und absoluten Geschiedenheit von Real- und Erkenntnisobjekt, einen solchen Einfluss von Erscheinungsformen von Gesellschaft auf die Ideenwelt nicht denken. Deshalb ist seine Ablehnung des Fetischismuskonzepts nur konsequent. Die für Marx' Problematik notwendige

Unterscheidung von sichtbarem Außen und unsichtbarem Inneren von Gesellschaft ist auf Basis der althusserschen Epistemologie nicht zu machen (Sayer 1979b: 43; Elbe 2010: 57).

Althussers Impulse

Die vorliegende Kritik an Althussers Auseinandersetzung mit der marxschen Werttheorie und der Fetischismuskonzeption soll die Bedeutung seiner Interventionen in die Debatte keineswegs herunterspielen. Althusser wollte immer auch politisch auf die Entwicklung der marxistischen Bewegung und die Diskussionen in der französischen kommunistischen Partei Einfluss nehmen. Er hat ohne Zweifel daran mitgewirkt, die Dogmatisierung der marxschen Lehre durch die Orthodoxie an entscheidenden Punkten aufzusprengen. Das Besondere an seiner Konzeption ist, eine marxistische Reorientierung zu unternehmen, ohne auf die humanistischen und anthropologischen Entfremdungskonzepte des jungen Marx sowie Hegels Philosophie zurückzugreifen. Sein von Bachelard beeinflusster, epistemologischer Zugang machte es zudem möglich, objekttheoretische Differenzen zwischen Marx und der von ihm kritisierten Nationalökonomie herauszustellen, denen zuvor im Marxismus keine Bedeutung zugemessen wurde. Althussers zentrale Frage in der Auseinandersetzung mit Marx ist, wie man die *„Wirksamkeit [efficace] einer Struktur auf deren Elemente"* (Althusser 2015a: 43) begrifflich fassen kann. Begriffe wie Überdetermination, strukturale Kausalität und komplex strukturiertes Ganzes ermöglichen eine Theorie jenseits von ökonomistisch-reduktionistischem Ausdrucksdenken (Bhaskar 1989: 187f.). Er stellte heraus, dass sich die marxsche Konzeption gesellschaftlicher Totalität fundamental von der Hegels unterscheidet, indem sie versucht, den *„Zusammenhang' im Sinne einer Komplexität von mehreren ineinandergreifenden Elementen zu denken"* (Kratz 1979: 272).

In Althussers strukturalem Marxismus wird die Gesellschaft nicht mehr als Einheit von Teilmomenten, als Ausdruck eines höheren Prinzips, sondern als komplexe, letztinstanzlich von der Ökonomie determinierte Interaktion verschiedener Ebenen und Instanzen betrachtet. Mit der Frage nach dem spezifischen Objekt der Kritik der politischen Ökonomie wird damit auch die Frage nach dessen „Inadäquationsbereich" (Kramer 2014: 105) gestellt:

> Die marxistische Theorie hat keinen universalen Geltungsanspruch und sie lässt sich auch nicht beliebig auf jedwedes Phänomen ausdehnen, das im 'weiten Feld' der sozialen und menschlichen 'Tatsachen' anzutreffen ist. Über ihre Zuständigkeit muss in jedem einzelnen Fall aufgrund einer Analyse der konkreten Sachlage [sur pièces] entschieden werden. (Althusser 2015c: 716)

Damit wird eine Deutung in Zweifel gezogen, die in den Kategorien des *Kapitals* noch für jeden Winkel der gesellschaftlichen Totalität eine Erklärung finden will.[10] Auch trifft zumindest jener Einwand von Althusser gegen die Fetischismustheorie zu, dass mit ihr noch keine umfassende Ideologietheorie entworfen ist. Unter Abstraktion vom Staat und seiner ideologischen Apparatur lassen sich über das Entstehen und die Reproduktion von Ideologien kaum Aussagen treffen. Das gilt es, vor allem gegen „keimzellendialektische" Marxinterpretationen festzuhalten, die noch immer davon ausgehen, dass sämtliche „Denkformen, also auch die Verkehrungen des ideologischen Bewußtseins, tatsächlich in der Warenform und dem ihr eigenen Fetischismus begründet sind" (Grigat 2007: 288). Ein solches Verständnis von Ideologie muss den Ideologiebegriff entweder ausschließlich für Bewusstseinsformen reservieren, die aus den spontanen Mystifikationen der ökonomischen Praxis resultieren – was diesen stark einengen würde – oder sämtliche Ideologien als verwandelte Formen des „Basisfetischismus [...] der ökonomischen Kategorien" (Backhaus 2011: 423) betrachten. Ideologien werden nicht danach befragt, wie sie entstehen, sich reproduzieren und welche Rolle sie bei der Legitimation und Verhüllung sozialer Macht- und Herrschaftsverhältnisse spielen, sondern werden unbesehen einem ursprünglichen Erklärungsraster subsumiert.[11] Diese Auffassung, die gerade in der deutschsprachigen Debatte äußerst populär ist, ist ohne expressives Totalitätsmodell nicht zu haben, wie es von Althusser treffend kritisiert wurde: Ein solches Modell

> setzt ganz prinzipiell voraus, dass ... das innere Prinzip des Wesens an und in jedem Punkt des Ganzen gegenwärtig ist, so dass man demgemäß in jedem Augenblick die unmittelbar adäquate Gleichung schreiben kann: *ein bestimmtes* (ökonomisches, politisches, juridisches, literarisches oder religiöses) *Element = das innere Wesen des Ganzen* (Althusser 2015b: 423).

Gerade für die Kritik an hegelianisierenden Marxinterpretationen finden sich bei Althusser nach wie vor zentrale Argumente, die – auch ohne seine Kritik an der marxschen Wert- und Fetischismustheorie teilen zu müssen – an Aktualität nichts eingebüßt haben. Althussers Kritik an expressiven Totalitätskonzeptionen muss keineswegs zu einer Absage an jegliche Form dialektischer Darstellungsmethoden führen, wie verschiedene Zugänge, die sich positiv auf die Wertformanalyse und Althusser beziehen, gezeigt haben (vgl. Kocyba 1979; Milios 2009; Heinrich 2014).

---

10 Exemplarisch ist dafür Georg Lukács, der meint, dass es „kein Problem dieser Entwicklungsstufe der Menschheit [gibt], ... dessen Lösung nicht in der Lösung des Rätsels der Waren*struktur* gesucht werden müßte." (Zit. nach Grigat 2007: 105)
11 Das Verhältnis von Althussers Ideologietheorie zu einer Ideologiekritik, die auf Marx' Fetischismusanalysen basiert, kann hier aus Platzgründen nicht geklärt werden. Für einen Vermittlungsversuch dieser beiden Konzeptionen vgl. Dimoulis/Milios 1999.

Für die Debatte um die Vereinbarkeit von Werttheorie und Althusser muss allerdings festgestellt werden, dass eine solche Kombination nur möglich ist, wenn dessen Wissenschaftstheorie an zentralen Punkten modifiziert wird. Althussers Philosophie ist, wie gezeigt, von einer ontologischen Ambivalenz gekennzeichnet, die zwischen nominalistischen und realistischen Konzeptionen changiert. Das hat es ermöglicht, dass sowohl die postmarxistische Diskurstheorie – am prominentesten vertreten von Ernesto Laclau und Chantal Mouffe – als auch der Critical Realism von Roy Bhaskar an Althusser anknüpfen konnten.[12] Letzterer versucht den idealistischen Fallstricken von Althussers Wissenschaftstheorie durch eine explizite, realistische Ontologie auszuweichen (Bhaskar 1989: 188). Deshalb kann er als korrigierendes Bindeglied zwischen strukturalem Marxismus und wertformanalytischen Zugängen fungieren.

Literatur

Althusser, Louis (1968): *Für Marx*. Frankfurt/M.
– (1977): Ist es einfach in der Philosophie Marxist zu sein?. In: Ders.: *Ideologie und ideologische Staatsapparate*. Hamburg: 51-89.
– (1985): *Philosophie und spontane Philosophie der Wissenschaftler*. Berlin.
– (2003): On Feuerbach. In: Ders.: *The Humanist Controversy and Other Writings (1966–67)*. London: 85-155.
– (2006): Marx in his limits. In: Ders.: *Philosophy of the Encounter. Later Writings, 1978–1987*. London-New York: 7-163.
– (2015a): Vom Kapital zur Philosophie von Marx. In: Ders. u.a: *Das Kapital lesen*. Münster: 19-105.
– (2015b): Das Objekt des Kapital. In: Ders. u.a.: *Das Kapital lesen*. Münster: 263-439.
– (2015c): *Retraktationen*. In: Ders. u.a.: *Das Kapital lesen*. Münster: 653-725.
Assiter, Alison (1984): Althusser and Structuralism. In: *The British Journal of Sociology* 35/2: 272-296.
Backhaus, Hans-Georg (2011): *Dialektik der Wertform. Untersuchungen zur marxschen Ökonomiekritik*. Freiburg/Br.
Balibar, Étienne (1994): *Für Althusser*. Mainz.
Bhaskar, Roy (1989): *Reclaiming Reality: A Critical Introduction to Contemporary Philosophy*. London.
Brentel, Helmut (1989): *Soziale Form und ökonomisches Objekt*. Opladen.
Collier, Andrew (1994): *Critical Realism. An Introduction to Roy Bhaskar's Philosophy*. London.
Curry, Neil (2004): Lost in Transit: Reconceptualising the Real. In: Joseph, Johnathan/Roberts, John Michael (Hg.): *Realism, Discourse and Deconstruction*. London-New York: 137-150.
Dimoulis, Dimitri/Milios, Jannis (1999): Werttheorie, Ideologie und Fetischismus. In: *Beiträge zur Marx-Engels-Forschung. Neue Folge 1999*. Hamburg: 12-56.
Elbe, Ingo (2007): *Marxismus-Mystizismus*. URL: http://www.prodomo-online.org/fileadmin/_migrated/news_uploads/marxismus-mystizismus.pdf, Letzter Zugriff: 13.6.2017.

---

12 Näher zum Verhältnis von Althusser und kritischem Realismus vgl. O'Boyle/McDonough 2015. Zum zweifachen Anschluss an Althusser, aus einer realistischen und einer diskursreduktionistischen Perspektive vgl. Curry 2014.

- (2010): *Marx im Westen. Die neue Marx-Lektüre in der Bundesrepublik seit 1965*. Berlin.
Gallas, Alexander (2006): 'Das Kapital' mit Poulantzas lesen. Form und Kampf in der Kritik der politischen Ökonomie. In: Bretthauer, Lars u.a. (Hg.): *Poulantzas lesen. Zur Aktualität marxistischer Staatstheorie*. Hamburg: 101-120.
Glucksmann, André (1972): A Ventriloquist Structuralism. In: *New Left Review* I/72: 68-92.
Grigat, Stephan (2007): *Fetisch und Freiheit*. Freiburg/Br.
Hackbarth, Daniel (2015): *Denken entlang der Politik. Zum Begriff des Materialismus bei Max Horkheimer und Louis Althusser*. Münster.
Heinrich, Michael (1988): Was ist die Werttheorie noch wert? In: *PROKLA* 72: 15-38.
- (2014): *Die Wissenschaft vom Wert. Die Marxsche Kritik der politischen Ökonomie zwischen wissenschaftlicher Revolution und klassischer Tradition*. Münster.
Hirsch, Joachim/Kannankulam, John (2006): Poulantzas und Formanalyse. Zum Verhältnis zweier Ansätze materialistischer Staatstheorie. In: Bretthauer, Lars u.a. (Hg.): *Poulantzas lesen. Zur Aktualität marxistischer Staatstheorie*. Hamburg: 65-81.
Kocyba, Hermann (1979): *Widerspruch und Theoriestruktur*. Frankfurt/M.
Kratz, Steffen (1979): *Philosophie und Wirklichkeit*. Bielefeld.
Lindner, Urs (2013): *Marx und die Philosophie*. Stuttgart.
Macherey, Pierre (2015): Zum Darstellungsprozess im *Kapital*. In: Althusser, Louis u.a.: *Das Kapital lesen*. Münster: 209-263.
Milios, John (2009): *Rethinking Marx's Value-Form Analysis from an Althusserian Perspective*. URL: http://users.ntua.gr/jmilios/ValueFormAndAlrhusser.pdf, Letzter Zugriff: 13.6.2017.
Montag, Warren (1998): Althusser's Nominalism. Structure and Singularity. In: *Rethinking Marxism* 10/3: 64-73.
O'Boyle, Brian/McDonough, Terrence (2015): Critical Realism and the Althusserian Legacy. In: *Journal for the Theory of Social Behaviour* 46/2: 143-164.
Pfaller, Robert (1997): *Althusser. Das Schweigen im Text*. München.
Pühretmayer, Hans (2010): Zur Kombinierbarkeit von Critical Realism und Poststrukturalismus: Eine Reformulierung der Struktur-Handlungs-Frage. In: *Österreichische Zeitschrift für Politikwissenschaft* 39: 9-26.
- (2017): Zur materialistischen Wissenschaftstheorie in Nicos Poulantzas' Gesellschafts- und Staatstheorie. In: Boos, Tobias u.a. (Hg.): *Mit Poulantzas arbeiten*. Hamburg: 104-127.
Rancière, Jacques (2015): Der Begriff der Kritik und die Kritik der politischen Ökonomie von den *Manuskripten von 1844* bis zum *Kapital*. In: Althusser, Louis u.a.: *Das Kapital lesen*. Münster: 105-209.
Rheinberger, Hans Jörg (1975): Die erkenntnistheoretischen Auffassungen Louis Althussers. In: *Das Argument* 94: 922-952.
Ritsert, Jürgen (1996): *Einführung in die Logik der Sozialwissenschaften*. Münster.
- (2012): *Theorie praktischer Probleme. Marginalien zum Gemeinspruch: 'Das mag in der Theorie richtig sein, taugt aber nicht für die Praxis'*. Wiesbaden.
Sayer, Derek (1979a): *Marx's Method. Ideology, Science and Critique in Capital*. Sussex.
- (1979b): Science as Critique. Marx vs. Althusser. In: Mepham, Ruben: *Issues in Marxist Philosophy, Vol. III*. Brighton: 27-55.
Schmidt, Alfred (1969): Der strukturalistische Angriff auf die Geschichte. In: Ders. (Hg.): *Beiträge zur marxistischen Erkenntnistheorie*. Frankfurt/M: 194-265.
Sotiris, Panagiotis (2015): Althusserianism and Value-form Theory: Rancière, Althusser and the Question of Fetishism. In: *Crisis and Critique* 2/2: 167-93.

Hans-Peter Büttner

Kritik der Politischen Ökonomie im 21. Jahrhundert
Zur neueren Debatte um das marxsche „Transformationsproblem"

1. Marx, Bortkiewicz und das „Transformationsproblem"

Im ersten Band des *Kapitals* ging Marx noch davon aus, dass sich kapitalistisch produzierte Waren nach Maßgabe der in ihnen „vergegenständlichten" gesellschaftlich notwendigen Arbeitszeit austauschen. Die Kategorie der gesellschaftlich notwendigen Arbeitszeit ist äußerst wichtig, denn in ihr wird die Wirkung der kapitalistischen Konkurrenz reflektiert, aufgrund derer sich hinter dem Rücken der einzelnen Produzenten alle verausgabten Arbeitsleistungen auf die vom Markt anerkannte Durchschnittsarbeit reduzieren. Eine erbrachte Arbeitsleistung ist genau dann „gesellschaftlich notwendig" und wird über den Markt institutionell anerkannt, wenn sie unter gesellschaftlich durchschnittlichen Produktionsbedingungen produziert wurde und auch auf zahlungskräftige Nachfrage trifft (MEW 23: 53). Dies bedeutet, dass die Verausgabung von Arbeitszeit über das durchschnittliche Konkurrenzmaß hinaus bestraft (die überschüssig investierte Arbeit wird nicht anerkannt) und eine überdurchschnittliche Effizienz belohnt wird (die aufgrund überlegener Effektivität nicht real in Anspruch genommenen Arbeitsstunden werden dennoch anerkannt). Die innere Wertzusammensetzung einer Ware w bestimmte Marx mit der Formel $w = c+v+m$. Hierbei steht „w" für den Wert der Ware, „c" für das konstante Kapital (also die in den Maschinen und Rohstoffen bereits angelegte gesellschaftlich notwendige Arbeitszeit, die mittelbar in die Ware eingeht), „v" für das variable Kapital (also die *un*mittelbar und direkt von Arbeitskräften zur Produktion von Ware w verausgabte gesellschaftlich notwendige Arbeitszeit) und „m" für den Mehrwert, der ebenfalls auf die unmittelbare Anwendung lebendiger Arbeit zurückgeht, aber vom Kapital statt den Lohnarbeitern angeeignet wird. Für die Untersuchung des reinen Produktionsprozesses und der Wertschöpfung mittels produktiv verausgabter Arbeitskraft reicht diese Abstraktionsebene zunächst vollkommen aus.[1] Das Problem der marxschen Wertformel

---

1 Die *Mehrwertrate* (m/v) wiederum gibt das Verhältnis des Mehrwerts zum variablen Kapital (also der Summe der Löhne) an. Mehrwert und variables Kapital zusammen

wird erst dann sichtbar, wenn wir berücksichtigen, dass die Wertformel bzw., was identisch ist, das „Wertgesetz", zu gänzlich unterschiedlichen Profitraten bei den miteinander konkurrierenden Einzelkapitalien führt. Die Profitrate eines Einzelkapitals berechnet sich nämlich nach der Formel $p = m/(c+v)$. Dies deshalb, weil nun der Perspektive und der Rationalität des Einzelkapitals Rechnung getragen wird. Das in der Konkurrenz agierende, individuelle Kapital ist nämlich an einer maximalen Rendite seiner *Gesamt*investition interessiert, die aus der Summe seiner Ausgaben in erworbene Produktionsgüter (c) und Löhne (v) besteht, also aus c+v, was Marx als Kostpreis bezeichnet. Diese Rendite bzw. Profitrate wird ermittelt, indem der Gewinn ins Verhältnis zu seinen Kosten bzw. Aufwendungen gesetzt wird, deshalb $p = m/(c+v)$. Die „organische Zusammensetzung des Kapitals", also das Verhältnis von konstantem zu variablem Kapital, dargestellt in dem Bruch c/v, interessiert den kapitalistischen Investor nicht, denn für ihn sind sämtliche Kosten zu minimierende, rein betriebswirtschaftliche Aufwendungen, während der Erlös bzw. Gewinn die zu maximierende Zielgröße darstellt. Aus Sicht eines kapitalistischen Akteurs wie auch bürgerlicher Nationalökonomen ist Marxens funktionale Unterscheidung somit gegenstandslos und irrelevant, für Marx und marxistisch orientierte Wissenschaft aber wird es hier erst wirklich interessant. Wenn nämlich die Mehrwertrate eine einheitliche ist, jedoch die organische Zusammensetzung der Einzelkapitale divergiert, dann sind auch die Profitraten dieser Kapitalien uneinheitlich, denn insofern m/v einheitlich ist und c/v beliebig variieren kann, muss m/(c+v) ebenfalls uneinheitlich sein. Von der Lösung dieses Problems, vor das sich bereits David Ricardo gestellt sah, hängt es also ab, ob die marxsche Werttheorie mit der Rationalität kapitalistischer Produzenten, und damit der Tendenz zu einer einheitlichen Durchschnittsprofitrate für alle Produktionssektoren, in Einklang gebracht werden kann. Wäre dem nicht so, wären bestimmte Produktionsprozesse dauerhaft unattraktiv weil unterprofitabel, was dagegen sprechen würde, dass gewinnorientierte Produzenten die dort zu produzierenden Waren überhaupt herstellen würden. Das Grundproblem liegt also darin, dass unterschiedlich „organisch zusammengesetzte" Kapitalien bei Existenz einer einheitlichen Mehrwertrate unterschiedlich profitabel wären, oder, wie Marx es ausdrückt:

---

bilden das „*Nettoprodukt*", die in einem Produktionsprozess dem konstanten Kapital insgesamt zugesetzte lebendige Arbeit. An der Mehrwertrate lässt sich also ablesen, wie sich das Nettoprodukt zwischen Arbeit und Kapital aufteilt, wer wie viel vom Kuchen abbekommt. Marx geht in seinem Modell idealtypisch davon aus, dass die Mehrwertrate in einer gegebenen Nationalökonomie für alle Produktionssektoren einheitlich ist, denn Unterschiede in der Mehrwertrate würden Lohnarbeiter anziehen bzw. abstoßen, so dass die Mehrwertrate beständig vereinheitlicht wird durch die Mobilität der Lohnarbeiter.

Die ganze Schwierigkeit kommt dadurch hinein, dass die Waren nicht einfach als *Waren* ausgetauscht werden, sondern als *Produkt von Kapitalen*, die im Verhältnis zu ihrer Größe, oder bei gleicher Größe, gleiche Teilnahme an der Gesamtmasse des Mehrwerts beanspruchen. Und der Gesamtpreis der von einem gegebenen Kapital in einer gegebenen Zeitfrist produzierten Waren soll diese Forderung befriedigen. Der Gesamtpreis dieser Waren ist aber bloß die Summe der Preise der einzelnen Waren, die das Produkt des Kapitals bilden. MEW 25: 184)

Da die Waren somit nach einem bestimmten Rationalitätsprinzip, nämlich danach, dass die produzierenden Kapitalien „im Verhältnis zu ihrer Größe [...] gleiche Teilnahme an der Gesamtmasse des Mehrwerts beanspruchen", getauscht werden, stellt sich das Problem der systematischen Modifikation der Wertstruktur. Marx löst dieses Problem dadurch, dass er den produzierten Mehrwert über die innerkapitalistische Konkurrenz umverteilen lässt: Während Kapitalien mit einer hohen organischen Zusammensetzung Kapital*abflüsse* verzeichnen, *ziehen* Kapitalien mit niedrigerer organischer Zusammensetzung zusätzliche Investitionen *an*.[2] Dieser Verteilungsprozess kapitalistischer Investitionen führt dazu, dass Mehrwert von Sektoren mit niedriger organischer Zusammensetzung transferiert wird zu Sektoren mit hoher organischer Zusammensetzung, da in letzteren Sektoren die Preise (und damit die „Gewinnmargen") in dem Maße steigen, wie sie in ersteren fallen.

Das Kapital entzieht sich aber einer Sphäre mit niedriger Profitrate und wirft sich auf die andre, die höheren Profit abwirft. Durch diese beständige Aus- und Einwanderung, mit einem Wort, durch seine Verteilung zwischen den verschiedenen Sphären, je nachdem dort die Profitrate sinkt, hier steigt, bewirkt es solches Verhältnis der Zufuhr zur Nachfrage, dass der Durchschnittsprofit in den verschiedenen Produktionssphären derselbe wird und daher die Werte sich in Produktionspreise verwandeln. (MEW 25: 206)

Preissignale sind insofern immer auch „Knappheitssignale" in Bezug auf realisierbare Anteile am produzierten Mehrwert und damit investitionssteuernd. Im System der „Produktionspreise" drückt sich somit der spezifisch kapitalistische

---

2 Die Konkurrenz entfaltet insofern eine dreifache Wirkung im Rahmen der Wert- sowie der Preisbildung: Erstens führt die Konkurrenz *innerhalb* einer Produktionssphäre zur Herausbildung der gesellschaftlich notwendigen Arbeitszeit zwischen den sektoralen Konkurrenten. Zweitens reguliert die Konkurrenz die gesellschaftlich notwendige Arbeitszeit *zwischen* den unterschiedlichen Sektoren, denn sobald ein Sektor mehr oder weniger produziert als die zahlungskräftige Nachfrage absorbieren kann, wird sein Wertprodukt auf- oder abgewertet. Drittens führt die Konkurrenz zwischen den Sektoren zur Verwandlung von Werten in Produktionspreise, denn die Konkurrenz bewirkt (idealiter) eine sektorale Verteilung des gesellschaftlichen Gesamtkapitals nach Maßgabe maximaler Effizienz bzw. Profitabilität des Kapitals. Dieser Prozess führt zum Ausgleich der individuellen Profitraten und zur Konstitution der Durchschnittsprofitrate, an der sich alle Kapitalien orientieren.

Charakter der Produktion aus, denn die mikroökonomisch an Gewinnmaximierung orientierten, miteinander konkurrierenden Einzelkapitale generieren über ihr Investitionsverhalten eine Umverteilung des Mehrwerts untereinander. Es wurde allerdings früh und erstmalig von dem sozialdemokratischen Studenten Wolfgang Mühlpfordt (1895) bemängelt, dass Marx' Transformationsverfahren unvollständig sei, da er neben den Preisen der „Endprodukte" nicht auch die Produktionsmittel transformiere, sondern als Wertausdrücke in seinem Schema beibehalte. Der Grundvorwurf an Marx lautet, dass Marx zwar die *End*produkte dem Gesetz der Durchschnittsprofitrate unterwerfe, aber die *Eingangs*produkte (Produktionsmittel) als Wertausdrücke beibehalte – mit dem paradoxen Ergebnis, dass ein und dieselbe Ware zunächst als Produktionsmittel mit einem *Wert*ausdruck auftrete, um ceteris paribus als Endprodukt mit einem *Preis*ausdruck zu erscheinen. Die gleiche Ware könne jedoch nicht einmal in transformierter Gestalt als Produktionspreis auftreten und ein anderes Mal als nicht transformierter Wertausdruck, denn auch Produktionsmittel unterlägen dem Gesetz der Durchschnittsprofitrate, welches umstandslos auf *alle* Waren in allen Stufen des Produktionsprozesses anzuwenden sei. Gleichwohl ist zu bedenken, dass uns diese methodische Anforderung an das ökonomische System den Weg zu einem kausal-zeitförmigen Verständnis der Wert-Preis-Bewegung abschneidet. Es macht durchaus Sinn, Ausgangs- und Endbedingungen von Produktionsprozessen zu unterscheiden. Gerade wenn wir den Produktionsprozess dynamisch betrachten, also Veränderungen der Technologie und damit Veränderungen der Produktionsbedingungen und das Auftauchen ganz neuer Produkte sowohl als Produktionsmittel als auch als Endprodukte zulassen, erscheint uns das statische Korsett vereinheitlichter Voraussetzungen und Resultate als problematische Anforderung. Es ist an dieser Stelle also von einem rein analytischen Standpunkt aus notwendig, zwei methodische Alternativen festzuhalten: Ist das ökonomische System als ein sequentielles Verfahren kausaler, dynamischer Ablaufprozesse zu verstehen, in welchem auf den verschiedenen Stufen der kapitalistischen Warenzirkulation die Wertbestandteile voneinander quantitativ abweichen können oder werden die Wertgrößen als im Prozess invariante Elemente (eines statischen Gleichgewichtsmodells) moduliert, zwischen denen keine Kausalbeziehungen, sondern nur nonkausale Wechselwirkungen existieren? Diese Fragestellung können wir präzisieren wenn wir uns die marxsche Formel der Zirkulation des Kapitals aus dem zweiten Band des *Kapitals* in ihrer Bedeutung für diese Problematik verdeutlichen. Die Zirkulationsformel des Kapitals lautet: G – W (Ak+Pm) ...P...W' – G' (MEW 24: 31ff.).[3] Dieser Zirkulationsprozess

---

3 G = Geld; W = Ware, Ak = Arbeitskraft, Pm = Produktionsmittel.

des Kapitals kann deshalb nur als eine kausal-dynamische Bewegung verstanden werden, als eine Sequenz, ein Nacheinander von bestimmten Durchlaufformen, denn der Erwerb der den Kostpreis bildenden Waren geht der wertsteigernden Produktion kausal voran, genauso wie aus dem Produktionsprozess die Ware W' hervorgeht, die im letzten Akt der Bewegung verkauft wird, sodass die Zirkulationsbewegung abschließt und investiertes Kapital sich verwertet hat. Die eminente Dynamik dieser Bewegung besteht in der beständigen Revolutionierung der Technologie und der Reinvestition bereits verwerteter Kapitalien. Simultanistische Ansätze sind nicht gut vereinbar mit der Zirkulationsformel des Kapitals, denn in ihnen gibt es weder Platz für die Geldform noch für die dynamischen Elemente des Prozesses. In simultanistischen Modellen reduziert sich alles auf das Verhältnis physischer Ausgangsdaten. Dabei liegt der analytische Fokus auf der physischen Reproduktion des Systems unter der Maßgabe konstanter Input- und Outputpreise.

Simultanistisch interpretiert führt das Transformationsproblem in letzter Instanz dazu, dass die Wertebene redundant wird, denn wenn Wertstrukturen aus prinzipiellen Erwägungen heraus nicht als gegebene, notwendige *Voraussetzungen* für aus ihnen abzuleitende Preisgrößen zulässig sind, löst sich die Verbindung zwischen Wert- und Preisstruktur unweigerlich auf.[4] Insofern nämlich das methodische Gebot gilt, dass auf allen Ebenen der Verwertungsbewegung des Kapitals *nur* Preisgrößen auftreten können, weil Wertgrößen lediglich in einer für die Ableitung der unmittelbaren Erfahrungsgrößen überhaupt nicht relevanten „Hintergrundstruktur" angesiedelt sind, stellt sich die naheliegende Frage, in welchem Verhältnis die Wertstruktur überhaupt noch zur von ihr vollkommen entkoppelten Preisstruktur steht. Die Folge ist ganz zwangsläufig ein strikt *duales* Bewertungssystem, innerhalb dessen Preisgrößen immer schon andere Preisgrößen voraussetzen müssen und Wertausdrücke aus anderen Wertausdrücken hervorgehen, genauso wie Wert- und Preisprofitrate auseinanderfallen.[5] Eine

---

4 Zu den rein mathematisch-formalen Aspekten der neoricardianisch angelegten Wert-Preis-Transformation und der daraus sich ergebenden Redundanz der Werttheorie Cogoy (1982: 41ff.) und Steedman (1977: 50ff.). Unter „Neoricardianismus" verstehen wir hierbei die an Piero Sraffa (1976) angelehnten Ansätze, deren gemeinsame Klammer es ist, die marxsche Werttheorie aufzugeben zugunsten einer an dem klassischen Nationalökonomen David Ricardo orientierten Theorie des ökonomischen Systems. Neoricardianer sind so gut wie gar nicht an Fragen zu Form und Inhalt ökonomischer Kategorien interessiert, sondern an technologischen Beziehungen zwischen reproduktiven Gebrauchswertstrukturen.

5 Der ursprünglich marxistisch orientierte Ökonom Mario Cogoy (1982: 40) spricht deshalb konsequenterweise vom „Dualitätsparadigma" der simultanistischen Marx-Interpretation. Dort heißt es auch: „Arbeitswert- und Produktionspreistheorien unter dem Aspekt der Dualität zu betrachten, heißt daher, diese Konzepte als einen dualen Reflex von Strukturen des physisch-technischen Mengensystems zu erfassen."

Wechselbeziehung beider Bewertungssysteme wäre dann nicht möglich, sondern bestenfalls unter bestimmten, modellbezogen konstruierbaren Randbedingungen ermöglichte quantitative Entsprechungen auf der aggregierten Ebene von Gesamtgrößen wie z.B. der Summe des Mehrwerts im Verhältnis zur Summe der Profite oder der Wertsumme im Verhältnis zur Preissumme. Soweit auf *allen* Ebenen nur Preisgrößen (oder eben, unabhängig davon, Wertgrößen) auftreten, müssen *beide* Bewertungssysteme aus etwas Drittem abgeleitet werden, das weder Bestandteil der Wert- noch der Preisstruktur sein kann. In den entsprechenden Modellen stellen physische Mengendaten der Produktionsmittel (also des konstanten Kapitals) und der Reallohnsatz[6] des variablen Kapitals als zentrale Daten zur Bestimmung der Verteilung zwischen Arbeit und Kapital diese von außen dem System vorgegebenen Basisgrößen dar.[7] Diese – auch als „Technologie" bezeichneten – Mengendaten geben, wie gesehen, an, welches Quantum an den jeweiligen, physischen Produktionsmitteln einem Produktionsprozess zugeführt werden muss, um eine Mengeneinheit eines physischen Endproduktes herstellen zu können. Entsprechend dieser Struktur können bei Kenntnis der technischen Koeffizienten die Einzelwaren in Quanten „homogener Arbeit" aufgelöst werden, die Sraffa „datierte Arbeitsmengen" nennt (Sraffa 1976: 57ff.). Allerdings stellen diese „datierten Arbeitsmengen" keine „Werte" im marxschen Sinne dar, da sie als rein „technologische" Größen ohne Bezug auf den Markt und damit die realabstrakte Konstitution des ökonomischen Gegenstandes bleiben.[8] Diese methodische Vorgehensweise bei der Rekonstruktion der marxschen Werttheorie können wir deshalb *Physikalismus* nennen, denn die gegebene Ausgangsstruktur, mittels derer sowohl „Werte" als auch „Preise" ermittelt werden, ist eine physische, gebrauchswertförmige und die aus ihr ableitbaren „Werte" stellen homogene Arbeitsstunden dar,[9] denen keine gegenständliche Formbestimmung mehr zukommt wie bei Marx.

---

6   Der „Reallohnsatz" wird in diesen Modellen als „Subsistenz-*Warenkorb*" der Lohnarbeiter angesetzt und nicht – wie es der Begriff nahe legen könnte – als inflationsbereinigter *Geld*lohn. Dies bedeutet, dass in den entsprechenden Modellen das variable Kapital *gar nicht* als Arbeitszeitausdruck vorkommt, genausowenig wie der Mehrwert, sondern dass hier stets gebrauchswertförmige Warenkörbe der Verkäufer der Ware Arbeitskraft oder der Produktionsmittelbesitzer angesetzt werden. Hierzu Quaas 1999: 44ff.
7   Das „variable Kapital" erscheint in diesen Modellen entsprechend gar nicht als lebendige Arbeitskraft, sondern als gebrauchswertförmiger Warenkorb, der dem Lohnsatz einer Arbeitsstunde entspricht.
8   Wie Morishima (1973: 14f.) offen sagt, würden Werte nur als „technische Koeffizienten bestimmt", und dies strikt „unabhängig vom Markt."
9   Diese methodische Vergewaltigung der Marx'schen Theorie durch ihre neoricardianische „Rekonstruktion" ist bereits in den 1970er Jahren manchem Ökonomen aufgefallen, so z.B. Berger (1979: 564).

Es ist deshalb nur konsequent, dass die simultanistisch-dualistische Interpretation des *Kapitals* keinerlei Verwendung für marxsche Kategorien wie Wertform, Wertsubstanz und folglich die „abstrakte Arbeit" hat, denn all diese Kategorien sind Reflexionsbestimmungen der sozialen Form des ökonomischen Gegenstandes und in ihnen wird insofern die spezifische Gegenständlichkeit ökonomischer Kategorien untersucht.[10] Der Physikalismus impliziert ein Gegenstandverständnis, das nicht mehr die Problemstellung privater Produktion und monetärer Vergesellschaftung der Produktionsleistungen auf der Zirkulationsebene reflektiert, was sich in den Kategorien von Wertform und Wertsubstanz ausdrückt. Mit dem Physikalismus der Bortkiewicz-Sraffa-Tradition wird deshalb aus der marxschen Wert- wie auch der Preistheorie implizit eine planwirtschaftliche Theorie gemacht, denn wenn am Erkenntnisgegenstand alle ökonomischen Formbestimmungen eliminiert werden, kann die Werttheorie auch nicht mehr als eine Theorie sich vergesellschaftender Produzenten einer arbeitsteiligen, kapitalistischen Ordnung konzipiert werden, sondern nur noch als Ausdruck physischer Reproduktionsbeziehungen unabhängig von den gesellschaftlichen Produktionsverhältnissen, innerhalb derer sich das physische Mengensystem reproduziert.

Die simultanistisch-dualistische Interpretation des *Kapitals* orientiert sich von ihrer ganzen Programmatik her an der allgemeinen Gleichgewichtstheorie der neoklassischen Wirtschaftswissenschaften, die ebenfalls simultanistisch und physikalistisch angelegt ist. Methodisch hat sich Bortkiewicz, als Spiritus Rector der simultanistischen Interpretation des *Kapitals*, bezeichnenderweise selbst methodisch der neoklassischen Schule der Gleichgewichtstheorie nach Léon Walras – „seinem Mentor und Kollegen" (Kliman 2000: 102, Übers.: HPB)[11] – zugerechnet:

> Die moderne Theorie der Volkswirtschaft fängt an, *sich allmählich von dem succesivistischen Vorurteil zu befreien*, wobei in dieser Beziehung der mathematischen Schule mit Léon Walras an der Spitze das Hauptverdienst gebührt. Die mathematische, speziell algebraische, Darstellung erscheint eben *als der adäquateste Ausdruck dieses überlegenen, der Eigenart der ökonomischen Zusammenhänge Rechnung tragenden Standpunktes*. (Bortkiewicz 1976: 104; Hervor.: HPB)[12]

---

10 Heiner Ganßmann (1983: 403) hat eingedenk dieser Sachlage bereits 1983 resümiert, „dass sich kaum noch eine Überschneidung zwischen dem marxschen Gegenstand und dem der Schulökonomie (inklusive der Standard-Arbeitswertlehre) ergibt."
11 In diesem Text wird Bortkiewicz' methodisch enges Verhältnis zu Walras eingehend erörtert wie auch Marxens komplett entgegengesetzte Auffassung der ökonomischen Methode.
12 Dass Bortkiewicz trotz dieser Adaption der Grundmethodik der allgemeinen Gleichgewichtslehre einen eigenen, wie man heute sagen würde „neoricardianischen", Ansatz vertreten hat, steht in keinem Widerspruch zu seiner methodischen Bindung an das walrassche Gleichgewichtsprogramm.

Was Bortkiewicz von Walras unterschied, war nicht die ökonomische, gleichgewichtsorientierte Methode, sondern die Umsetzung dieser Programmatik, bei der sich bei Bortkiewicz bereits die neoricardianische Perspektive einer physischen Input-Output-Rechnung anstatt neoklassischer Angebots-Nachfrage-Diagramme unter dem Paradigma der Grenzwertrechnung abzeichnete. Als in der sozialwissenschaftlichen Zeitschrift *Leviathan* im Jahre 1979 die marxsche Werttheorie diskutiert wurde, ging nicht zufällig der neoklassisch-neoricardianisch orientierte Marx-Interpret Johannes Schneider davon aus, dass es falsch sei, anzunehmen, dass „die neoklassische und die Marxsche Wertlehre auf völlig unterschiedlichen Sichtweisen der ökonomischen Welt beruhten." (Schneider 1979: 539) Dem entgegnete der Ökonom Jörg Glombowski (1979: 566) in der gleichen Ausgabe, dass sich die marxsche Werttheorie gerade nicht „die Aufgabenstellung der allgemeinen Gleichgewichtstheorie neoklassischer Provenienz zu eigen machen" sollte. Für Glombowski war es „zumindest fraglich, ob die Marxsche Werttheorie den Gegenstand der allgemeinen Gleichgewichtstheorie abdeckt." (Ebd.) Allerdings hat selbst der seinerzeit gegenüber der neoklassischen Marx-Interpretation skeptische Glombowski zwei Jahre vorher einräumen müssen, „dass es zur quantitativen Bestimmung von Profitrate und Produktionspreisen keines Rückgriffs auf Wertgrößen bedarf, sondern Informationen über die zur Produktion von Einheiten aller Waren des Systems (einschließlich der Arbeitskraft) erforderlichen Warenquanta dazu ausreichen." (Glombowski 1977: 11) Offensichtlich waren in dieser Zeit absteigender Attraktivität und Popularität der marxschen Werttheorie selbst dem Neoricardianismus und der Neoklassik skeptisch gegenüberstehende Verteidiger Marxens ratlos und konnten kein überzeugendes Alternativkonzept vorweisen.

Einen ganz eigenen Ansatz zu dieser Problematik vertritt Michael Heinrich. Heinrich (1999: 268) ist der Auffassung, dass „die von Marx formulierte quantitative Lösung sich als falsch herausstellte" und Marx folglich ganz klar dem „Kostpreisirrtum" aufgesessen sei. Nachdem Heinrich dann die neoricardianische Lösung und ihren Endpunkt, die umfassende Redundanz der Werttheorie, korrekt entwickelt, kritisiert er zurecht, „dass eine prämonetäre Arbeitswerttheorie für die Bestimmung prämonetärer Produktionspreise in der Tat überflüssig ist" (ebd.: 279) – man könnte hier auch in anderer Diktion sagen, dass Physikalismus und Simultanismus zu genau diesem Problem führen. Heinrich löst das Problem schließlich dadurch, dass er das Verhältnis von Werten zu Preisen als ein reines „Formbestimmungs"-Verhältnis darstellt, demzufolge es „keine quantitative Determinierung des Produktionspreissystems durch ein irgendwie geartetes, präexistentes Wertsystem geben kann" (ebd.: 282). „Die ‚Transformation von Werten in Produktionspreise' stellt vielmehr eine begriffliche Weiterentwicklung der Formbestimmung der Ware dar" (Heinrich 2004: 147). Diese scheinbar elegante, den gordischen Knoten des „Transformationsproblems" durchtrennende Position hat jedoch den großen Nachteil, dass es in der Folge gar keine eigenständig-marxistische, quantitative Preistheorie mehr gibt, sondern nur noch die wertformtheoretische Interpretation eines extern vorgegebenen, quantitativen Preissystems neoricardianischer Provenienz.[13]

2. Die *Kapital*-Interpretation durch die Autoren der TSSI

Das Verdienst von Andrew Kliman und anderen Vertretern der „Temporal Single System Interpretation"[14] des marxschen *Kapital* liegt darin, dass sie seit Anfang der 1980er Jahre die Kostpreisfrage und die spezifische Methode ihrer Beantwortung im Rahmen der Bortkiewicz-Sraffa-Tradition neu untersucht und einer kritischen Revision unterzogen haben. Dabei haben die TSSI-Autoren einerseits die simultanistische Methode – also die strikte Identität von Input- und Output-Preisen durch eine simultane Berechnung beider Größen – und andererseits den notwendig mit ihr einhergehenden Physikalismus – somit die konsequente Orientierung an physischen Gebrauchswertstrukturen – zur Debatte gestellt.

Eine zentrale Differenz zwischen den TSSI-Autoren und simultanistisch orientierten Marx-Interpretationen besteht in der analytischen Behandlung der Kostpreisfrage. Während für die methodologischen Simultanisten der Kostpreis eine Größe ist, die nicht sukzessivistisch zu denken ist, also nicht als von den *Resultaten* des Produktionsprozesses zu trennende *Voraussetzung*, sondern als zeitlose, akausale „Strukturkonstante", sehen TSSI-Autoren im Kostpreis eine temporal sich konstituierende Kategorie, die mit der zu Beginn des Produktionsprozesses verausgabten, monetären Investition in die Produktionsmittel festgelegt wird.[15] Entsprechend benutzt Andrew Kliman für den simultanistischen Kost-

---

13 Konsequenterweise macht sich Heinrich (1999: 339) auch das physikalistische „Okishio-Theorem" in seinen Überlegungen zum Gesetz des tendenziellen Falls der Profitrate zu eigen, was mitunter dazu führt, dass die Dynamik der Profitrate nicht adäquat reflektiert wird. Damit fällt Heinrichs Ansatz bei zentralen Problemstellungen mit den physikalistischen Ergebnissen zusammen, eine von ihm eigentlich kritisierte Theorie, worauf hier nicht weiter darauf eingegangen werden kann.
14 Im Folgenden nur kurz „TSSI" genannt. „Temporal", weil diese Interpretation des *Kapitals* von einer kausalen, temporären Methode bei Marx ausgeht und „Single System", weil der Kostpreis nicht dual angesetzt wird, sondern als eine Größe, bei der Wert und Preis zusammenfallen, da Kostpreise immer Produktionspreise einer vorhergehenden Umschlagsperiode darstellen.
15 Aus Perspektive der TSSI werden somit das konstante und das variable Kapital nicht als *unbekannte* Größen betrachtet, die aus einem Dritten abzuleiten wären, sondern als *bekannte Basisdaten* für die Produktionspreisbestimmung.

preis den Begriff „*post*-production replacement cost price", denn dieser richtet sich entsprechend des simultanistischen Paradigmas nach der Notwendigkeit einer zu identischen Input- und Outputpreisen sich vollziehenden physischen Reproduktion des ökonomischen Systems (Kliman 2007: 95ff.). Ein Produktionsgut wird im Rahmen dieser Methode nicht nach den Reproduktionsbedingungen zum Zeitpunkt t seines Erwerbs bewertet – welche prinzipiell differieren können von den Reproduktionsbedingungen zum Zeitpunkt t+1 seiner Veräußerung nach geleisteter Zirkulationsbewegung des Kapitals –, sondern nach Maßgabe einer statischen Reproduktion zu identischen Preisbewertungen von Resultat („Output") und Voraussetzung („Input"). Eine temporal angelegte Differenzierung in einen Zeitpunkt t als den Eintritt der Produktionsmittel in den Verwertungsprozess und t+1 als Moment der Vergesellschaftung des Endproduktes durch seinen Verkauf erfolgt hier nicht.[16]

Anders gesagt können *Voraussetzungen* und *Resultate* der Produktions-Zirkulations-Bewegung nicht divergieren in den Standardmodellen zur marxschen Werttheorie, sondern müssen einander quantitativ entsprechen. Ein „faktisch erzielter" Kostpreis in der realen Welt durch den Ankauf von Produktionsgütern ist deshalb aus simultanistischer Sicht keineswegs der im Modell angesetzte Kostpreis. Als simultanistische Formgröße muss er erst mit den Reproduktionsbedingungen der Outputstruktur vermittelt werden, sodass ex post eine Identität zwischen „tatsächlichen" Kosten und den für die simultanistische Systemreproduktion notwendigen „Kostengesetzen" hergestellt wird. Wenn gemeinhin in ökonomischen Zusammenhängen die Profitrate eines investierten Kapitals am Verhältnis der gesamten, in der Geldform getätigten Kosten zu den realen, monetären Erträgen gemessen wird, entspricht dieses Verfahren also keineswegs der durch eine simultanistische Rechnung ermittelten „Profitrate".

Ganz im Gegensatz zu diesem simultanistischen Kostpreis gehen TSSI-Ökonomen von einem „*pre*-production reproduction cost price" aus, also den Reproduktionskosten eines Produktionsgutes beim *Eintritt* in den Produktionsprozess. Dieser Kostpreis steht mit dem Erwerb der Produktionsmittel durch das produzierende Kapital fest und ist invariant als „exogene Größe" vorgegeben.[17] Er muss mit dem Preis späterer Produktions-*Ergebnisse* keineswegs identisch sein, da

---

16 Es sei noch einmal darauf hingewiesen, dass die Momente der Investition in die Produktionsmittel (zum Zeitpunkt t) und der Realisierung des Produktionspreises (zum Zeitpunkt t+1) im Rahmen der TSSI als monetäre Operationen verstanden werden. Insofern spielt für die TSSI das Geld und die Wertform eine zentrale Rolle bei der Rekonstruktion des marxschen Transformationsverfahrens.

17 Wie Thomas Kemetmüller (2010: 76) zeigt, „kann das simultane Modell als Spezialfall des zeitlichen aufgefasst werden". Dieses Ergebnis ist auch unmittelbar einsichtig, denn die strikte Identität von Input- und Outputpreisen wäre nichts weiter als ein extremer

Veränderungen der Produktionsbedingungen keinen Rückkoppelungseffekt auf *unter anderen Bedingungen produzierte Waren* haben, sondern nur auf jene unter diesen *neuen Bedingungen hergestellten Waren*. Diese zentrale Differenz zwischen „Simultanisten" und „Temporalisten" bezüglich der Kostpreis-Problematik ist keineswegs trivial und hat erhebliche Auswirkungen sowohl auf die Bewertung der Konsistenz der marxschen Wert-Preis-Rechnung als auch in Bezug auf das marxsche „Gesetz des tendenziellen Falls der Profitrate".[18]

Wenn wir nun die marxsche Position zu dieser Frage etwas genauer untersuchen, dann geschieht dies nicht in der Absicht, eine simultanistische Interpretation der marxschen Theorie als vollkommen unvereinbar mit den marxschen Texten ausweisen zu wollen. Eine solche Deutung der marxschen Theorie ist durchaus möglich. Hingegen werden wir im Folgenden kurz zeigen, dass eine solche Interpretation erstens nicht alternativlos ist und zweitens sogar deutlich herausgefordert wird von einer alternativen Lesart.[19] Beginnen wir mit einem oftmals vorgebrachten Zitat von Marx aus dem dritten Band des *Kapital*, das immer wieder als Ausweis dafür gilt, dass Marx den grundlegenden „Fehler" seiner Wert-Preis-Rechnung selber bemerkt und sich insofern implizit für eine simultanistische Methode ausgesprochen hätte:

> Es ist durch die jetzt gegebene Entwicklung allerdings eine Modifikation eingetreten bezüglich der Bestimmung des Kostpreises der Waren. Ursprünglich wurde angenommen, dass der Kostpreis einer Ware gleich sei dem *Wert* der in ihrer Produktion konsumierten Waren. Der Produktionspreis einer Ware ist aber für den Käufer derselben ihr Kostpreis und kann somit als Kostpreis in die Preisbildung einer andren Ware eingehen. Da der Produktionspreis abweichen kann vom Wert der Ware, so kann auch der Kostpreis einer Ware, worin dieser Produktionspreis andrer Ware eingeschlossen, über oder unter dem Teil ihres Gesamtwerts stehen, der durch den Wert der in sie eingehenden Produktionsmittel gebildet wird. Es ist nötig, sich an diese modifizierte Bedeutung des Kostpreises zu erinnern und sich daher zu erinnern, dass, wenn in einer besonderen Produktionssphäre der Kostpreis der Ware dem Wert der in ihrer Produktion verbrauchten Produktionsmittel gleichgesetzt wird, stets ein Irrtum möglich ist. Für unsre gegenwärtige Untersuchung ist nicht nötig, näher auf diesen Punkt einzugehen. (MEW 25: 174)

Marx erklärt an dieser Stelle zunächst, dass die den Kostpreis einer Ware bildenden Produktionsmittel von ihrem Käufer zu ihren Produktionspreisen erworben

---

Sonderfall des allgemeineren Ansatzes, hier Differenzen zuzulassen aufgrund einer dynamischen Betrachtung des ökonomischen Systems.
18 Zu diesem Themenkomplex Kliman (2007: 113ff.) und Carchedi (2011: 113ff.).
19 Zur hermeneutisch angelegten Kontroverse um eine sinnvolle und verständige Interpretation der marxschen Werttheorie im Rahmen der Temporalismus-Simultanismus-Debatte Kliman (2007: 89ff.). Zur Frage der Interpretation der marxschen Originalmanuskripte zum *Kapital* Ramos Martinez (2000), zu den *Grundrissen* und den Manuskripten von 1861 bis 1863 Kliman (2000: 105ff.).

werden, sodass dem Produktionspreis eine „modifizierte Bedeutung" zukommt. Würde nämlich diese Modifikation nicht bedacht, so würde ein Fehler gemacht, denn der Wert eines Korbes an Produktionsmitteln muss sich nicht mit dem Produktionspreis dieser Produktionsgüter innerhalb ihrer Produktionsperiode decken. Dieser Absatz endet jedoch mit der etwas merkwürdig anmutenden Aussage Marxens, dass es „nicht nötig" sei, „näher auf diesen Punkt einzugehen". Bei den allermeisten Autoren wird dieses Zitat bis zu exakt dieser Stelle angeführt, so etwa bei Heinrich (1999: 270), Sweezy (1971: 141) und Feess-Dörr (1989: 75). Möglicherweise hatte Marx tatsächlich vor, an anderer Stelle auf diese Problematik genauer einzugehen, allerdings sind diesbezüglich bis dato keine größeren, den Sachverhalt zufriedenstellend aufklärenden Manuskripte veröffentlich worden. Gleichwohl ist dies nicht unbedingt notwendig, denn im unmittelbar folgenden – und leider äußerst selten mit zitierten – Absatz begründet Marx sehr klar, weshalb der „Kostpreisirrtum" aus seiner Perspektive kein besonderes, analytisches Problem darstellt:

> Dabei bleibt immer der Satz richtig, dass der Kostpreis der Waren stets kleiner als ihr Wert. Denn wie auch der Kostpreis der Ware von dem Wert der in ihr konsumierten Produktionsmittel abweichen mag, *für den Kapitalisten ist dieser vergangene Irrtum gleichgültig.* Der Kostpreis der Ware ist ein gegebener, ist eine von seiner, des Kapitalisten, Produktion unabhängige *Voraussetzung*, während das *Resultat* seiner Produktion eine Ware ist, die Mehrwert enthält, also einen Wertüberschuss über ihren Kostpreis. (Ebd.)[20]

Marx argumentiert hier eindeutig kausalistisch und *nicht* simultanistisch, denn er unterscheidet an dieser Stelle explizit *Voraussetzung* und *Resultat* des Produktionsprozesses. Die Abweichung zwischen Warenwert und Produktionspreis betrifft eine *vergangene* Produktionsperiode. Insofern ist die in diesem Produktionsprozess vollzogene und abgeschlossene Wert-Preis-Transformation, „dieser vergangene Irrtum", „gleichgültig", denn in der *auf ihn zeitlich folgenden* Produktionsperiode findet eine neue Produktions- und Zirkulationsbewegung statt. Anders gesagt können innerhalb einer bestimmten Produktionsperiode die Produktionsergebnisse einer *älteren*, *abgeschlossenen* Produktionsperiode als „unabhängige Voraussetzung" betrachtet werden, denn abhängige Wechselwirkungen können nur innerhalb einer gegebenen Produktionsperiode stattfinden. Es gilt, diese wichtige Erkenntnis festzuhalten und weiter zu entfalten.

Wird die von Karl Marx im dritten Band des *Kapitals* angedachte Wert-Preis-Rechnung nicht simultanistisch, sondern kausal-zeitförmig interpretiert – und werden die Kostpreise entsprechend der von Andrew Kliman vorgeschlagenen „*pre*-production reproduction costs" verstanden –, können sämtliche Grundaussa-

---

20 Eine ganz analoge analytische Aussage finden wir in MEW 26.3: 167.

gen des *Kapitals* im Kern bestätigt und der Vorwurf einer logischen Inkonsistenz der marxschen Theorie zurückgewiesen werden.[21]

Zunächst kann dergestalt eine Wert-Preis-Transformation durchgeführt werden, welche die strikt dualistische Trennung von Wert- und Preisebene überwindet. Der im Rahmen der TSSI entwickelte Wertbegriff steht freilich in einem anderen wertanalytischen Kontext als der Wertbegriff der Bortkiewicz-Sraffa-Tradition. Aus Sicht der TSSI werden zunächst die Kostpreiswaren resp. Produktionsmittel zu ihren Werten erworben. Die – in der „Kostpreis"-Form enthaltenen – Werte der Produktionsgüter stellen für TSSI-Autoren keine vor einem Profitratenausgleich angelegte „Werte" (und damit „Unbekannte") dar, sondern haben bereits einen Profitratenausgleich durchlaufen – sind doch die Produktionsmittel immer bereits Ergebnisse einer *bereits beendeten* Bewegung der Kapitalverwertung mit dem Resultat einer *vergangenen* Durchschnittsprofitrate; denn sobald wir uns am marxschen Modell der Zirkulationsformel des Kapitals orientierten, wird die ökonomietheoretische Logik der TSSI unmittelbar einsichtig. Die Produktionsmittel, welche den Kostpreis bilden, werden monetär erworben zu Beginn der Kapitalzirkulation, und diese Geldoperation wird wertformtheoretisch verstanden. Die zum Erwerb der Produktionsmittel investierte Geldsumme wird im Rahmen der TSSI als „geldförmiger Ausdruck von Arbeitszeit" (im Original: „monetary expression of labour time", kurz „MELT") dargestellt.[22] Die „MELT", so der an der TSSI orientierte Ökonom Alejandro Ramos Martinez, stellt „die quantitative Verbindung zwischen der Form (speziell der Geldform) und der Substanz (Arbeitszeit)" her (Ramos Martinez 2004: 68, Übers.: HPB). Die MELT der vorherigen, abgeschlossenen Zirkulationsbewegung ist keine Unbekannte. Sie ist ein *bekanntes Datum*. Die Elemente des konstanten Kapitals der gegenwärtigen Periode als Endprodukte der vorigen Umschlagsbewegung sind ebenfalls *„unabhängige Daten"*. Deshalb kann das konstante Kapital sowohl als Geld- wie auch als Wertgröße betrachtet werden. In beiden Bewertungssystemen erscheint es aber nicht dualistisch, sondern als einheitliches „Single System", das auf zwei aneinander gekoppelte Ausdrücke gebracht werden kann: den Geld- bzw. den Arbeitszeitausdruck.

---

21 Kliman (2004: 23) bietet einen sehr übersichtlichen, grafischen Überblick über die „Leistungsfähigkeit" diverser *Kapital*-Interpretationen. Kliman unterscheidet hier zwischen „Simultaneous Dual-System Interpretations" (SDSI), „Simultaneous Single-System-Interpretations" (SSSI) und der TSSI. Die einzige Interpretation, welche sämtliche Aussagen der marxschen Theorie ohne Inkonsistenzen reproduzieren kann, ist die TSSI, während die SDSI von Marx' Theorie so gut wie nichts übrig lässt.

22 Formal gesehen handelt es sich bei der „MELT" um einen Skalar, durch den der Preisvektor dividiert wird, um Geldquanta auf Arbeitsquanta zu reduzieren.

Das von den TSSI-Autoren ausgearbeitete, sequenzielle Verfahren der Verbindung von gesellschaftlicher Arbeitszeit und monetärem Wertausdruck kann sich durchaus auf Marx berufen, der beispielsweise in den *Grundrissen* schrieb, dass „das Geld die Arbeitszeit als allgemeiner Gegenstand oder die Vergegenständlichung der allgemeinen Arbeitszeit ist" (MEW 42: 101) bzw. Geld „als selbständiger Repräsentant des Werts gesetzt ist" (ebd.: 162). Im *Kapital* wird Marx sogar noch deutlicher, wenn er schreibt, dass „der Preis der Geldname der in der Ware vergegenständlichten Arbeit ist" (MEW 23: 116) bzw. „Geld als Wertmaß notwendige Erscheinungsform des immanenten Wertmaßes der Waren, der Arbeitszeit [ist]" (ebd.: 109). In den *Theorien über den Mehrwert* merkt Marx gleichfalls an, dass sich „die allgemeine gesellschaftliche Form der Arbeit im Geld darstellt." (MEW 26.1: 365) Die MELT stellt insofern eine makroökonomisch abgeleitete Kategorie dar, denn in ihr wird das Geldmedium als gesellschaftliche, makroökonomische Basisform kapitalistischer Synthesis in Bezug gesetzt zur gesamtgesellschaftlichen Arbeit einer gegebenen Umschlagsperiode des gesellschaftlichen Gesamtkapitals.[23] Von einem rein formalen Standpunkt aus stellt die MELT den Bruch aus der makroökonomisch vorliegenden Gesamtmenge des zirkulierenden Geldes zu einem Zeitpunkt t (oder auch der gesellschaftlichen Gesamtinvestitionen) und dem gesellschaftlichen Nettoprodukt (also der gesellschaftlich insgesamt geleisteten, lebendigen Gesamtarbeit) plus den Anlageinvestitionen (gesamtgesellschaftliches konstantes Kapital) zum Zeitpunkt t.

Eine gegen die TSSI gerichtete Kritik formulierte beispielsweise der Chemnitzer Arbeitswerttheoretiker Nils Fröhlich. In seiner Kritik orientiert sich Fröhlich praktisch durchgehend an Veneziani (2004) und Mohun (2003), ohne dabei allerdings die Gegenkritik Andrew Klimans und Alan Freemans zur Kenntnis zu nehmen.[24] So unterstellt Fröhlich (2009: 171) in seiner bereits 2003 erschienenen Arbeit ganz analog zu Veneziani (2004) den TSSI-Autoren Kliman und

---

23 Akinci/Karahanogullari (2015: 775), Übers.: HPB), fassen in ihrem sehr lesenswerten Beitrag die ökonomische Bedeutung der MELT folgendermaßen zusammen: „MELT ist ein universelles, die Gesamtökonomie umgreifendes Konzept. Seine Universalität begründet sich über den gesellschaftlichen, makroökonomischen Charakter des Geldes und der Werttheorie als solcher. Die MELT verbindet die gesellschaftliche Gesamtarbeitszeit mit dem gesamtgesellschaftlichen Preisaggregat für eine gegebene Umschlagsperiode des gesellschaftlichen Gesamtkapitals. Als universelle Kategorie umfasst die MELT alle ökonomischen Einzelprozesse." Der Beitrag der beiden Autoren ist auch deshalb sehr wichtig, weil sie den Prozess des Umschlags des gesellschaftlichen Gesamtkapitals sehr detailliert untersuchen und dadurch die MELT-Forschung auf ein neues Niveau heben.

24 Die Debatte zwischen Roberto Veneziani und Simon Mohun auf der simultanistischen und Andrew Kliman und Alan Freeman auf der temporalistischen Seite kann und sollte von allen ernsthaft Interessierten im Detail nachgelesen werden in der Sammlung der Originalbeiträge bei Potts/Kliman (2015).

McGlone, dass ihr Preisgleichungssystem unterbestimmt und dadurch unlösbar sei, weil in der von ihnen verwendeten Preisformel eine Unbekannte zu viel vorausgesetzt sei. Doch diese Schlussfolgerung ist bei Fröhlich genauso falsch wie bei Veneziani, denn beide unterstellen die Kostpreisgrößen als Unbekannte, was jedoch weder Marxens Position noch die der TSSI ist. Da der Kostpreis des konstanten Kapitals als Endpreis der *vorhergehenden* Umschlagsperiode *gemeinsam* mit der MELT dieser Periode als *bekannte Größe* gegeben ist, kann es kein Problem beim Lösen des von Fröhlich besprochenen Gleichungssystems geben. Fröhlichs Argumentationsfigur begeht ferner den gleichen Fehler wie Venezianis, denn er postuliert in seinem Gleichungssystem eine unabhängige Variable g der Abweichung von Werten und Preisen, was aber schlechterdings nicht sein kann, da g nach Ermittlung von Werten und Preisen bekannt ist (Kim 2010: 300).[25] Wenn Kliman/Freeman (2015: 84) in ihrer Replik auf Veneziani darauf hinweisen, dass die Summe aller Wert-Preisabweichungen Null beträgt und somit Summe der Werte und Summe der Preise übereinstimmen, dann formulieren sie nur die logische Konsequenz ihrer nondualistischen Marx-Interpretation, die freilich aus Perspektive eingefleischter Simultanisten oftmals nicht verstanden und deshalb auch falsch wiedergegeben wird. Darüber hinaus unterstellt Fröhlich wie Veneziani (2004: 101) einen stationären Gleichgewichtszustand – allerdings ohne dies zu explizieren –, was nicht zuletzt im Falle der TSSI, die sich explizit gegen neoklassische wie neoricardianische Gleichgewichtsmodelle wendet, ein wenig sinnvolles Beweisverfahren für eine sachgerechte Kritik darstellt. Es ist nicht zuletzt die Unterstellung eines stationären Gleichgewichtes, das bereits definitorisch die Konstanz der MELT einschließt und von Fröhlich (2009: 169) fälschlicherweise als Ausweis für die notwendige, generelle Konstanz der MELT im Rahmen der TSSI ausgegeben wird.

Die vor allem im angelsächsischen Raum geführte Debatte um die *Kapital*-Interpretation der TSSI konnte im vorliegenden Rahmen lediglich angerissen werden. Sie ist noch längst nicht beendet und wurde im deutschsprachigen Raum bisher kaum zur Kenntnis genommen. Dabei sollte diese Debatte als Chance begriffen werden, sich über unterschiedliche Prämissen bei der Interpretation des *Kapitals* zu verständigen und bisherige Defizite präziser zu benennen. Gerade die theoretischen Auseinandersetzungen um die jüngere Krise des Weltkapitals haben das Potenzial des TSSI-Ansatzes bestätigt und sollten von einer lebendigen,

---

25 Kim liefert auch den Nachweis, dass Veneziani (wie Fröhlich) dem TSSI einen stationären Gleichgewichtszustand als Voraussetzung unterschiebt, was jedoch bei der TSSI als einem ausdrücklich an der Kritik neoklassischer Gleichgewichtsmethodik entwickelten Modell keine sinnvolle Voraussetzung darstellt.

diskussionsfreudigen und wissenschaftlich ernsthaft an der Sache orientierten Linken mit wachem Interesse zur Kenntnis genommen werden.[26]

Literatur

Umit Akinci/Yigit Karahanogullari (2015): Convergence of monetary equivalent of labour times (MELTs) in two Marxian interpretations. In: *Cambridge Journal of Economics* 39(3): 769-781.

Berger, Johannes (1979): Ist die Marxsche Werttheorie eine Preistheorie? In: *Leviathan* 7(4): 560-565.

Von Bortkiewicz, Ladislaus (1976): *Wertrechnung und Preisrechnung im Marxschen System* (Etappen bürgerlicher Marx-Kritik, 2. Bd.). Lollar/Gießen.

Carchedi, Guglielmo (2011): *Behind the Crisis. Marx's Dialectics of Value and Knowledge*. Leiden-Boston.

Cogoy, Mario (1979): Traditionelle und neue Arbeitswerttheorie. In: Backhaus, Hans-Georg u.a. (Hg.): *Gesellschaft. Beiträge zur Marxschen Theorie* 13. Frankfurt/M: 115-139.

– (1982): Produktion, Markt und technischer Fortschritt. In: *Analyse & Kritik* 4(1): 39-70.

Feess-Dörr, Eberhard (1989): *Die Redundanz der Mehrwerttheorie. Ein Beitrag zur Kontroverse zwischen Marxisten und Neoricardianern*. Marburg.

Fröhlich, Nils (2009): *Die Aktualität der Arbeitswerttheorie. Theoretische und empirische Aspekte*. Marburg.

Ganßmann, Heiner (1983): Marx ohne Arbeitswerttheorie? In: *Leviathan* 11(3): 394-412.

Glombowski, Jörg (1977): Eine elementare Einführung in das „Transformationsproblem". In: *Mehrwert. Beiträge zur Kritik der politischen Ökonomie* 13: 3-43.

– (1979): „Objektivität" und „Ausbeutung" in der Marxschen „Arbeitswertlehre". In: *Leviathan* 7(4): 566-572.

Heinrich, Michael (1999): *Die Wissenschaft vom Wert*. Münster.

– (2004): *Kritik der politischen Ökonomie. Eine Einführung*. Stuttgart.

Kemetmüller, Thomas (2010): *Monetäre und temporale Aspekte der Wert-Preis-Diskussion*. Diplomarbeit der Universität Wien. URL: http://othes.univie.ac.at/9429/1/2010-04-24_0303217.pdf, Zugriff: 23.6.2017.

Kim, Changkeun (2010): The Recent Controversy on Marx's Value Theory. A Critical Assessment. In: *Marxism 21* 2: 282-320.

Kliman, Andrew (2000): Determination of Value in Marx and in Bortkiewiczian Theory. In: Vollgraf, Carl-Erich u.a. (Hg.): *Marx' Ökonomiekritik im Kapital* (Beiträge zur Marx-Engels-Forschung. Neue Folge. 1999). Hamburg: 99-112.

– (2004): Marx versus the ‚20th-Century Marxists': A Reply to Laibman. In: Freeman, Alan u.a. (Hg.): *The New Value Controversy and the Foundations of Economics*. Cheltenham: 19-35.

– (2007): *Reclaiming Marx's Capital: A Refutation of the myth of inconsistency*. Lexington.

– (2011): *The Failure of Capitalist Production. Underlying Causes oft he Great Recession*. London.

Kliman, Andrew/Freeman, Alan (2015): The Truthiness of Veneziani's Critique of Marx and the TSSI. In: Potts, Nick/Kliman, Andrew (Hg.): *Is Marx'y Theory of Profits right? The Simultaneist-Temporalist Debate*. Lanham: 79-98.

---

26 Besonders hervorzuheben sind hier Carchedi (2011) und Kliman (2011). Der Verzicht auf Simultanismus und Physikalismus eröffnet – wie beide Studien zeigen – nicht zuletzt die Möglichkeit, das Gesetz des tendenziellen Falls der Profitrate logisch konsistent zu rekonstruieren und für empirische Forschungsarbeit zu nutzen.

Marx, Karl (1956ff.): Marx-Engels-Werke (MEW), Bde. 1-42. Berlin.
Mohun, Simon (2003): On the TSSI and the Exploitation Theory of Profit. In: *Capital & Class* 27(3): 85-102.
Morishima, Michio (1973): *Marx's Economics: A Dual Theory of Value and Growth*. Cambridge.
Mühlpfordt, Wolfgang (1895): Karl Marx und die Durchschnittsprofitrate. In: *Jahrbücher für Nationalökonomie und Statistik*, 3. Folge, Bd. 10, Jena: 92-99.
Potts, Nick/Kliman, Andrew (Hg.)(2015): *Is Marx'y Theory of Profits right? The Simultaneist-Temporalist Debate*. Lanham.
Quaas, Georg (1999): Kritik der werttheoretischen Basis des neoricardianischen Modells. In: Eicker-Wolf, Kai u.a. (Hg.): *Nach der Wertdiskussion?* Marburg: 41-65.
Ramos Martinez, Alejandro (2000): Value and Price of Production: New Evidence on Marx's Transformation Procedure. In: Vollgraf, Carl-Erich u.a. (Hg.): *Marx' Ökonomiekritik im Kapital* (Beiträge zur Marx-Engels-Forschung. Neue Folge. 1999). Hamburg: 113-137.
– (2004): Labour, Money, Labour-Saving Innovation and the Falling Rate of Profit. In: Freeman, Alan (Hg.): *The New Value Controversy and the Foundations of Economics*. Cheltenham: 67-84.
Schneider, Johannes (1979): Die Marxsche Arbeitswertlehre im Licht moderner ökonomischer Theoriebildung. In: *Leviathan* 7(4): 537-559.
Sraffa, Piero (1976): *Warenproduktion mittels Waren*. Frankfurt/M.
Steedman, Ian (1977): *Marx after Sraffa*. London.
Veneziani, Roberto (2004): The Temporal Single-System Interpretation of Marx's Economics: A critical evaluation. In: *Metroeconomica* 55(1): 96-114.

VERLAG WESTFÄLISCHES DAMPFBOOT

Dieses Buch bedeutete einen radikalen Neubeginn für die Debatte über Marxismus!

Louis Althusser, Étienne Balibar, Roger Establet, Pierre Macherey, Jacques Rancière
Das Kapital lesen
Vollständige und ergänzte Ausgabe mit Retraktationen zum Kapital herausgegeben von Frieder Otto Wolf unter Mitwirkung von Alexis Petrioli übersetzt von Frieder Otto Wolf und Eva Pfaffenberger
2015 - 764 Seiten - € 49,90
ISBN: 978-3-89691-952-6

WWW.DAMPFBOOT-VERLAG.DE

TABUBRÜCHE • LÜGEN • POLARISIERUNG

Johannes Hillje
PROPAGANDA 4.0
Wie rechte Populisten Politik machen

180 Seiten
Broschur
14,90 Euro
ISBN 978-3-8012-0509-6

Hat Europa den Rechtspopulismus im Jahr 2017 besiegt? Im Gegenteil, vermeintliche Wahlniederlagen für Wilders, Le Pen oder Petry sind Siege auf anderen Ebenen: Die Ideen der Rechtspopulisten haben sich längst in den Programmen anderer Parteien und in den öffentlichen Debatten eingenistet. AfD & Co sind die Spitzenverdiener der Aufmerksamkeitsökonomie. Ihr Machtfaktor ist die Sprache im Diskurs, nicht der Sitz im Parlament.

Johannes Hillje analysiert die Kommunikationsstrategie der AfD und zieht Vergleiche zu ihren Partnern aus dem neuen rechtspopulistischen Netzwerk in Europa: Mit ihrer »Propaganda 4.0« instrumentalisieren sie gleichsam traditionelle und digitale Öffentlichkeitsstrukturen für ihre Zwecke. Von *Framing* bis *Fake News* entlarvt das Buch die Instrumente der Rechtspopulisten und möchte die Abwehrkräfte der offenen Gesellschaft mit Gegenstrategien stärken.

www.dietz-verlag.de

Andrea Kretschmann und Aldo Legnaro

Ausnahmezustände
Zur Soziologie einer Gesellschaftsverfassung

1. „Die Ausnahme und die Regel"

Unter diesem Titel verfasste Bertolt Brecht 1930 eines seiner kurzen Lehrstücke, in dessen Prolog es heißt: „Selbst die kleinste Handlung, scheinbar einfach/ Betrachtet mit Mißtrauen! Untersucht, ob es nötig ist/Besonders das Übliche!/ Wir bitten euch ausdrücklich, findet/Das immerfort Vorkommende nicht natürlich!", denn in einer Zeit „[v]erordneter Unordnung" und „planmäßiger Willkür" solle man nichts natürlich nennen. Vor dem Hintergrund der politischen Auseinandersetzungen in der späten Weimarer Republik vermitteln diese Zeilen den lebendigen Eindruck einer lauernden Bedrohung. Wenngleich Brecht keine Ausnahmezustände im Sinne des Wortes vor Augen hatte, wirkt dies achtzig Jahre später, in einem völlig anderen politischen Kontext, doch weiterhin aktuell und brisant. Im Mittelpunkt stehen heute in Zeiten eines internationalen Terrorismus politisch-rechtliche Ausnahmezustände als ein Mittel von Sicherheitspolitik.[1] Die juristische Betrachtung konzentriert sich dabei plausiblerweise auf Carl Schmitt, dessen berühmtes Diktum „Souverän ist, wer über den Ausnahmezustand entscheidet" (1922: 13) in allen Diskussionen zum Thema widerhallt (vgl. exemplarisch Hofmann 2005; Voigt 2013). Der Rekurs auf Schmitt und seine zentrale Freund-Feind-Dichotomie eröffnet die Fantasie eines Feindstrafrechts (Jakobs 2000),[2] das eine eindeutige Bestimmung des Zugehörigen und des Anderen erlaubt; die Ausnahme (und in weiten Teilen auch der dazugehörige Zustand) ist dann reserviert für das Feindlich-Fremde – Kategorien, die mit einer gewissen Beliebigkeit nach jeweiliger Opportunität bestimmt werden können. Das ist der Ausnahmezustand als ein Instrument des politischen Kampfes.

---

1 Katastrophen wie Vulkanausbrüche, Überschwemmungen oder Erdbeben sind zwar oft mit erheblichen Ausweitungen der exekutiven Vollmachten verbunden und schaffen insoweit ebenfalls Ausnahmezustände, doch sind sie, da man solche Katastrophen – zu Recht oder nicht – einer natürlichen Ursache zuschreibt, strukturell anders geprägt.

2 Das Konzept ist zu Recht nicht unwidersprochen geblieben, vgl. Düx 2003; Sack 2005; Frankenberg 2006.

Der einschlägigen, vor allem sozialwissenschaftlichen Literatur zufolge scheint der Ausnahmezustand in den Ländern des Westens heute allgegenwärtig und permanent. Sie bezieht sich auf einen zwar von den traditionellen rechtsstaatlichen Prinzipien ausgehenden, jedoch eher alltäglich konturierten Begriff des Ausnahmezustands. Im Zentrum steht dabei nicht Carl Schmitt, sondern Giorgio Agamben (2002), der „das Lager" – keineswegs nur das Lager des Nationalsozialismus – als Prototyp all jener Räume begreift, in denen sich zwischen Ausnahme und Regel nicht mehr unterscheiden lässt. Das Lager steht exemplarisch dafür, dass „der Ausnahmezustand in der heutigen Politik zunehmend als die vorherrschende Weise des Regierens erscheint" (Agamben 2005: 2, Übers.: A.K./A.L.). In der Folge verschwimmen nach dieser Lesart die Grenzen zwischen einer Normalität und ihrer Ausnahme: „Die Beziehung zwischen Norm und Ausnahme kann nicht als polar entgegengesetzt begriffen werden, weil es keine Grenzlinie gibt, die beide voneinander trennt." (Matteucci 2006: 13, Übers.: A.K./A.L.) Das führt dazu, dass der Begriff in einer weit gefassten, mit dem rechtlichen Status „Ausnahmezustand" nur lose verknüpften Bedeutung auf (urbane) Zustände vielfältiger Art angewendet wird, etwa auf die Sicherheitsarchitektur während Olympischer Spiele (Coaffee 2016) oder in Überseehäfen (Eski 2016: 64). Der letzte einschlägige Fall ist der G-20-Gipfel in Hamburg.[3]

Es lässt sich also, wie solche Beispiele zeigen, inzwischen eine gewisse Inflationierung und Banalisierung des Begriffs konstatieren. Er wirkt wie eine Leerformel, die übertüncht, dass es nicht gelingt, die Spezifik der heutigen politischen und rechtlichen Verhältnisse von Ausnahme, Normalität und Alltag analytisch zu fassen und in ihren gesellschaftlichen Auswirkungen auf eine Weise zu beschreiben, die über die Qualifizierung als Ausnahmezustand und die Klagen über seine potenzielle Entgrenzung hinausweist. Es ist jedoch ersichtlich von unterschiedlichen Arten der Ausnahme die Rede, wenn man den Begriff mit seiner politisch-rechtlichen Konnotation überträgt auf Zustände des Alltags, die exzeptionell wirken.

Diese Unklarheit rührt, so unsere erste These, nicht zuletzt daher, dass hier analytisch unterscheidbare gesellschaftliche Verfasstheiten gleichgesetzt werden, was eine Verwischung bedeutsamer Unterschiede mit sich bringt, wie sie sich auch im Artikel der PROKLA-Redaktion zum Thema (vgl. PROKLA 185) findet. Wir schlagen deshalb vor, formelle Ausnahmezustände politisch-rechtlicher Art als (gewissermaßen echte) Ausnahmezustände erster Ordnung, Ausnahmezustände der Alltäglichkeit hingegen als solche zweiter Ordnung zu bezeichnen. Beide können dieselben oder ähnliche Auslöser haben, sind jedoch von unterschiedlichem

---

3 Eine weitere Dehnung des Begriffs findet sich bei seiner literaturwissenschaftlichen Verwendung, vgl. Fossaluzza und Panizzo (2015).

Charakter und zeitigen unterschiedliche Auswirkungen (2. und 3. Abschnitt). Doch haben Ausnahmezustände zweiter Ordnung, das ist unsere zweite These, eine politische Funktionalität und erfüllen einen sozialen Sinn für Ausnahmezustände erster Ordnung, indem sie als vermittelndes Scharnier zwischen dem zunehmend krisenhaft vergesellschafteten Alltag und dem formellen Ausnahmezustand dienen (4. Abschnitt). Eine solche Differenzierung erlaubt es, die sich um Ausnahmezustände rankenden Fragen präziser zu stellen: Was bedeutet es in einem semantischen, alltäglichen und politischen Sinn für eine Gesellschaft, wenn sich die Ausnahme als die Regel etabliert und das Regelhafte demnach die Züge dessen trägt, was einstmals die Ausnahme war? Gibt es nur einen einzigen Ausnahmezustand oder eine Vielzahl davon, die sich strukturell unterscheiden lassen und einen Kosmos des Ausnahmehaften etablieren, der spezifische gesellschaftliche Entwicklungspfade, Eigenlogiken und Rechtskulturen reflektiert? Und, nicht zuletzt: Wie kommt der Ausnahmezustand in die Gesellschaft, wie übersetzt er sich aus Recht und Politik?

2. Ausnahmezustände als politisch-rechtliche Tatsache

Ausnahmezustände als politisch-rechtliche Tatsache fassen wir als Ausnahmezustände erster Ordnung, die ungeachtet aller strukturellen und politischen Kontinuität einen gravierenden Umbruch signalisieren. Sie brauchen immer ein auslösendes Ereignis, sei es von interessierter Seite inszeniert oder nicht, und sie sind temporär: Eine von vornherein zeitlich begrenzte, jedoch verlängerbare, jedenfalls aber mit einem (wie oft auch verschobenen) Endpunkt versehene Exzeptionalität. Diese Bedingungen kennzeichnen den Ausnahmezustand als die traumhafte Fantasie, mit den Mitteln des Ausnahmehaften wieder das Gewöhnliche herzustellen: beabsichtigt ist Re-Normalisierung. Die Verhängung des Ausnahmezustands will eine solche Re-Normalisierung durch die nun rechtlich legitimierte extensive Pro-Aktivität von Ermittlungsbehörden und Geheimdiensten sowie besondere exekutive Vollmachten erreichen. Dadurch stellt sich der Ausnahmezustand als Form eines *rite de passage* dar, als Übergang von „normalen" Zeiten zu „normalen" Zeiten, in denen wieder der Status quo ante herrschen soll. In dieser Zeit der Passage bildet der Ausnahmezustand als Recht, mit dem bisheriges Recht partiell suspendiert wird, ein Recht jenseits des Rechts oder neben dem Recht. Insofern Akte der Rechtsetzung immer auch politische Akte (und möglicherweise Akte der Herrschaftssicherung) darstellen, unterscheidet sich das Recht des Ausnahmezustands jedoch nicht vom Recht der gewöhnlichen Zeiten; seinen spezifischen Charakter gewinnt das Ausnahmerecht daraus, dass sich hier Politik explizit im Medium des Rechts konstituiert und das

Politische als ausnahmehaftes Recht verabsolutiert wird. Dieser Mechanismus reicht historisch nahezu so weit zurück wie moderne europäische Staatlichkeit überhaupt: So dienten als Folge der Karlsbader Beschlüsse von 1819 auch nach damaligen Maßstäben ausnahmehafte Bestimmungen in allen mitteleuropäischen Staaten dazu, demokratische Bestrebungen zu unterdrücken (vgl. Zamoyski 2016; siehe auch nationale Einzelfallstudien bei Lüdtke/Wildt 2008; Lemke 2017; für die USA Lemke 2012). Westliche Verfassungsstaaten gehen heute mit solchen ausnahmehaften Rechtsetzungen wesentlich vorsichtiger um; der Ausnahmezustand existiert hier entweder nur temporär oder – meistens – als Potentialis, im Verborgenen sozusagen, so in der Bundesrepublik als Notstandsverfassung (vgl. eine neuere Darstellung bei Mertins 2013).

Wenngleich Ausnahmezustände immer ein Ereignis brauchen, das als Auslöser dient, so bildet dieses Ereignis doch lediglich eine notwendige, aber keine hinreichende Bedingung. Notwendig ist neben dem Ereignis selbst eine einschlägige Interpretation, die von „Deutungsprozessen durch die ausnahmestiftende souveräne Instanz" abhängt (Schottdorf 2017: 29), denn auch exzeptionelle Ereignisse fordern nicht notwendig zu exzeptionellen Maßnahmen heraus. So waren die Reaktionen des norwegischen Staates auf den Massenmord durch Anders Breivik bemerkenswert gelassen: kein Ausnahmezustand, sondern ein Festhalten an den etablierten rechtlichen Formen.[4] Das spiegelt einen unaufgeregten Politikstil, der auf demokratische Besonnenheit vertraut und mit dem potenziell auslösenden Ereignis weder eine Instrumentalisierung noch eine Inszenierung von Entschlossenheit verbinden will.[5] Eine solche politische Agenda aber liegt zugrunde, wenn auf das auslösende Ereignis mit einem Ausnahmezustand reagiert wird.

Das belegen auf jeweils eigene Weise die im Sommer 2017 in der Türkei und in Frankreich herrschenden Ausnahmezustände. Vergleicht man sie miteinander, so lassen sich – und das macht, so unser Argument, ihre Pluralität aus – Erscheinungen ganz unterschiedlicher Art erkennen. Das gilt, obgleich auf den ersten Blick die Gemeinsamkeiten zu überwiegen scheinen. Diese Gemeinsamkeiten liegen zum einen im öffentlichen Erscheinungsbild, das allen Formen von Ausnahmezuständen eigen sein dürfte. Wie bei großen Polizeieinsätzen auch geht es hier darum, „auf der Straße die Oberhand zu behalten" (Fillieule 1997: 245ff.,

---

4 Die penible Rechtsstaatlichkeit, die in Norwegen angewendet wurde, erlaubte es, dass Breivig erstinstanzlich einen Prozess gegen seine Haftbedingungen gewann. Das rechtsstaatlich Normale ist in diesem Fall das vergleichsweise Exzeptionelle. Allerdings blieb die Tat nicht völlig folgenlos für die Strafgesetzgebung, denn zwei Jahre danach wurden die Sicherheitsgesetze verschärft, vgl. Dalby 2017.
5 Ganz ähnlich reagierte der kanadische Premierminister im Januar 2017 nach dem Anschlag auf eine Moschee.

Übers.: A.K./A.L.). Als Signal und Symbol bedrohter Normalität wie wehrhafter Bereitschaft stehen dann gepanzerte Fahrzeuge von Polizei und Militär auf den Straßen, und mit Maschinengewehren ausgerüstete Polizisten patrouillieren durch die Städte. Ob solche Martialität selbst als Bedrohung oder als beruhigende Sicherung wahrgenommen wird, unterscheidet sich situativ nach den jeweiligen politischen Einordnungen des Geschehens. Jedenfalls präsentiert sich hier unübersehbar ein bewaffneter und gewappneter Staat, so etwa 2016 in Brüssel (ohne formellen Ausnahmezustand) oder in französischen Großstädten (Jobard 2017b). Solche Demonstrationen angespannter Wachsamkeit dauern gewöhnlich nicht lange an, was ihren symbolischen Charakter unterstreicht: sie führen staatliche Präsenz vor, ohne dass sich sagen ließe, ob sie über eine psychologische Wirkung hinaus sicherheitsbezogene Effekte zeitigen.[6] Eine zweite Gemeinsamkeit findet sich in den zur Begründung des Ausnahmezustands verwendeten rhetorischen Figuren, die eine strategische Erzählung (Lemke 2014) formen. Wie Förster und Lemke (2015) am Beispiel der USA zeigen, kreist diese Erzählung um eine von außen kommende Bedrohung, die Unterscheidung nach Freund und Feind, die vorgebliche Notwendigkeit effizienten Handelns und die Notwendigkeit, Normen vorübergehend zu suspendieren, um sie letztendlich aufrechterhalten zu können. Das fasst bündig zusammen, worum es geht: die Etablierung einer rechtlich definierten Wir-Sie-Grenze, die „Uns" und „das Andere" trennt, die Begründung, dass diese rechtliche Grenze unabdingbar ist, um die effiziente Bekämpfung des „Anderen" ins Werk setzen zu können, und die Beteuerung, dass es dabei ausschließlich um die Wiederherstellung der gewohnten Ordnung geht. Der Essenz nach steht dabei die Etablierung einer (temporären) Souveränität à la Schmitt im Mittelpunkt.

Vor diesem gemeinsamen Hintergrund entfalten sich jedoch nach der damit verbundenen politischen Agenda und den jeweiligen Intentionen, Zielen und Maßnahmen sehr unterschiedliche Formen des Ausnahmehaften. So wird der Ausnahmezustand, wie er in der Türkei seit Sommer 2016 gilt, als ein Medium des Durchregierens genutzt. Der Staatspräsident hat selbst von Säuberung gesprochen, und er hätte auch von „Gleichschaltung" sprechen können. Mithilfe der Rechte des Ausnahmezustands, die das Regieren per Verordnung ermöglichen, hat man zehntausende missliebige und irgendwie verdächtige Angehörige des öffentlichen Diensts, der Polizei, von Militär, Justiz, Schulwesen, Medien, Universitäten, sogar gewählte Abgeordnete des nationalen Parlaments und BürgermeisterInnen fristlos entlassen oder inhaftiert und unter Anklage gestellt. Das ist der Ausnahmezustand als Ermächtigungsgesetz. Unberechenbarkeit und Willkür

---

6 Das verbindet solche Symbolik mit der entschieden zivileren Kontrolle durch Videokameras im urbanen Raum.

staatlicher Handlungen werden dadurch zum regelhaften System.[7] Die Türkei erweckt angesichts solcher Maßnahmen von Einschüchterung den Eindruck, auf dem Weg zu einer despotischen Herrschaftsstruktur zu sein.

Demgegenüber zeigt der „Notstand" (so die offizielle Bezeichnung) in Frankreich, nach den Anschlägen in Paris 2015 ausgerufen, ein völlig anderes Bild. Er wird nicht in erster Linie als Sanktionsinstrument politischer Meinungen und zur Erzwingung von Konformität genutzt, sondern wirkt vor allem als eine Erweiterung polizeilicher Rechte, da nun etwa Hausdurchsuchungen ohne richterliche Anordnung gestattet sind. Er ist zugleich gekennzeichnet durch die Vereinfachung von Verdachtsgenerierung. Das signalisiert den „Anderen", den potenziell Betroffenen, dass sie im Visier der Behörden sind, fällt im Alltag der Mehrheitsbevölkerung jedoch nicht sonderlich auf – Demonstrationen sind nicht grundsätzlich verboten (wenngleich Verbote auf dieser Grundlage möglich und auch schon ausgesprochen worden sind), der öffentliche Diskurs ist nicht zensiert, es werden nicht massenhaft Menschen aus ihren Stellungen entlassen oder verhaftet, und die jetzt administrativ verfügbaren Einschränkungen der Bewegungs- und Versammlungsfreiheit bzw. Aufenthaltsauflagen (Jobard 2017a) treffen quantitativ gesehen nur Wenige. Insgesamt handelt es sich um Maßnahmen, die von der Öffentlichkeit kaum bemerkt werden, das rechtsstaatliche Klima jedoch entscheidend verändern, weil sie mit Einführung der Freund-Feind-Unterscheidung rechtsstaatliche Kriterien des Umgangs mit Delinquenz zu Gunsten einer feindstrafrechtlichen Logik Jakob'scher Couleur für den Umgang mit den „ganz Anderen" beiseiteschieben. Im Rahmen dieser Logik wird nicht nur die Generierung von Verdacht erleichtert. Verdacht als Kategorie wird durch den französischen Notstand auch erheblich erweitert: „Indem nun nachrichtendienstlich oder sonst wie gewonnene Erkenntnisse über Verhalten, Bewegungsprofile, Absichten in die Beurteilung der Gefährdungslage nicht nur einfließen, sondern in ihrer Potenzialität auch verfolgbar werden, wächst der Bereich justiziablen Verhaltens signifikant an – und zwar ohne dass es einer Tat im Sinne eines Verbrechens bedarf." (Lemke 2015: 272; vgl. Jobard 2017a) Das etabliert die Kategorie von „Gedankenverbrechen", wie sie George Orwell in *1984* beschrieben hat, in der Rechtslogik eines demokratischen Staates – schon polizeiliche Vermutungen über beabsichtigte Handlungen können Konsequenzen haben. Unter solchen Umständen gebiert das Exzeptionelle seine eigenen Regeln, die in einer infiniten rekursiven Schleife bestimmen, was als neuer Normalzustand zu gelten hat, auf dessen jeweiliger Grundlage zukünftige Maßnahmen ergriffen werden können. Die mehrfache Verlängerung des Notstandes in Frankreich führte denn auch sukzessiv zu rechtlichen Verschärfungen (Jobard 2017a). Das verändert

---

7 Details im Jahresbericht 2016 von Amnesty International, https://www.amnesty.de/jahresbericht/2016/tuerkei, Zugriff: 20.7.2017.

die Grundlagen des Rechts auf Dauer. Das gegenwärtig Exzeptionelle bildet dann, wie Gross (2003) allgemein feststellt, unter Umständen die Grundlage des zukünftig Normalen: „In jeder zukünftigen Krise wird die Regierung die außerordentliche Vollmacht und Autorität, die auszuüben ihr bei vorhergehenden Notständen zugebilligt wurde, zum Ausgangspunkt ihres Handelns machen" (Gross 2003: 1091, Übers.: A.K./A.L.), was zugleich zu einer Transformation „des bislang Undenkbaren zum Denkbaren" führe (ebd.). Das ist, wie das Beispiel Norwegens zeigt, zwar nicht notwendigerweise so, aber eine fortlaufende Ausdehnung der Normalitätsgrenzen kann dazu dienen, unter dem Gebot der Effizienz Sachzwänge als unwiderlegbar gegeben und Rationalitäten als alternativlos zu rechtfertigen.

So unterschiedliche Formen die Ausnahmezustände zeigen, so ähnlich ist ihre öffentliche Inszenierung. Staatliche Hoheitsakte stellen oft ein performatives Spektakel dar, und das gilt auch für den Ausnahmezustand: seine Ausrufung bildet großes Ereignis, Epochenschnitt und neue Rechtsgrundlage gleichermaßen, „[d]enn nur der spektakulär inszenierte Ausnahmezustand rechtfertigt sein Bestehen; und der erfolgreich inszenierte Ausnahmezustand schafft ein Gefühl der Sicherheit, das staatliche Behörden und Volk miteinander versöhnt" (Gebhardt 2017: 97). Der Akt der Ausrufung verbindet den Ausnahmezustand performativ mit der Begründung einer Republik, die ebenfalls ausgerufen wird, so etwa die deutsche Republik von Philipp Scheidemann am 9. November 1918. Das ist dann die Artikulation und Verkündung des (vorgestellten) allgemeinen Volkswillens, und von dieser Aura zehrt auch die Ausrufung des Ausnahmezustands. Dennoch dient er zugleich als eine hoheitliche Top-down-Kommunikation besonderer Art, was vor-demokratische Zeiten in Erinnerung ruft, als ein Landesherr seinen Untertanen neue Verordnungen bekannt gab. Die Ausrufung des Ausnahmezustands etabliert damit einen Gestus der allgemeinen Bekanntmachung, beruft sich implizit auf den Willen der Nation und transportiert zudem die besondere Dringlichkeit des Mitgeteilten, das das Exzeptionelle begründet, ausführt, plausibilisiert und rechtfertigt. Die Ausrufung ist hierfür insofern ein besonders geeigneter Modus, als sie staatsreligiöses Pathos vereint mit einer politischen Rahmung, Einordnung und Bewertung des Referenz-Ereignisses, das die Ausrufung begründet. Ein solcher Sprechakt ist mit einem Ausrufezeichen versehen, was ihn hervorhebt und auch hervorheben soll, wird jedoch trotz aller Seltenheit und Außergewöhnlichkeit eingebettet in die Routine staatlichen und rechtsförmig gebundenen Handelns. Damit soll die unanfechtbare Geltung und letztlich auch die Normalisierung des Außergewöhnlichen bewirkt werden. Das wird besonders augenfällig, wenn sich die Ausrufung auf zwei Akteure verteilen und in zwei Phasen inszenieren lässt, wie etwa in Frankreich: In der pompösfestlichen Kulisse von Versailles versammelten sich, wie es nur höchst selten zu besonders bedeutsamen Anlässen geschieht, beide Kammern des Parlaments in gemeinsamer Sitzung, um den Staatspräsidenten anzuhören. Das Exzeptionelle wird also in einem außergewöhnlichen Rahmen ausgerufen – dies ist der Ort des Pathos. Drei Tage danach überführt der Premierminister dieses Pathos in exekutives Handeln. In diesem Teil der Ausrufung wird das Exzeptionelle veralltäglicht und die Ausnahme in ihrer Eigenschaft als Ausnahme eben dadurch tendenziell unsichtbar.

Zugleich enthält diese Unsichtbarkeit auch eine unüberhörbare Anrufung der Subjekte und eine Aufforderung zu aktiver Kooperation. Nicht nur Unterwerfung unter den Ausnahmezustand – wie unter jede andere Rechtsordnung auch – ist verlangt, also die Akzeptanz der damit verbundenen alltäglichen Beeinträchtigung durch Maßnahmen von Kontrolle und Überwachung, sondern auch eine Form der vorsorglichen und wachsamen Kooperation. Der Handlungsweise der staatlichen Akteure, die mit der Ausrufung ihre Verantwortlichkeit für Sicherheit und Ordnung unter Beweis gestellt haben, entspricht eine an alle gerichtete Einübung von Wachsamkeit, was Ausnahmezustände zu einer politischen und gleichzeitig sozialen Tatsache macht.

3. Ausnahmezustände als soziale Tatsache

Ausnahmezustände als soziale Tatsache bezeichnen wir als Ausnahmezustände zweiter Ordnung. Sie werden nicht ausgerufen und sind deswegen, weil im eigentlichen Sinne ohne Anfang, auch nicht befristet, sondern etablieren in Permanenz eine alltägliche Exzeptionalität, ohne im formellen Sinne tatsächlich ein Ausnahmezustand zu sein. Aber auch sie benötigen eine Erzählung über ihre Sinnhaftigkeit. Ein keineswegs singuläres Beispiel aus Portugal zur Einführung der Video-Überwachung mag dies verdeutlichen. Dort waren die Kriminalitätsraten vergleichsweise niedrig, Videoüberwachung schien also obsolet. In der öffentlichen Begründung kam deswegen den Termini „emergency"‚ und „exception" eine bedeutsame Rolle zu, um auf scheinbar vernünftige Weise zu rechtfertigen, warum unter den Bedingungen einer ökonomischen Krise eine „Neuformulierung der Gesetze und Verfahrensweisen, die mit einem eher autoritären politischen Verständnis der Beziehungen zwischen dem Staat und seiner Bevölkerung einhergehen" (Frois 2014: 57, Übers.: A.K./A.L.), notwendig sei. Aus dem bisher nicht überwachten Alltag wird nun ein überwachter. Diese Entwicklung setzt Prozesse des Sich-Gewöhnens in Gang, die dem Exzeptionellen eine allgegenwärtige Qualität des Selbstverständlichen verleihen.

Während Video-Kameras nachweislich vor allem die Selbstkontrolle der Überwachten anregen (vgl. Beiträge in Hempel/Metelmann 2005), verlangen Ausnahmezustände zweiter Ordnung der Bevölkerung zusätzlich Fremdkontrolle und damit eine spezifische Aufmerksamkeitsstruktur ab. Das gilt zwar auch in Europa, lässt sich in seiner Logik aber besonders deutlich am Beispiel des *Department of Homeland Security* in den USA zeigen, das die ständige Wachsamkeit zur BürgerInnenpflicht erhebt. So wird man mit dem Slogan „If You See Something, Say Something" („Wenn Sie etwas sehen, sagen Sie's") aufgefordert, Verdächtiges zu melden. Dabei obliegt es allerdings der eigenen sozialen Fantasie auszumachen, was unter welchen Bedingungen als „something" relevant sein könnte, wenngleich das Department auf seiner Website einige Seh-Anleitungen liefert, beispielsweise[8]: „Eine Person befragt Dritte in einer Weise, die über bloße Neugier hinausgeht, nach dem Zweck eines Gebäudes, den dortigen Aktivitäten, den Sicherheitsmaßnahmen, und/oder dem zuständigen Personal, nach Schichtwechseln etc." Es gilt jedoch, dass „einige dieser Handlungen harmlos sein könnten" (Übers.: A.K./A.L.). Diese relativierend angefügte Bemerkung verdeutlicht, dass das, was wir sehen, wenngleich kontingent, in seinen Interpretationen eben nicht beliebig ist. „Something" ist also ein unbestimmter Plural, der es eigenen Vorstellungen und Vorurteilen überlässt, Relevanzen zu bestimmen: die einzige Erwartung besteht darin, dann den Sprechakt des „say something" zu vollziehen.

Das Detektivische – und möglicherweise auch das Denunziatorische – zur Alltagstugend zu machen, lässt sich als das besondere Kennzeichen von Ausnahmezuständen zweiter Ordnung ansehen, welches qualitativ zur Entkernung rechtsstaatlicher Prinzipien führt. Dabei wird medial und politisch Unsicherheit – nicht unrealistisch – als eine ubiquitäre Gegebenheit des heutigen Alltags bezeichnet, die sich allerdings durch permanente Anstrengungen Aller in einen Zustand von Sicherheit verwandeln lässt, wozu die gesamte Bevölkerung sich an den dafür als notwendig erachteten Maßnahmen beteiligen und die damit verbundenen Einschränkungen ihrer Grundrechte billigen oder zumindest in Kauf nehmen muss. Solche Zustände rufen ein Verantwortungsbewusstsein auf, das nicht zuletzt von den Imaginationen des Gefährlichen zehrt – Imaginationen, wie sie alle Katastrophen-Erzählungen (Horn 2014) und auch die jüngere Polizeiarbeit prägen (Kretschmann 2012; 2017).

Dabei vermischt sich das Bemühen, Anschlägen zuvorzukommen, mit einem „Vorbereitet-Sein" („preparedness"), wie es in den Diskursen um den Ausfall kritischer Infrastrukturen gefordert wird (Lorenz/Voss 2013). Unter dem zentralen Gesichtspunkt von Prävention werden – ausgehend von einer Entwicklung der europäischen Kriminaljustizsysteme seit den 1990er Jahren – die Eintrittswahrscheinlichkeiten von Kriminalität als Risiken rekonzeptualisiert (O'Malley 2010) und durch den Rückzug des „wohltätigen Staates" (Wacquant 1997) die

---

8 Die Zitate nach https://www.dhs.gov/see-something-say-something, Zugriff: 20.7.2017.

tradierten Formen des *penal welfarism* relativiert (Garland 2001), was zu einem „strukturell neuen Typus von Prävention" führt (Sack 1995: 437). Es ergibt sich eine „in die Zukunft projizierte Vorstellung eventueller Schäden" (Hunt 2003: 173, Übers.: A.K./A.L.), bei der für präventive Eingriffe die Ahnung eventuell eintretender Gefährdungen genügt. Unter diesen Prämissen sind die Praktiken des Kriminaljustizsystems nicht mehr – wie bislang – vor allem reaktiv, sondern in besonders starkem Maße auf die Zukunft ausgerichtet, wodurch Kriminalpolitik zu einer umfassenden Politik der inneren Sicherheit ausgeweitet und Sicherheit ein handlungsleitendes Narrativ wird (Legnaro 2012). Dieser Rechtsformenwandel (May 2010) läuft auf eine präventive Sicherheitsordnung (Trotha 2010) hinaus, in der proaktives Handeln der Behörden, Vorverlagerungen der Verdachtsschwelle und die Relativierung der Unschuldsvermutung dominieren. Das lässt sich nicht zuletzt an den vielfältigen Verschärfungen des Strafrechts erkennen, die zur Terrorismusbekämpfung in vielen Ländern eingeführt worden sind (vgl. Heger 2015). Diese Mechanismen sind auch an den Diskussionen um sogenannte Gefährder – Personen, bei denen die Polizeibehörden künftige Terrortaten für möglich halten – besonders deutlich ablesen (vgl. Walther 2007; Böhm 2011). Während in Frankreich präventive Sanktionen gegen solche Personen unter den Bestimmungen des Ausnahmezustands ermöglicht worden sind, ist es in der Bundesrepublik (ohne Ausnahmezustand) nun möglich, sie zu Hausarrest zu verpflichten und mit Fußfesseln auch dann zu überwachen, wenn sie noch keine einzige Straftat begangen haben und man ihnen eine solche lediglich zutraut (Kretschmann 2017).[9] Hier zeigt sich der Ausnahmecharakter des Zustands zweiter Ordnung, wie er aus der Aufmerksamkeitsstruktur auf einen als stets offen imaginierten Ereignisraum hervorgeht, in dem selbst bislang noch im Bereich des Nicht-Wissens liegende Gefahren polizeilich ermittelt und kontrolliert werden müssen.

Wenn man aber das Verborgene (bzw. eventuelle zukünftige Handlungen) ohne weitere strafrelevante Anhaltspunkte durch den Akt des Sehens zutage treten lassen soll, dann stereotypisiert sich die Wahrnehmung fast zwangsläufig und erhebt äußere Kennzeichen zum Indiz für gehegte Absichten. Signale ethnischer oder der Klassen-Zugehörigkeit können deswegen das erste Indiz für verdächtige Verhaltensweisen bieten. Damit wird eine Verkettung kausal verbundener Stereotypisierungen in Gang gesetzt und als verdächtig etikettiert,

---

9 Das belegt die Flexibilität des Rechts, das damit den ersten, wenngleich sehr selektiven und personalisierten, Schritt in ein Gesinnungsstrafrecht macht. In diesem Punkt konvergieren dann Frankreich, Deutschland und die Türkei, in der ein solches Strafrecht unter den rechtlichen Möglichkeiten des Ausnahmezustandes ganz unverhohlen auf alle politisch Andersdenkenden angewendet wird.

was bei anderen Personen unverdächtig und „normal" sein könnte. Das gilt für die allgemeine Bevölkerung, aber auch für die Polizei, sodass Fassin (2014) denn auch von „kleinen Ausnahmezuständen" (Übers.: A.K./A.L.) spricht.

Spezifisch für Ausnahmezustände als soziale Tatsache ist also die schleichende Sekuritisierung des Alltags durch Vorverlagerungen der Eingriffsschwelle bis hinein in legale Verhaltensweisen. Dabei werden klassische rechtsstaatliche Prinzipien wie die Unschuldsvermutung aufgegeben. Marc Augé hat dies für die urbanen Orte des Verkehrs und Konsums in dem Satz zusammengefasst: „In gewisser Weise wird der Benutzer von Nicht-Orten ständig dazu aufgefordert, seine Unschuld nachzuweisen." (1994: 120) Manchmal hat man sich anhand von Ausweisen, Chipkarten, Codes oder biometrischen Merkmalen zu identifizieren, manchmal muss man die Harmlosigkeit der eigenen Person nachweisen, indem man Einblicke in Koffer gewährt, die Schuhe auszieht, Körperscanner passiert oder seine Gegenstände von Hunden beschnüffeln lässt. Diese Routinen verbreiten sich in Flughäfen und Bahnhöfen, in Museen und in Sportstadien. Inzwischen sind sie auch schon bei Veranstaltungen unter freiem Himmel anzutreffen, die ohne Eintrittskarte zugänglich sind. Über den Sinn solcher Sicherungen lässt sich im Einzelfall immer streiten – das ist hier auch nicht von Belang. Von Bedeutung ist die sich damit verbindende Routinisierung, die ursprünglich exzeptionell erscheinende Maßnahmen zu einem kaum noch auffallenden Bestandteil des alltäglichen Lebens macht und dabei Gewöhnung an Kontrollstrukturen und das Erlernen der dazugehörigen Aufmerksamkeitsstrukturen einübt. Damit werden Aspekte der Legitimationsfiguren des Ausnahmezustandes in den Alltag überführt, vor allem die Notwendigkeit der jeweiligen Maßnahmen und in einer abgeschwächten Form die entsprechenden Polaritäten dieser Legitimation etabliert: zugehörig versus verdächtig, harmlos versus gefährlich, modal versus anders. Ausnahmezustände als soziale Tatsache veralltäglichen somit die Mechanismen des Exzeptionellen.

4. Der soziale Sinn von Ausnahmezuständen

Ausnahmezustände erster wie zweiter Ordnung finden ihre öffentliche Rechtfertigung in der Verfolgung und Bekämpfung des jeweils definierten ,ganz Anderen' und in der (Wieder-)Herstellung von Sicherheit – so die offizielle Legitimation, doch haben sie auch einen sozialen Sinn, der sich – so unsere These – mit dem Bild eines Scharniers beschreiben lässt, das in zwei Richtungen vermittelnd wirkt. Dieses Scharnier vermittelt zum einen zwischen den Mechanismen einer veralltäglichten Exzeptionalität und dem formell-rechtlichen Ausnahmezustand, indem eben solche Veralltäglichung diesen als eine Fortführung des bereits Gewohnten erscheinen lässt. In dieser mentalen und rechtlichen Vorbereitung liegt die wesentliche Funktion von Ausnahmezuständen zweiter Ordnung. Doch darüber hinaus – dies ist die zweite Ausrichtung des Scharniers – erfüllen Ausnahmezustände beider Ordnungen eine bedeutsame Funktion, indem sie die forcierten Politiken der inneren Sicherheit ins Zentrum stellen und damit die Aufmerksamkeit von den ökonomischen und sozialen Krisen der Gegenwart verlagern und teilweise auch ersetzen. Sicherheitspolitik wird dann als Substitution für die politische Bearbeitung gesellschaftlicher Konflikte eingesetzt, was ihren sozialen Kern unsichtbar macht. In diesen beiden Scharnierfunktionen bündeln sich unterschiedliche Aspekte einer primär neoliberal bestimmten Regierungsweise, bei der der Rechtsstaat unter dem Signum von Sicherheit zu einer Fassade zurückgebaut werden kann, während seine zentralen Prinzipien und Garantien entkernt sind.

Die Politiken der inneren Sicherheit verlaufen in den westlichen Verfassungsstaaten zwar in aller Regel unterhalb eines tatsächlichen Ausnahmezustandes, aber sie bereiten diesen rechtlich und sozial vor. Sie lassen sich als das Fundament verstehen, auf dessen Grundlage Ausnahmezustände legitimiert, kommunikativ vermittelt und durchgesetzt werden können. Das gilt auch dann, wenn ein formeller Ausnahmezustand erster Ordnung gar nicht in Aussicht steht. Eine fortlaufende Ausdehnung der rechtlich gegebenen Normalitätsgrenzen findet, wie die Bundesrepublik zeigt, sogar ohne die Ausrufung eines Ausnahmezustands statt und prägt den Modus des Regierens. Solche Politiken dienen deswegen als Scharnier zwischen den sich aktuell verschärfenden sozialen, ökonomischen und kulturellen Krisen der verschiedenen Lebensbereiche einerseits und dem Ausnahmehaften in seinen beiden Formen andererseits. Das leisten sie, insofern sie „Ersatzpolitiken" darstellen, die die mannigfachen gesellschaftlichen Konflikte und Krisen zwar aufgreifen, jedoch in verschobener Weise als ein Problem von Sicherheit bearbeiten. Politisch von Sicherheit (und vorrangig von ihr) zu sprechen, heißt eben immer auch, die globalen wie nationalen polit-ökonomischen Verwerfungen zu verschweigen. Der soziale Sinn des Ausnahmehaften beweist sich somit nicht nur in Praktiken, sondern nicht zuletzt auch in solchem Beschweigen, das die beobachtbare Verwandlung von Kriminalpolitik in allgemeine Gesellschaftspolitik befördert. Daran zeigt sich die politische Produktivität von Ausnahmezuständen zweiter Ordnung, den Ausnahmezuständen als soziale Tatsache: Sie routinisieren in miniaturisierter Form für den Alltag, was Ausnahmezustände erster Ordnung – Ausnahmezustände als politisch-rechtliche Tatsache – als Exzeption formulieren und exekutieren. Das Konstrukt „Sicherheit" dient dabei einerseits als Grenzlinien-Hersteller zwischen „uns" und „ihnen" und bewirkt andererseits eben durch die Ideologien und die Praktiken der Ausnahme den Zusammenhalt von Gesellschaft. Diese Paradoxie erschließt sich nicht zuletzt bei einem Blick auf die globalen Migrationen, die (mehr oder weniger offen xenophob) sekuritisiert werden. Sie lässt sich ebenso erkennen an der Politik vieler westlicher Metropolen, die öffentliche Sichtbarkeit von abweichenden Verhaltensweisen (zu denen inzwischen auch Armut zählt) als (Sicherheits-)Problem erscheinen lässt, nicht aber die zugrunde liegenden sozialen Konflikte und Verwerfungen selbst. Darin liegt der soziale Sinn des hier diskutierten Ausnahmehaften, Krisen vorrangig als eine Frage von Sicherheit zu etikettieren und eine Normalisierung mit den Mitteln von Sicherheitspolitik vorzuspiegeln. „Sicherheit" lässt sich insofern auch als Kohäsionsmechanismus verstehen, der bestehende Widersprüche sowohl verdeckt und zugleich aufhebt, nämlich scheinbar ungültig macht, aber auf eine qualitativ andere Ebene hebt und dadurch aufbewahrt. Das ist der *second code* der Ausnahme.

Es greift deswegen auch zu kurz, diese Entwicklungen lediglich im Zusammenhang mit terroristischen Anschlägen zu analysieren. Vielmehr sind sie in einen krisenhaften Kontext eingebettet, der durch ökonomische und soziale Verwerfungen globaler wie nationaler Art gekennzeichnet ist. Unter solchen Bedingungen dient der formelle Ausnahmezustand (also der Ausnahmezustand erster Ordnung) in westlichen Verfassungsstaaten[10] als ein Damoklesschwert der *ultima ratio*. Auch in dieser Hinsicht gewinnen die Ausnahmezustände zweiter Ordnung ihre Bedeutung, indem sie unter dem Primat von Sicherheit sukzessive die Ausweitung polizeilicher Befugnisse und autonomer Spielräume befördert haben und einen exekutiven Autoritarismus als selbstverständlich erscheinen lassen, sodass ein formell ausgerufener Ausnahmezustand dann im Wesentlichen als eine Fortführung dessen wirkt, was sich im Alltäglichen bereits vorbereitet hat. Die Ausnahmezustände der Gegenwart tragen allerdings (noch) einen anderen Charakter. Sie dienen gerade dadurch, dass sie primär auf bestimmte Bevölkerungsgruppen zielen, als gesellschaftliche Stabilisatoren. Insoweit wird der Ausnahmezustand strategisch eingesetzt, als Erhöhung des Fahndungsdrucks auf die einen, als Demonstration staatlicher Entschlossenheit für die anderen. Und eben weil sich die polizeilichen Maßnahmen der inneren Sicherheit nur auf spezifische Bevölkerungsgruppen richten, lässt sich mit der beifälligen Zustimmung der Mehrheit rechnen. Schließlich kann sich keine Regel (und auch kein Recht) durchsetzen, wenn es nicht von den „Rechtsunterworfenen" gestützt wird. Es lässt sich dabei wohl – hier können wir erweiternd an die These eines „Regierens über Kriminalität" (Simon 2007, Übers.: A.K./A.L.) anschließen – von einem gesellschaftlichen Autoritarismus sprechen, der eine nahezu vollständige Sekuritisierung alltäglicher Abläufe und Handlungsvollzüge mit sich bringt. Derart wird im Alltag das (rechtlich) Ausnahmehafte vorbereitet und normalisiert, und dies als ein Produkt der Gesellschaft selbst.

---

10 An der Peripherie kann er schon zum Normalzustand geronnen sein, wie Tosa (2009) für die israelische Politik gegenüber den palästinensischen Gebieten feststellt.

Dies gilt umso mehr, als die allen Gesellschaftsmitgliedern aufgetragene Arbeit an einer verantwortlichen Selbstführung einerseits und eine wachsam-vorsichtige Überwachung ihres Lebensumfeldes andererseits sie zu „kleinen Souveränen" (Butler 2004: 65, Übers.: A.K./A.L.) macht, die – wissentlich oder nicht – die Programmatik des Ausnahmezustandes exekutieren.

Dennoch bleibt die Frage, wie sich noch über eine Ausnahme sprechen lässt, wenn Normalität und das Exzeptionelle sich immer ähnlicher werden. Eine vorläufige Antwort muss in Betracht ziehen, dass die Ausnahme (bzw. der als solche bezeichnete Zustand) noch immer nur der kleinere Teil der Normalität ist, denn das normative Ideal bleibt weiterhin die Rechtsstaatlichkeit mit ihren etablierten Grundsätzen, Verfahrensregeln und Garantien, sogar in der Türkei. Vielmehr dienen Ausnahmezustände ja, der offiziellen Rhetorik zufolge, eben der Wiederherstellung des rechtsstaatlich Tradierten. Insoweit bleibt eine Rückkoppelung an die Regeln und Prinzipien des traditionellen Rechtsstaats weiterhin vorstellbar und auch einklagbar; die rechtlichen und sozialen Ausnahmezustände durchziehen nicht alles und sind nicht total geworden. Doch eben durch die Anwendung des Ausnahmehaften wandelt sich diese Rechtsstaatlichkeit und gewinnt in Teilen eine andere Bedeutung, die in ihrem Charakter der Ausnahme entspricht. Denn nicht nur hat jede Regel ihre Ausnahme, die sie bestätigt, wie das Sprichwort annimmt, sondern jede Ausnahme hat ebenfalls Regeln, durch die sie ihrerseits als Ausnahme bestätigt wird. Diese Dichotomie verwischt sich zunehmend; dadurch aber ändert sich die Regel mit der Zeit selbst, was zu einer (kaum zurückholbaren) Transformation von Rechtsstaatlichkeit führen kann. Ausnahme und Regel sind in derartiger Staatlichkeit demnach nicht Gegensätze, sondern vielmehr enthält die Regel konstitutiv das Spiel mit der Ausnahme, beide interagieren miteinander, beeinflussen und normieren sich gegenseitig. Ob dabei auf die Dauer das Ausnahmehafte oder die etablierten rechtsstaatlichen Grundlagen überwiegen, bleibt offen. Die politische Forderung, die sich daraus ergibt, ist allerdings eindeutig: die Regeln der Ausnahme und das Konstrukt „Sicherheit" müssen in ihrer Bedeutung, Funktionalität und selektiven Anwendung reflektiert und soziale Konflikte als solche benannt werden. Der Epilog des eingangs erwähnten Lehrstückes von Brecht jedenfalls zieht eine Folgerung: „Was die Regel ist, das erkennt als Mißbrauch/ Und wo ihr den Mißbrauch erkannt habt/Da schafft Abhilfe!"

Literatur

Agamben, Giorgio (2002): *Homo sacer. Die souveräne Macht und das nackte Leben*. Frankfurt/M.
– (2005): *State of Exception*. Chicago-London.
Augé, Marc (1994): *Orte und Nicht-Orte. Vorüberlegungen zu einer Ethnologie der Einsamkeit*. Frankfurt/M.
Böhm, María Laura (2011): *Der ‚Gefährder' und das ‚Gefährdungsrecht'*. Göttingen.

Butler, Judith (2004): *Precarious Life. The Powers of Mourning and Violence*. London-New York.

Coaffee, Jon (2016): Normalising exceptional public space security: the spatial fix of the Olympic carceral. In: De Backer, Mattias u.a. (Hg.): In: *Order and Conflict in Public Space*. London-New York: 15-36.

Dalby, Jakob (2017): Sicherheitsgesetzgebung unter dem Eindruck von Terror. In: Gusy, Christoph u.a. (Hg.): *Rechtshandbuch Zivile Sicherheit*. Berlin-Heidelberg: 87-99.

Düx, Heinz (2003): Globale Sicherheitsgesetze und weltweite Erosion von Grundrechten: Statt „Feindstrafrecht" globaler Ausbau demokratischer Rechte. In: *Zeitschrift für Rechtspolitik* 36(6): 189-195.

Eski, Yarin (2016): *Policing, Port Security and Crime Control. An ethnography of the port securityscape*. Milton Park-New York.

Fassin, Didier (2014): Petty States of Exception. The Contemporary Policing of the Urban Poor. In: Maguire, Mark u.a. (Hg.): *The Anthropology of Security. Perspectives from the Frontline of Policing, Counter-terrorism and Border Control*. London: 104-117.

Fillieule, Olivier (1997): *Stratégies de la rue: les manifestations en France*. Paris.

Förster, Annette/Matthias Lemke (2015): Die Legitimation von Ausnahmezuständen. Eine Analyse zeitübergreifender Legitimationsmuster am Beispiel der USA. In: Lemke, Matthias u.a. (Hg.): *Legitimitätspraxis. Politikwissenschaftliche und soziologische Perspektiven*. Wiesbaden: 13-37.

Fossaluzza, Cristina/Paolo Panizzo (Hg.) (2015): *Literatur des Ausnahmezustands (1914-1945)*. Würzburg.

Frankenberg, Günter (2006): Folter, Feindstrafrecht und Sonderpolizeirecht. Anmerkungen zu Phänomenen des Bekämpfungsrechts. In: Beestermöller, Gerhard/Brunkhorst, Hauke (Hg.): *Rückkehr der Folter. Der Rechtsstaat im Zwielicht?* München: 55-68.

Frois, Catarina (2014): Video-surveillance and the Political Use of Discretionary Power in the Name of Security and Defence. In: Maguire, Mark u.a. (Hg): *The Anthropology of Security. Perspectives from the Frontline of Policing, Counter-terrorism and Border Control*. London: 45-61.

Garland, David (2001): *The Culture of Control. Crime and Social Order in Contemporary Society*. Oxford.

Gebhardt, Mareike (2017): Ökonomien der Un/Sichtbarkeit – Spektakel der Souveränität. Zur Figur des Ausnahmezustands im Angesicht des Anderen. In: Lemke, Matthias (Hg.): *Ausnahmezustand. Theoriegeschichte – Anwendungen – Perspektiven*. Wiesbaden: 87-101.

Gross, Oren (2003): Chaos and Rules: Should Responses to Violent Crises Always Be Constitutional? In: *The Yale Law Journal* 112: 1011-1134.

Heger, Martin (2015): Trialogue on Terror. In *Zeitschrift für Internationale Strafrechtsdogmatik* 11: 537-562.

Hempel, Leon/Metelmann, Jörg (2005)(Hg.): *Bild – Raum – Kontrolle. Videoüberwachung als Zeichen gesellschaftlichen Wandels*. Frankfurt/M.

Hofmann, Hasso (2005): „Souverän ist, wer über den Ausnahmezustand entscheidet". In: *Der Staat*, Nr. 2: 171-186.

Horn, Eva (2014): *Zukunft als Katastrophe*. Frankfurt/M.

Hunt, Alan (2003): Risk and Moralization in Everyday Life. In: Ericson, Richard Victor/Doyle, Aaron (Hg): *Risk and morality*. Toronto: 165-192.

Jakobs, Günther (2000): Das Selbstverständnis der Strafrechtswissenschaft vor den Herausforderungen der Gegenwart. In: Eser, Albin u.a. (Hg.): *Die deutsche Strafrechtswissenschaft vor der Jahrtausendwende*. München: 47-56.

Jobard, Fabien (2017a): *Ein politisches Recht. Die Notstandsgesetze in Frankreich (2015-17)*. i.E.

– 2017b: Terrorismusbekämpfung in Frankreich. In: *Bürgerrechte & Polizei/CILIP*. i.E.

Kretschmann, Andrea (2012): Das Wuchern der Gefahr. Einige gesellschaftstheoretische Bemerkungen zur Novelle des Sicherheitspolizeigesetzes 2012. In: *juridikum* 3: 320-333.

– 2017: Soziale Tatsachen. Eine wissenssoziologische Perspektive auf den ‚Gefährder'. In: *Aus Politik und Zeitgeschichte* (Themenheft Innere Sicherheit). i.E.

Legnaro, Aldo (2012): Sicherheit als hegemoniales Narrativ. In: *10. Beiheft des Kriminologischen Journals*: 47-57.

Lemke, Matthias (2012): Ausnahmezustände als Dispositiv demokratischen Regierens. Eine historische Querschnittsanalyse am Beispiel der USA. In: *Zeitschrift für Politikwissenschaft* 3: 307-331.

– (2014): Erosion der Rechtstaatlichkeit. Der Ausnahmezustand als strategische Erzählung in der repräsentativen Demokratie. In: Hofmann, Wilhelm u.a. (Hg.): *Narrative Formen der Politik*. Wiesbaden: 49-70.

– (2015): Frankreich nach 11/13. Eine neue Qualität des Ausnahmezustandes: In: *Zeitschrift für Politische Theorie* 2: 258-277.

– (Hg.) (2017): *Ausnahmezustand. Theoriegeschichte – Anwendungen – Perspektiven*. Wiesbaden.

Lorenz, Daniel F./Voss, Martin (2013): „Not a political problem". Die Bevölkerung im Diskurs um Kritische Infrastrukturen. In: Hempel, Leon u.a. (Hg.): *Aufbruch ins Unversicherbare. Zum Katastrophendiskurs der Gegenwart*. Bielefeld: 53-94.

Lüdtke, Alf/Michael Wildt (Hg.) (2008): *Staats-Gewalt: Ausnahmezustand und Sicherheitsregimes. Historische Perspektiven*. Göttingen.

Matteucci, Paolo (2006): Sovereignty, Borders, Exception. In: Bellina, Elena/Bonifazio, Paola (Hg.): *State of Exception. Cultural Responses to the Rhetoric of Fear*. Newcastle: 12-17.

May, Stefan (2010): Neue Risiken – Sicherheit – Prävention. Rechtsformenwandel im Prozess reflexiver Modernisierung. In: Holzinger, Markus u.a. (Hg.): *Weltrisikogesellschaft als Ausnahmezustand*. Weilerswist: 227-242.

Mertins, Torsten (2013): *Der Spannungsfall. Eine Untersuchung zur Notstandsverfassung des Grundgesetzes unter besonderer Berücksichtigung der Abwehr terroristischer Gefahren*. Baden-Baden.

O'Malley, Pat (2010): *Crime and Risk*. Los Angeles.

Sack, Fritz (1995): Prävention – ein alter Gedanke in neuem Gewand. Zur Entwicklung und Kritik der Strukturen »postmoderner« Kontrolle. In: Gössner, Rolf (Hg.): *Mythos Sicherheit. Der hilflose Schrei nach dem starken Staat*. Baden-Baden: 429-456.

– (2005): *Feindstrafrecht – Auf dem Wege zu einer anderen Kriminalpolitik?* Vortrag anlässlich der Verleihung des Werner-Holtfort-Preises 2005 an die Redaktion Bürgerrechte & Polizei/CILIP.

Schmitt, Carl (1922). *Politische Theologie. Vier Kapitel zur Lehre von der Souveränität*. Berlin 2004.

Schottdorf, Tobias (2017): Vom Normalstaat zum Ausnahmestaat. Zur Staatstheorie des kriseninduzierten Regimewandels. In: Lemke, Matthias (Hg.): *Ausnahmezustand. Theoriegeschichte – Anwendungen – Perspektiven*. Wiesbaden: 27-40.

Simon, Jonathan (2007): *Governing Through Crime: How the War on Crime Transformed American Democracy and Created a Culture of Fear*. Oxford-New York.

Tosa, Hiroyuki (2009): Anarchical Governance: Neoliberal Governmentality in Resonance with the State of Exception. In: *International Political Sociology* 3: 414-430.

Trotha, Trutz von (2010): Die präventive Sicherheitsordnung. Weitere Skizzen über die Konturen einer „Ordnungsform der Gewalt". In: *Kriminologisches Journal* 42: 24-40.

Voigt, Rüdiger (Hg.) (2013): *Ausnahmezustand. Carl Schmitts Lehre von der kommissarischen Diktatur*. Baden-Baden.

Wacquant, Loïc (1997): Vom wohltätigen Staat zum strafenden Staat: Über den politischen Umgang mit dem Elend in Amerika. In: *Leviathan* 1: 50-66.

Walther, Susanne C. (2007): Präventivhaft für terrorismusverdächtige „Gefährder": eine Option für Deutschland? In: *Zeitschrift für Internationale Strafrechtsdogmatik* 12: 464-475.

Zamoyski, Adam (2016): *Phantome des Terrors. Die Angst vor der Revolution und die Unterdrückung der Freiheit 1789-1848*. München.

Daniel Mullis

Das Ende der Postdemokratie, den Pessimismus überwinden

In Europa haben die letzten Jahre Spuren hinterlassen: Austeritätsprogramme, die Krisenproteste, der Ukrainekonflikt, der Sommer der Migration und rassistische Abschottung, der islamistische und rechtsextreme Terror, der Aufstieg von Trump und Erdogan und nicht zuletzt auch die Erfolge von rechtsextremen Parteien. Spuren, die die Leipziger „Mitte"-Studie für Deutschland nachzeichnet. Insgesamt, so betonen Decker u.a. (2016: 95ff.), sei das Jahrzehnt zwischen 2006 und 2016 ein „Jahrzehnt der Politisierung" und der gesellschaftlichen Polarisierung gewesen. In den kritischen Sozialwissenschaften besteht weitestgehend Einigkeit darüber, dass die Transformation zu tiefen Verunsicherungen, zu sozialer Ungleichheit und ungleichen Mustern der demokratischen Beteiligung geführt hat. Betont wird die Erosion des Glaubens an die Erzählung von kollektivem Aufstieg, Fortschritt und demokratischer Beteiligung; diagnostiziert wird eine tiefe Krise der Hegemonie des Neoliberalismus sowie der repräsentativen Demokratie (u.a. Crouch 2008; Nachtwey 2016; Prokla-Redaktion 2016; Die große Regression 2017).

Diese Analysen helfen, Gesellschaftsdynamiken zu begreifen, führen aber oft aus zwei Gründen zu einem politischen Pessimismus, der problematisch ist: zum einen aufgrund des bemühten Bildes der Regression und zum zweiten, weil ein unmittelbarer Zusammenhang zwischen sozioökonomischem Abstieg und dem Aufstieg der Rechten hergestellt wird. Die aktuellen Ereignisse sollten jedoch weniger als Regression und Niederlage der Linken denn als ein Moment der Bewegung und Rückkehr von Kämpfen verstanden werden. Ausgehend von Jacques Rancière wird im Folgenden dafür plädiert, die Ereignisse als *Ende der Postdemokratie* bzw. *Rückkehr der Politik* zu bewerten. Dies heißt nicht, dass emanzipatorische Bewegungen erfolgreich sind oder sein werden; es bedeutet aber, dass auch ein Möglichkeitsfenster für linke Praxis geöffnet ist. Insgesamt setzt dieser „Einspruch" die von der PROKLA-Redaktion Ende 2016 angestoßene Debatte fort, ist aber auch als Replik auf *Die große Regression* (2017) zu lesen.

Über Postdemokratie wurde bereits viel geschrieben. Der Befund: Demokratische Aushandlungsmöglichkeiten werden kleiner, gesellschaftliche Veränderung durchzusetzen erschwert und Entscheidungsprozesse refeudalisiert. Viele dieser Argumente, die Colin Crouch (2008) prominent formulierte, sind weiterhin richtig; jedoch sind heute deutliche politische Zuspitzungen festzustellen, die dem gezeichneten Bild widersprechen. Hinzu kommt, dass gerade unterhalb der institutionalisierten Ebene von Politik, Handlungsmöglichkeiten auszumachen sind, die noch vor wenigen Jahren undenkbar waren.

Werden die zeitdiagnostischen Überlegungen von Rancière (1997) zur Postdemokratie, die er Mitte der 1990er einführte (vgl.

Mullis/Schipper 2013: 81ff.), neu bewertet, kann die aktuelle Dynamik gefasst werden: Für Rancière war Postdemokratie vor allem das Mantra der Alternativlosigkeit zur neoliberalen Zurichtung der Gesellschaft. Beklagt wird die Abwesenheit von Politik. Mit seiner Konzeption von Politik lassen sich heute die Ereignisse deshalb anders bewerten: Politik ist für ihn eine Praxis der Anfechtung von Ordnung und die „Ausdehnung des Dissensraums" (Rancière 2011: 10), wenn ein Kollektivsubjekt den „Anteil der Anteillosen" einfordert (Rancière 1995: 27) und versucht, eine neue Ordnung zu etablieren. Angesichts der Zunahme politischer Auseinandersetzungen, die die PROKLA-Redaktion (2016: 535ff.) im Anschluss an Gramsci selbst betont, ist aus heutiger Sicht mit Rancière entgegen seiner früheren Analyse festzuhalten: *Das Mantra der Alternativlosigkeit trägt nicht mehr, Politik ist zurück und die Logik der Postdemokratie hat Risse.*

Diese Schlussfolgerung bedeutet nicht, dass die gesellschaftlichen Herrschaftsstrukturen flexibler geworden sind. Viel zu oft agieren staatliche und wirtschaftliche Autoritäten so, als gibt es den Widerspruch und alternative Gesellschaftsmodelle nicht; und sie sind durchaus in der Lage, ihre neoliberalen Vorstellungen und Wirtschaftsinteressen durchzusetzen – auch mittels Zwang und Gewalt. Das Ende der Postdemokratie zu betonen ist keine Aussage über den Ausgang der gesellschaftlichen Kämpfe, keine optimistische Zeitdiagnose. Sie verändert aber die Perspektive in einer produktiven Weise. Sie erlaubt, Bewegung zu betonen und Möglichkeitsfenster zu erkennen. Sie erlaubt zu erkennen, dass neben dem Autoritarismus und der konservativen Regression auch emanzipatorische Kämpfe geführt werden. Diese Überlegungen gilt es zu konkretisieren.

Heinrich Geiselberger (2017: 9) bringt im Vorwort zu *Die große Regression* die These auf den Punkt, wenn er herausstellt, dass heute in „unterschiedlichen Bereichen Sperrklinkeneffekte außer Kraft gesetzt scheinen und wir Zeugen eines Zurückfallens hinter ein für unhintergehbar erachtetes Niveau der ‚Zivilisiertheit' werden". Dieses problematische Bild legt eine Linearität von Geschichte nahe, die sich normalerweise vorwärts bewegt, nun aber den Rückwärtsgang eingelegt hat. Gesellschaftliche Prozesse waren noch nie linear und immer schon von raum-zeitlicher Ungleichheit geprägt. Hinzu kommt, dass für viele der Vorwärtsgang nie bzw. schon lange nicht mehr zu spüren war. Auch im Text der PROKLA-Redaktion (2016) schwingt das Regressionsargument mit: Erst wird pauschal von der Niederlage der subalternen Klassen gesprochen (ebd.: 522, 530), dann die handelnden Subjekte tendenziell auf die herrschende Klasse und ihre organischen Intellektuellen reduziert (ebd.: 527, 535ff.), um danach Analogien zum Aufstieg des Faschismus sowie Kriegsgefahr zu ziehen (ebd.: 529ff.). Linke Handlungsoptionen eröffne vor allem das Reformprogramm der Partei DIE LINKE (ebd.: 539f.). Die Positionen der PROKLA-Redaktion und viele Texte des Bandes *Die große Regression* verbindet das düstere Szenario. Die Analysen tendieren dazu, eine große Persistenz der etablierten Herrschaftsstrukturen festzustellen und – ausgehend davon – den Aufstieg der Rechten zu betonen. Damit werden Möglichkeiten für emanzipatorischen Wandel eher geschlossen. Dies liegt daran, dass die Kritik auf die dominante Ordnung fokussiert und damit das Nicht-Intendierte, die Bewegungen außerhalb des untersuchten Terrains sowie die subversiven Momente ausblendet.

Dem entgegen erlaubt die These vom Ende der Postdemokratie, den Fokus zu erweitern und zu erkennen, dass die beschriebenen regressiven Prozesse real und bedrohlich sind, aber längst nicht alle zeitgenössischen Dynamiken sind. Donatella della Porta (2017: 67) hält zu Recht fest, dass die „progressive Seite" aktueller Bewegungen zwar weniger sichtbar ist, sich aber „bester Gesundheit" erfreut. Die Analyse jüngerer linker Kämpfe in Europa verdeutlicht, dass eine Ausweitung politischer Praktiken stattgefunden hat und linke Positionen in ganz unterschiedlichen Feldern vernommen werden:

Die Bewegung der Plätze und die europäischen Krisenproteste haben die Themen demokratische Teilhabe und soziale Exklusion ins öffentliche Bewusstsein gerufen; die anhaltenden Proteste gegen Klimawandel und Umweltzerstörung stellen klar, dass das Pariser Klimaabkommen nur ein Papier ist und weitere Schritte notwendig sind; Kämpfe der LGBTQ-Bewegung sowie von Feminist_innen haben tief greifende Transformationsprozesse ermöglicht; Arbeitskämpfe mit und ohne Beteiligung von Gewerkschaften vermögen immer wieder Fragen von sozialer Gerechtigkeit, Arbeitszeiten, Leiharbeit, Lohnzahlungen und manchmal gar Besitzverhältnisse zu politisieren; Auseinandersetzungen um die Rückkehr der Wohnungsfrage, die insbesondere von Recht-auf-Stadt-Gruppen befördert wurden, dominieren mittlerweile selbst die institutionelle Politik; bei den jüngsten Protesten gegen den G20-Gipfel in Hamburg ließen sich beinahe 80.000 Menschen nicht von den Bildern der Gewalt abschrecken und gingen gegen autoritäre Regime und Kapitalismus auf die Straße.

In den letzten Jahren wurden dank der Massenmobilisierungen und der Krisenproteste Erfahrungen gesammelt. Abseits der etablierten Politik sind neue Bündnisse sowie Vertrauensverhältnisse entstanden, die trotz Niederlagen auf der Ebene der alltäglichen Kämpfe weiter existieren: Offensichtlich ist dies in Spanien oder Griechenland (vgl. Huke 2016; Mullis 2017), aber auch in Deutschland sind sie existent. So wenden sich etwa in Frankfurt am Main ausgehend von den Erfahrungen der Krisenproteste in Südeuropa und Blockupy viele Gruppen der lokalen Stadtteilarbeit zu und versuchen, gesellschaftliche Konflikte solidarisch anzugehen. Auch wenn aus all dem nicht zwingend Wahlerfolge hervorgehen bzw. dann, wenn sie erfolgten – wie etwa in Griechenland –, die Parteien mit ihrem Ansinnen scheiterten, gilt, dass diese Kämpfe stattfinden. Einseitig auf die ausbleibende institutionelle Durchsetzung zu fokussieren, macht einen großen Teil emanzipatorischer Bewegung unsichtbar. Mehr noch: indem die Niederlagen betont werden, werden diese Kämpfe faktisch bedeutungslos. Was letztlich erstaunt, zumal selbst wenn Institutionalisierung als Referenz angelegt wird, die Wahlergebnisse von Bernie Sanders, Jean-Luc Mélenchon oder Jeremy Corbyn zeigen, dass linke Positionen keineswegs so marginal sind, dass eine umfassende Regression konstatiert werden müsste. Volker Weiß (2017: 262) bringt hier eine wichtige Differenzierung ins Spiel und stärkt das Argument der Polarisierung, wenn er darauf verweist, dass wir heute primär mit einer „autoritären Regression des Konservativen" konfrontiert sind, nicht mit einer allgemeinen gesellschaftlichen Rechtsverschiebung.

Indem starre Strukturen betont werden, dass sich die gesellschaftliche Entwicklung im Rückwärtsgang befindet, werden linke Kämpfe unsichtbar, was als performativer Akt Spuren hinterlässt und zu einer Selbstentmachtung führt. Dem entgegen ist es notwendig, offensiv linke Positionen zu artikulieren, eigene Projekte selbstbewusst zu formulieren und vor allem positive Perspektiven zu schaffen. Gesellschaftliche Kämpfe werden nicht durch Dekonstruktion und

Kritik gewonnen, sondern dank vermittelbarer Visionen eines Lebens in Würde, Gerechtigkeit und Selbstbestimmung. Linke Praxis bedarf der konkreten Utopie. Wichtige Impulse für eine solche Perspektive kann Henri Lefebvre geben. Er betonte: „In jedem Konkreten gilt es die Negation, den inneren Widerspruch, die immanente Bewegung, das Positive und das Negative aufzuspüren" (Lefebvre 1939: 31). Er versucht mit seinen materialistischen Arbeiten, Fantasie freizusetzen und das vermeintlich Unmögliche zu ermöglichen. Es geht ihm darum, offenzulegen, dass das, was als unmöglich, als alternativlos charakterisiert wird, in und durch konkrete Praxis veränderbar ist (Lefebvre 1968: 164). Lefebvre war allerdings kein naiver Idealist. Ihm war durchaus bewusst, dass das Mögliche nur aus den bestehenden Gegebenheiten entwickelt werden kann, Utopien also eine konkrete Anbindung an die gesellschaftlichen Bedingungen haben müssen (ebd.: 156). Jedoch war ihm auch bewusst, dass das *Recht auf die Stadt* (ebd.) oder die *Autogestion* (Lefebvre 1966) – beides war ihm wichtig – nicht ohne utopischen Überschuss möglich ist.

In den aktuellen Debatten, die von „Regression" und „Niederlage" geprägt sind, spielen zwei Elemente eine zentrale Rolle: einerseits der sozioökonomische Abstieg und der damit oftmals direkt verbundene Aufstieg der Rechten. Letzterer ist in Europa gekennzeichnet durch die Verfestigung autoritärer „Demokratien" etwa in Polen, der Türkei oder Ungarn, aber auch im starken Abschneiden rechtsextremer Parteien bei vielen Nationalwahlen. In Deutschland stehen für diesen Trend die rechte Massenbewegung Pegida, die Etablierung der AfD, die Verschärfung der Rhetorik sowie die Gesetze und Praktiken gegen Migrant_innen und Flüchtlinge, aber auch hunderte Angriffe auf Flüchtlingsunterkünfte und deren Bewohner_innen. Für den sozioökonomischen Abstieg steht im Wesentlichen die Erfahrung, dass Wohlstand kein Effekt von Arbeit mehr ist und die Sicherung der materiellen Grundlage des eigenen Lebens prekär wird. In den Worten von Oliver Nachtwey (2006: 166): „Für viele verstärkt sich der Eindruck: Man gibt permanent Gas, aber die Reifen drehen durch, denn die Handbremse lässt sich nicht lösen – zurück bleibt ein Gefühl des ‚rasenden Stillstands'."

Nicht nur der zitierte Nachtwey (2016), sondern auch Didier Eribon (2009) ist wesentlicher Stichwortgeber in den Debatten über den genannten Zusammenhang. Sie argumentieren zwar vorsichtig und legen die Prozesse differenziert dar. In der Debatte ist aber eine Position entstanden, die den Aufstieg der Rechten primär als Effekt der sozioökonomischen Ungleichheit und Armut versteht. Die PROKLA-Redaktion (2016: 527) spitzt diese Sichtweise unter umgekehrten Vorzeichen zu, wenn sie die „Rechtsentwicklung" als „Ausdruck einer Spaltung innerhalb der kapitalistischen Machtblöcke" darstellt und somit primär angetrieben von den Interessen der herrschenden Klassen. Diese Interpretation wurde bereits in der PROKLA 186 mit wichtigen Argumenten kritisiert.

Im Anschluss an u.a. diese Überlegungen werden hier die politischen Implikationen der Analyse aufgegriffen. Aus den Arbeiten von Nachtwey und Eribon wird das Plädoyer für eine neue Klassenpolitik abgeleitet. Auch an diesen Debatten ist sehr vieles richtig – insbesondere das Plädoyer für eine Reartikulation der sozialen Frage. Dennoch, vor dem Hintergrund Rancières Überlegungen zur Politik kann auf zwei Fallstricke hingewiesen werden. Der erste Fallstrick ist, dass der Fokus auf Verarmungsprozesse an wesentlichen Dynamiken der Entwicklung vorbei geht.

Die „Mitte"-Studie zeigt, dass rechtes Gedankengut nicht nur bei Prekarisierten und von Armut Betroffenen vorzufinden ist. Weniger der soziale Status weist einen klaren Zusammenhang zu rechtsextremen Gedankengut auf, vielmehr die erwartete Entwicklung der eigenen Lage. Sprich, der relevante Faktor ist nicht die Klassenlage, sondern vielmehr die Angst vor sozialem Abstieg (Decker u.a. 2016: 53ff.) – und diese Angst ist nur bedingt klassengebunden. Insgesamt, so zeigt die „Mitte"-Studie, ist die Rechte in sämtlichen Gesellschaftsschichten gut verankert und Rechtsextremismus keinesfalls als Problem von Armut zu begreifen.

Darüberhinaus verkennen derartige Erklärung den politischen Charakter des rechten Aufstieges. Es ist wichtig, rassistische, sexistische, autoritäre, chauvinistische und menschenfeindliche Positionen als politische Formationen zu verstehen, die offensichtlich einen Zusammenhang mit Klassenlagen haben, sich aber nur bedingt aus ökonomischen Interessen ableiten lassen. In diese Richtung argumentieren Paul Mason (2017) und Martin Kronauer (2017). Für die politische Formation, so beide, spielen eine Rolle: Kultur, die Sorge um Identitätsverluste, den Verlust von sozialer und kultureller Teilhabe sowie die Anschlussfähigkeit der neoliberalen Marktdoktrin an die Hoffnung, dass „gute Arbeit" zu Wohlstand führt. Daraus folgt, dass diese Formationen auf dem Terrain des Politischen angegangen werden müssen. Es ist ein Trugschluss zu glauben, dass allein mittels einer sozialen Umgestaltung der Arbeitswelt, der Lohnverteilung und der Existenzsicherung – also klassischen Klassenpolitiken – dem Problem des Aufstiegs der Rechten erfolgreich beizukommen wäre.

Der zweite Fallstrick ist die Prämisse, dass die Linke den Kontakt zu den subalternen Schichten verloren und sich auf „kulturellen" Erfolgen für das linksliberalkosmopolitische Milieu ausgeruht habe. Die Linke gibt sich eine Mitschuld am Aufstieg der Rechten, was nur mit neuen Prioritäten wettgemacht werden könne. Dass die Linke eine Mitschuld trägt, ist plausibel, aber anders, als die Debatte suggeriert. Eribons Frage, „wie aus Linken Rechte werden", ist zeitdiagnostisch relevant. Nicht angesprochen wird die wichtigere Frage, wie es sein kann, dass Rassismus und Nationalismus nach Jahren der KPF-Dominanz noch immer so anschlussfähig sind? Die Antwort bleibt aus. Deutlich wird aber, dass Klassenpolitik allein keine Antwort liefert. Klassenpolitik, gerade wenn sie von Parteien betrieben wird, steht sogar im Verdacht, weiße, männliche und wahlberechtigte Arbeiter der Mittelschicht zu bevorzugen. Ausländer_innen, Illegalisierte und Jugendliche dürfen nicht wählen und Wahlen werden deshalb nicht mit der Mobilisierung der subalternen Schichten gewonnen. Klassenpolitik vermag also die Widersprüche, entlang derer die Rechte die Gesellschaft spaltet, nicht grundsätzlich aufzuheben.

Es wird wieder einmal ein Subjekt der Emanzipation gesucht, anstatt die Vielfalt der Kämpfe als Teil der Emanzipation anzuerkennen. Indem die vielfältigen gesellschaftlichen Konfliktlinien letztlich unter die Klasse subsumiert werden, werden andere Konfliktlinien marginalisiert. Elementare Erfolge linker Politik im Bereich der Gleichstellung, Antirassismus, Antinationalismus und Grundrechte werden zu Nebenschauplätzen degradiert. Emanzipationsbestrebungen sollten aber keinesfalls gegeneinander ausgespielt werden. Vielmehr, so ist mit Rancière zu argumentieren, ist Emanzipation gerade die Verknüpfung dieser divergenten, gleichwertigen Kämpfe. Für ihn ist klar, dass „die Wege der Emanzipation nicht als die große Erhebung eines

Kollektivkörpers" unter der Prämisse des Klassenkampfes zu denken sind, „sondern als die Vervielfältigung von Erfahrungsformen, die eine andere Gemeinschaft errichten können" (Rancière 2014: 202).

Was bedeutet das Ende der Postdemokratie für eine linke Politik? Zunächst: Die Situation ist deutlich offener als vielfach angenommen. Slavoj Žižek (2017: 306) unterstreicht in diesem Sinne, dass der Fokus auf das eigentliche Problem verlagert werden müsse: „die Schwäche der gemäßigten ‚rationalen' Position selbst." Dies berge eine große Chance für linke Politik und so sei jetzt „die Zeit, hart zu arbeiten" (ebd.: 312). Es gilt Konflikte aufzugreifen und sichtbar zu machen, emanzipatorische Bestrebungen auf allen Ebenen zu unterstützen, zu vertiefen und zu verknüpfen. Was dies heißen kann, zeigen etwa die Bewegungen der Plätze. Aus ihnen ist nicht nur ein wuchtiges Nein gegen die Austerität entstanden, sondern auch eine kollektive Perspektive, ein gemeinsames Ja, gemeinsame Träume und Wünsche. Aber auch die jüngsten Initiativen der solidarischen Stadtteilgruppen, die in vielen Stadtteilen in deutschen Städten entstanden sind und entstehen, bieten eine Perspektive, um sozioökonomische Lage, Verdrängung oder die Frage nach kulturellen Freiräumen gemeinsam zu artikulieren. Ähnliche Versuche sind in der Gewerkschaftsarbeit festzustellen, die mittels Organizing auf Beteiligung und eine Politik von unten setzen, oder bei der Partei DIE LINKE, wenn sie dazu übergeht, über direkte Ansprache von Menschen an ihren Haustüren Strategien gegen die Spaltung auszuloten.

In diesen Projekten werden Verknüpfungen nicht um ihrer selbst willen hergestellt, sondern weil die politische Praxis es anmahnt. Der relevante Punkt in all diesen Praktiken ist, dass Emanzipation als ein Konzept des solidarischen Kampfes gedacht wird, dessen Ausgangspunkt konkrete Bedürfnisse und Erfahrungen sind. Im Austausch sollen gemeinsame Wege gefunden werden. In seinen Arbeiten zum Alltagsleben betont Lefebvre (2014), dass eine konkrete Form der Gesellschaft nur solange existiert, wie sie in der alltäglichen Praxis wiederholt wird. Wird also an genügend Punkten eine Alternative gelebt, ist dies an sich ein Angriff auf die Ordnung und eine Initiative, gemeinsam im Hier und Jetzt an einer anderen Welt zu arbeiten.

Für linke Bewegungen ist unerlässlich, ein Positives zu formulieren. Tony Judt (2011: 416f.) macht hierzu eine wichtige Beobachtung. Er verweist darauf, dass die Linke aus Ermangelung einer konkreten Vision sich in die Ecke der politischen Konservativen und Neinsager_innen hat drängen lassen. Während, so ist heute anzufügen, es gleichzeitig der Rechten gelingt, sich als jene Kraft zu stilisieren, die eine Alternative formuliert. Dies gilt es dringend zu durchbrechen. Dafür gilt es aus Erfahrungen zu lernen, solidarisch Politik zu machen und in konkreter Praxis ein Positives entstehen zu lassen, woraus Verbindung entsteht. Aus Kritik und dem Bedauern der großen Regression allein wird keine konkrete Utopie gesponnen.

Literatur

Crouch, Colin (2008): *Postdemokratie*. Frankfurt/M.
Decker, Oliver u.a. (Hg.) (2016): *Die enthemmte Mitte*. Gießen.
della Porta, Donatella (2017): Progressive und regressive Politik im späten Neoliberalismus. In: *Die große Regression*. Berlin: 57-76.
Eribon, Didier (2009): *Rückkehr nach Reims*. Berlin 2016.
Geiselberger, Heinrich (2017): Vorwort. In: *Die große Regression*. Berlin: 7-15.
Huke, Nikolai (2016): *Krisenproteste in Spanien. Zwischen Selbstorganisation und Überfall auf die Institutionen*. Münster.

Judt, Tony (2011): *Das vergessene 20. Jahrhundert.* Frankfurt/M.

Kronauer, Martin (2017): Ausnahmezustand? Weitermachen, wie bisher, geht nicht mehr. In: *PROKLA* 47(1): 117-122.

Lefebvre, Henri (1939): *Der dialektische Materialismus.* Frankfurt/M 1969.

– (1966): Theoretical Problems of Autogestion. In: Brenner, Neil/Elden Stuart (Hg.) (2009): *State, Space, World.* Minneapolis: 138-152.

– (1968): The Right to the City. In: Kofman, Eleonore/Lebas, Elizabeth (Hg.)(1996): *Writings on cities.* Cambridge: 63-181.

– (2014): *Critique of Everyday Life.* Vol. 1-3. New York-London.

Mason, Paul (2017): Keine Angst vor der Freiheit. In: *Die große Regression.* Berlin: 149-174.

Mullis, Daniel (2017): *Krisenproteste in Athen und Frankfurt. Raumproduktionen der Politik zwischen Hegemonie und Moment.* Münster i.E.

–/Schipper, Sebastian (2013): Die postdemokratische und postpolitische Stadt in der Geschichte der kommunalen Selbstverwaltung. In: *sub\urban – Zeitschrift für kritische Stadtforschung* 1(2): 79-100.

Nachtwey, Oliver (2016): *Die Abstiegsgesellschaft.* Berlin.

Prokla-Redaktion (2016): Der globale Kapitalismus im Ausnahmezustand. In: *PROKLA* 46(4): 507-542.

Rancière, Jacques (1997): Demokratie und Postdemokratie. In: Riha, Rado (Hg.): *Politik der Wahrheit.* Wien: 94-122.

– (1995): *Das Unvernehmen.* Frankfurt/M 2002.

– (2011): *Moments politiques.* Zürich.

– (2014): *Erfindung des Möglichen.* Wien.

Weiß, Volker (2017): *Die autoritäre Revolte.* Stuttgart.

Žižek, Slavoj (2017): Die populistische Versuchung. In: *Die große Regression.* Berlin: 293-313.

VERLAG WESTFÄLISCHES DAMPFBOOT

Daniel Hackbarth arbeitet an einer engführenden Lektüre Althussers – insbesondere auch seiner kontroversen „selbstkritischen" Phase – sowie des frühen Max Horkheimers und weist damit auf nur selten registrierte theoretische Übereinstimmungen zwischen den beiden Autoren hin. Dies wird anhand der Frage nach einem der Gegenwart adäquaten Materialismus-Begriff herausgearbeitet und diskutiert.

Daniel Hackbarth

„denken entlang der Politik"

Zum Begriff des Materialismus bei Max Horkheimer und Louis Althusser

2015 - 321 Seiten - 36,90 €
ISBN: 978-3-89691-727-0

WWW.DAMPFBOOT-VERLAG.DE

Kann es es eine europäische Identität jenseits der nationalen Identitäten geben?

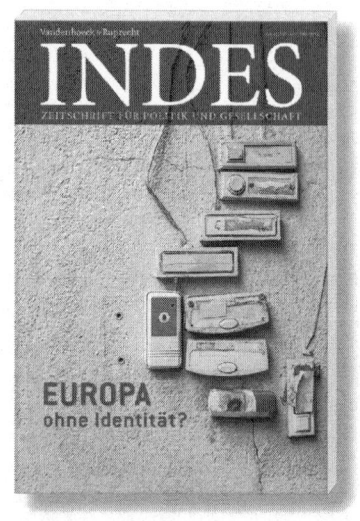

Franz Walter (Hg.)
Europa ohne Identität?
Indes. Zeitschrift für Politik und Gesellschaft
Heft 2-2017
2017. 156 Seiten, Paperback
€ 20,– D
ISBN 978-3-525-80021-8

INDES 2/2017 diskutiert, was »Europa« ausmacht, und ob es gemeinsame Traditionen, Werte und Erzählungen gibt – aber auch, wo andererseits die Defizite Europas liegen und ob sich diese korrigieren lassen?

Statt auf eine weitere Vertiefung der Zusammenarbeit in der EU setzen viele Mitgliedsstaaten seit einiger Zeit auf Renationalisierung. Nicht zuletzt auch, weil sie sich damit und mit der Kritik an Europa im Bund mit Großteilen ihrer Bevölkerungen wähnen. Was macht »Europa« aus? Gibt es eine europäische Idee und mithin: eine europäische Identität? Wie entstehen überhaupt Identifikationen mit Räumen und politischen Gebietseinheiten? Wieso fühlen sich zahlreiche Menschen als Franzosen, Deutsche, Italiener? Damit zusammenhängend erörert INDES, woran es Europa mangelt, wo seine Defizite liegen – und ob und inwiefern sich diese korrigieren lassen?

V&R Academic
Verlagsgruppe Vandenhoeck & Ruprecht | V&R unipress

www.v-r.de

Felix Syrovatka

Ein Ende mit Schrecken – Frankreich nach den Wahlen

Als am 23. April 2017 die Wahlergebnisse der ersten Runde der französischen Präsidentschaftswahlen über die Bildschirme flimmerten, wurde vielen klar, dass in diesem Augenblick ein politisches Erdbeben stattfand (Martin 2017). Der Einzug von Marine Le Pen und Emmanuel Macron in die Stichwahl manifestierte einen radikalen Bruch mit den politischen Strukturen des modernen Frankreichs: Erstmals in der Geschichte der V. Republik stand kein Kandidat der beiden großen Parteien in der zweiten Runde der Präsidentschaftswahl. Sowohl François Fillon von den konservativen Les Républicains (LR) als auch der Kandidat der sozialdemokratischen Parti Socialiste (PS), Benoît Hamon, spielten im Rennen um den Élysée-Palast nur eine Nebenrolle. Dagegen wurde mit Macron ein Kandidat französischer Staatspräsident, der von keiner der beiden traditionellen Großparteien unterstützt worden war.

Das politische Erdbeben wiederholte sich bei den Parlamentswahlen im Juni 2017. Während die Partei von Macron „La République En Marche" (LREM) überraschenderweise und trotz des französischen Mehrheitswahlrechts die absolute Mehrheit erringen konnte, wurden die konservative Fraktion in der Assemblée nationale halbiert und die Sozialdemokratie pulverisiert. Dagegen konnte die linke Bewegungspartei „La France insoumise" (LFI) um Jean-Luc Mélenchon mit einer eigenen Fraktion ins Parlament einziehen. Ebenso erzielte der Front National (FN) mit acht Mandaten ein historisches Ergebnis[1].

Die Erschütterung der politischen Landschaft zeichnete sich schon länger ab. Spätestens seit den Europawahlen 2014 und dem Aufstieg des FN wurde deutlich, dass das Zweiparteiensystems, das über Jahrzehnte das politische System stabilisiert hatte, stark an Unterstützung durch die Bevölkerung verlor (Syrovatka 2015). Vor diesem Hintergrund muss auch der Aufstieg von Macron verstanden werden.

Die französische Transformationskrise

Die Erosion des Zweiparteiensystems und die in den Wahlen offen ausgebrochene Repräsentationskrise müssen vor dem Hintergrund ökonomischer und ideologischer Umwälzungen seit den 1970er Jahren verstanden werden. Mit dem Ende des französischen Fordismus der „goldenen dreißig Jahre" (*Trente Glorieuses*) und der angebotspolitischen Wende unter François Mitterand 1984 kam es zu einem radikalen Umbau der Wirtschaft vom *state capitalism* zum *state*

---

1 Auch wenn das Ergebnis deutlich schlechter als erwartet war, hatte doch Le Pen den Einzug in Fraktionsstärke als Wahlziel ausgegeben. Infolge der Wahlen kommt es im FN daher zu starken strategischen Auseinandersetzungen über den weiteren Kurs der Partei.

influence capitalism (Schmid 2002). Infolge des Wegfalls staatlicher Industrieförderung (*Colbertisme*) und dem Ende der Wirtschaftssteuerung (*Planification*) sowie einer umfassenden Deregulierung der Finanzmärkte wurde die Wirtschaft durch starke Deindustrialisierungs- und Finanzialisierungsprozesse geprägt. Vor allem die ehemaligen industriellen Zentren Frankreichs im Norden des Landes wurden von den Transformationsprozessen stark getroffen. Infolge des Niedergangs der Industrie kam es in diesen Regionen zu einem Anstieg von Arbeitslosigkeit und sozialer Ungleichheit sowie zu einer Kapitalkonzentration in den großen Städten, während ländliche Gebiete abgehängt wurden (Vail 2010).

Mit den Umbrüchen gerieten auch die tief sitzenden Überzeugungen im Alltagsverstand der Menschen ins Wanken. Die ökonomischen Zuspitzungen infolge der Wirtschaftskrise seit 2008 und deren primär angebotspolitische Bearbeitung erschütterten den historisch tief verwurzelten ideologischen Mythos vom vorsorgenden und regulierenden Staat. Die zahlreichen Reformen vor allem im Bereich der Arbeitsmarkt- und Sozialpolitik unter Nicolas Sarkozy und François Hollande beinhalteten auch die zentrale Botschaft, dass die staatliche Politik die Ansprüche der Bevölkerung nicht mehr erfüllen will.

Infolge der Transformationen erodierte zudem der sogenannte französische Gleichheitsgrundsatz, der seit der französischen Revolution zentraler Bestandteil verschiedener Verfassungen war. Zum einen wurde versucht, die zunehmenden Entfremdungserscheinungen zwischen Regierenden und Regierten durch Nationalismus wettzumachen, in Form einer Debatte über die französische Identität und ihren spezifischen Charakter. Vor allem in den Präsidentschaftswahlkämpfen 2007 und 2012 wurde eine nationalistische Rhetorik als „ideologischer Kitt" genutzt, um Ungleichheit und die Krisenprozesse zu bearbeiten (Syrovatka 2015). Dabei wurde die Debatte zunehmend rassistisch geführt, was mit einer Verschiebung der Charakterisierung der französischen Identität einherging. Wurde diese bis dahin im öffentlichen Verständnis primär über die französische Sprache und Kultur definiert, herrscht nun zunehmend ein naturalisierendes und völkisches Verständnis von Identität vor. Zum anderen geriet der Gleichheitsgrundsatz in seiner sozialen Dimension, durch die Abnahme sozialer Mobilität und die zeitgleiche Zunahme von Deklassierungsangst, unter Druck. Auch in Frankreich kam es seit den 1970er Jahren, und verstärkt seit der Krise, zur Herausbildung einer „Abstiegsgesellschaft" (Nachtwey 2016). Primär in der unteren Mittelschicht wie in der Arbeiterklasse sind Kontroll-, Perspektiv-, und Traditionsverlust inzwischen breit geteilte Erfahrungen.

Der Bruch von sozialen Versprechen, die jahrzehntelang mit dem Staat assoziiert wurden, hatte zugleich eine Delegitimierung von politischen Strukturen zur Folge, die durch die Umwälzungen und mit der Wirtschaftskrise seit 2008 verstärkt wurde. Die Repräsentationskrise kann daher nicht isoliert von den wirtschaftlichen und kulturellen Veränderungen verstanden werden. Vielmehr sind die politischen Krisendynamiken, die durch die Präsidentschaftswahlen offenbar wurden, in ein komplexes Krisengeflecht eingebettet. Zwar entstanden die verschiedenen Dynamiken teilweise unabhängig voneinander, jedoch haben sie sich gegenseitig beeinflusst und verstärkt.

Frankreich ein gespaltenes Land

Die Wahlergebnisse offenbaren ein sozial und geografisch zerrissenes Land. Am auffälligsten ist dabei die *geografische Spaltung* zwischen Nord- und Südfrankreich. Ein Blick auf die Gewinner der einzelnen Wahlkreise bei den Präsidentschaftswahlen zeigt eine Zweiteilung des Landes, die sich fast wie eine Linie von der Normandie bis zu den Pyrenäen zieht. Während Le Pen in der ersten Runde vor allem im Norden und Osten sowie im Südosten Frankreichs die Mehrheit der Wahlkreise gewinnen konnte, punktete Macron vorrangig im Süden und Westen des Landes. In der Stichwahl erhielt Le Pen in der Region Pas-De-Calais rund 52 Prozent und damit eines ihrer besten Ergebnisse. In der Region Asine, ebenfalls in Nordfrankreich, gewann sie mit rund 53 Prozent. In einigen Städten in der Picardie erreichte sie sogar mehr als 70 Prozent.

Auch bei den Parlamentswahlen im Juni, bei denen der FN insgesamt schlechter abschnitt als bei den Präsidentschaftswahlen[2], hatte die rechtsradikale Partei ihre besten Ergebnisse im Norden des Landes. Allein in Pas-De-Calais zogen vier KandidatInnen des FN in die Assemblée nationale ein. Le Pen erhielt in der Stichwahl in ihrem Wahlkreis mit 58,6 Prozent das beste Ergebnis ihrer Partei.

Diese Regionen im Norden Frankreichs stehen exemplarisch für jene, die von den Transformationsprozessen der letzten Jahrzehnte am stärksten benachteiligt wurden. Die ehemals industriellen Zentren des Landes sind nach Zechenschließungen und dem Wegzug der Industrie verarmt und überproportional von Arbeitslosigkeit betroffen. Soziale Infrastruktur fiel Sparzwängen zum Opfer: Schwimmbäder, Schulen und Krankenhäuser wurden geschlossen und sind oftmals nur noch in den größeren Städten zu finden. Es sind Regionen, die stark durch die Erfahrungen von Kontroll-, Perspektiv- und Traditionsverlust geprägt sind (Dörre u.a. 2017). Die Ohnmacht gegenüber politischen Entscheidungen ging dabei mit einem Vertrauensverlust gegenüber staatlichen Regulierungsinstanzen und einem Misstrauen gegenüber politischen Eliten einher, die im „fernen Paris" verortet werden. Die Prozesse und Verlusterfahrungen im Norden Frankreichs haben zu einer „gefährlichen Gemengelage" (ebd.: 99) geführt und die Menschen offener gegenüber dem FN werden lassen. Dieser hat es wiederum verstanden, die Sorgen und Nöte der Menschen anzusprechen und sich tief in der sozialen Struktur zu verankern (Andolfatto u.a. 2016; Gobin 2015).

Zugleich sind die nördlichen Regionen stark ländlich geprägt und infrastrukturell abgehängt. Dies offenbart eine weitere Spaltungslinie. Während Marine Le Pen vor allem in den ländlichen und strukturschwachen Regionen viele Stimmen auf sich vereinen konnte, siegte Macron vor allem in den urbanen Regionen mit ausgebauter Infrastruktur. So erhielt er in der ersten Runde mit 24 Prozent in Städten mit mehr als 100.000 EinwohnerInnen und mit 29 Prozent im Großraum Paris die meisten Stimmen aller KandidatInnen. Le Pen dagegen wurde mit 23 bzw. 25 Prozent die stärkste Kandidatin in ländlichen Gebieten und Kleinstädten. Ein ähnliches Bild zeigte sich auch in der Stichwahl, in der Le Pen vor allem in jenen Regionen stark war, welche primär ländlich geprägt und strukturschwach sind. In vielen Regionen, vor allem im Norden und Südosten, korrelieren die Ergebnisse des FN umgekehrt proportional mit der Größe des jeweiligen Ortes. Je weniger Einwohner ein Dorf hat und je strukturschwacher die

---

2 Dennoch erreichte der FN aufgrund des französischen Mehrheitswahlrechts mit acht Mandaten ein historisches Ergebnis und eine Vervierfachung der Mandate im Vergleich zur Parlamentswahl 2012.

Region ist, desto stärker ist der FN. Macron dagegen wurde in der Stichwahl allein im Großraum Paris mit mehr als 90 Prozent aller Stimmen gewählt.

Macron war zudem in jenen Regionen stark, die deutlich weniger von den ökonomischen Transformationsprozessen betroffen waren. Ein gutes Beispiel dafür sind die Regionen Bretagne und Pays-de-la-Loire im Westen des Landes, die wirtschaftlich in erster Linie durch den Tourismus, eine moderne Landwirtschaft und eine international wettbewerbsfähige Industrie (v.a. Automobilindustrie) geprägt sind. Sie gehören seit Jahren zu den wachsenden Regionen Frankreichs und weisen neben einer niedrigen Arbeitslosigkeit auch eine sehr gut ausgebaute Infrastruktur auf. In beiden Regionen holte Macron bei den Präsidentschaftswahlen seine besten Ergebnisse. Die geografische Spaltungslinie hat dabei auch eine soziale Dimension, die sich in den Ergebnissen der Nachwahlbefragungen ausdrückt (nachfolgend: IPSOS 2017). Demnach wird Le Pen primär von jenen gewählt, die sowohl über niedrige Einkommen als auch über vergleichsweise niedrige Bildungsabschlüsse verfügen. Dagegen sind die Macron-WählerInnen überdurchschnittlich gut gebildet und verfügen über ein hohes monatliches Einkommen. Dieses sozialstrukturelle Bild zeigte sich sowohl in der ersten Runde als auch in der Stichwahl. So erreichte Le Pen bei denjenigen, die weniger als 1.250 Euro monatlich zur Verfügung haben, im ersten Wahlgang mit 32 Prozent Zustimmung (45% im zweiten Wahlgang) das beste Ergebnis aller KandidatInnen. Dagegen wurde Emmanuel Macron bei den WählerInnen mit einem Einkommen von mehr als 3.000 Euro monatlich mit 32 Prozent (75%) der beste Kandidat.

Ein ähnliches Bild zeichnet sich mit Blick auf das Lohnarbeitsverhältnis. Während in der erster Runde 33 Prozent (82% im zweiten Wahlgang) der leitenden Angestellten und Führungskräfte für Macron stimmten, waren es bei den ArbeiterInnen nur 16 Prozent (44%). Diese wählten in erster Linie Le Pen, die mit 37 Prozent (56%) sowohl in der ersten als auch in der zweiten Runde die präferierte Kandidatin der ArbeiterInnen war – einer Gruppe übrigens, die mit 32 Prozent ebenso überproportional nicht zur Wahl gegangen ist. Einzige Ausnahme dieser sozialen Typologisierung der WählerInnen stellen die Arbeitslosen dar. Diese wählten nämlich in der ersten Runde mit einer deutlichen Mehrheit von 31 Prozent den linken Kandidaten Jean-Luc Mélenchon.

Die französische Repräsentationskrise

Die soziale und geografische Spaltung zeigt, dass die Entwicklung der Repräsentationskrise nicht eindimensional und unabhängig von anderen Krisendynamiken verstanden werden kann. Die stärkere Einbindung Frankreichs in den Weltmarkt seit den 1970er Jahren und der europäische Integrationsprozess gingen mit zunehmenden strukturellen Zwängen für die Politik einher. Diese förderten nicht zuletzt eine „Entideologisierung der Parteien" (Poulantzas 1978: 260) und eine stärkere Verquickung zwischen Politik und Ökonomie. Die inhaltliche Angleichung oder, wie Poulantzas schon 1978 formulierte, die Wandlung der traditionellen Volksparteien zu „bloßen Kanälen der Popularisierung und Propagierung einer staatlichen Politik, die zum großen Teil außerhalb von ihnen entschieden wird" (ebd.), hatten die Sozialdemokratie und die Konservativen zu Karrierenetzwerken werden lassen. Der französische Soziologe Pierre Bourdieu schrieb 1989 von einer Herausbildung eines „Staatsadels", also von der Konstitution einer sich selbst reproduzierenden politischen Klasse. Als Verwalter der neoliberalen Politik entwickelten sich die großen Parteien in erster Linie zu Karrieresprungbrettern von Absolventen der Elitehochschulen. Kaum ein führender Funktionär der beiden großen Parteien wurde nicht in einer der Grand Écoles (v.a. École normale supérieure oder École des hautes études commerciales) ausgebildet (Bourdieu 2004; Charle 2017). Diese wiederum zeichnen sich durch eine starke soziale Selektion aus. Die Mehrzahl der Studierenden an den Grand Ècoles entstammt dem gehobenen Bürgertum, während nur knapp vier Prozent der Studierenden aus ökonomisch weniger wohlhabenden Familien kommen.

Die intakten fordistischen Arrangements und Kompromissstrukturen fingen die Krisentendenzen des politischen Systems und das strukturelle Demokratiedefizit der V. Republik noch auf. Infolge der zunehmend angebotspolitisch ausgerichteten Wirtschafts- und Sozialpolitik wurde die politische Krise jedoch manifest. Je stärker die Kompromissstrukturen erodierten, desto deutlicher wurden die Schwächen der französischen Demokratie, die geringen Partizipationsmöglichkeiten sowie eine sich selbstreproduzierende politische Klasse offensichtlich. Daher verschärfte sich die politische Krise mit dem Ausbruch der Wirtschaftskrise in Frankreich ab 2008.

Die Durchsetzung angebotspolitischer Reformen führte zu einer weiteren Zerstörung der verbliebenen fordistischen Strukturen und darüber hinaus zu einer Ausweitung von Entfremdungs- und Ohnmachtserfahrungen auf weite Teile der Bevölkerung. Seit 2008 wurden, teils gegen starke Proteste und Streiks, zwölf fundamentale Reformpakete durchgesetzt (Syrovatka 2016). Die Aufkündigung der „republikanischen Traditionslinie, die darin bestand, Politiken zumindest dann nicht weiterzuverfolgen, wenn sich ‚der Souverän' massenhaft auf den Straßen zeigte" (Oberndorfer 2017), hat in weiten Teilen der Bevölkerung die Überzeugung genährt, dass sie durch das politische System und seine Akteure nicht mehr repräsentiert werden. Der Ablösungsprozess zwischen Regierenden und Regierten manifestierte sich nun in den Präsidentschafts- und Parlamentswahlen – um mit Gramsci (2002: 1577) zu sprechen – an jenem historischen Punkt, an dem sich „die gesellschaftlichen Gruppen von ihren traditionellen Parteien" lösen, da diese „von ihrer Klasse oder Klassenfraktion nicht mehr als ihr Ausdruck anerkannt" werden. Ein solcher Prozess bringt eine Übergangssituation hervor, ein Kampffeld, in dem um die Neugestaltung der politischen Ordnung gerungen wird.

Das Ende des Zweiparteiensystems, wie wir es kennen

Die Wahlergebnisse der Präsidentschafts- und Parlamentswahlen sind daher Ausdruck eines tiefen Misstrauens gegenüber dem politischen System und seinen Repräsentanten. Dafür spricht in erster Linie die historisch niedrige Wahlbeteiligung. In der zweiten Runde der Präsidentschaftswahlen blieben mit rund 25 Prozent (22% in der ersten Runde) so viele Menschen wie seit 1969 nicht mehr zu Hause. Bei den Parlamentswahlen verweigerten mit 51 Prozent in der ersten und 57 Prozent in der zweiten Runde so viele Menschen wie noch nie eine Stimmenabgabe.

Zugleich spiegelte sich das tiefe Misstrauen gegenüber den etablierten politischen Akteuren in den Wahlergebnissen. Für die beiden traditionellen Großparteien endeten beide Wahlen in einem Desaster. Die Konservativen verfehlten nicht nur die Stichwahl bei den Präsidentschaftswahlen, sondern verloren zudem fast die Hälfte ihrer Parlamentsfraktion in der Nationalversammlung. Nur die Sozialdemokratie verlor mehr Mandate. Umfasste die sozialdemokratische Fraktion aus PS und anderen sozialdemokratischen Parteien 2012 noch 331 Abgeordnete, so schrumpfte sie nun um mehr als 90 Prozent auf 32 Mandate. Das Ergebnis wirft die Frage nach der Zukunft der ehemaligen Volkspartei auf, auch weil mit dem Wahldesaster ein Großteil der staatlichen Parteienfinanzierung weggebrochen ist.

Dagegen konstituierten sich auf dem neu geschaffenen Kampffeld drei Akteure, die sich von den traditionellen Parteien abgrenzten und sich selbst als Außenseiter inszenierten. Neben Le Pen bzw. dem FN waren dies Macron und Mélenchon, die von dem Niedergang der traditionellen Parteien profitierten. Beide Kandidaten gründeten ihre Erfolge auf einer neuartigen Wahlformation, die organisatorisch auf sie als Anführer zugeschnitten war, zugleich jedoch eine stärkere Mitgliederbeteiligung erlaubte. Diese neue Form der „Bewegungspartei" ermöglichte, dass sich sowohl Mélenchon als auch Macron glaubhaft von den etablierten politischen Strukturen abgrenzen und jenseits der klassischen Parteienmobilisierung eine Vielzahl an WählerInnen ansprechen konnten.

Der linke Kandidat Mélenchon und seine Bewegungspartei LFI bedienten sich dabei eines moralischen Diskurses und markierten eine Frontstellung zwischen dem „Volk" und der „präsidentiellen Monarchie" der politischen Eliten. In Verbindung mit der sozialen Frage intervenierte LFI dabei effektiv in den Wahlkampf und konnte derart einen „Dritten Pol" (Candeias/Brie 2016) neben Macron und Le Pen sichtbar machen. Die Forderung nach einer Neugründung des politischen Systems ging mit einer strategischen Bündnispolitik einher. LFI grenzte sich auch deutlich von der etablierten parlamentarischen Linken aus Grünen, PS und Kommunistischer Partei ab. Die zugleich offene und partizipative Wahlkampfstrategie abseits der klassischen Parteienmobilisierung sprach eine Vielzahl von WählerInnen jenseits des traditionellen linken Spektrums an. So konnte Mélenchon bei den Präsidentschaftswahlen sowohl bei jungen und migrantischen WählerInnen punkten als auch bei ArbeiterInnen, Armen und Angestellten (IPSOS 2017: 5, 9). Ein ähnliches Bild zeigte sich bei den Parlamentswahlen, bei denen LFI 17 Mandate erringen und somit eine eigene Fraktion bilden konnte.

Ähnlich wie Mélenchon distanzierte sich auch Macron von den etablierten politischen Strukturen. Anders als jener bediente sich Macron aber weniger eines moralischen als eines technokratischen Diskurses der Überparteilichkeit. So wurde von „En Marche" die Lösung zentraler ökonomischer und politischer Probleme abseits ideologischer Auseinandersetzungen betont. Macron selbst inszenierte sich dabei als Reformer und politischer Quereinsteiger, der über den Parteien steht. Die LREM-KandidatInnen für die Parlamentswahlen wurden in einem offenen Bewerbungsverfahren von einer Jury ausgewählt und hatten entweder nur wenig politische Erfahrung oder kamen aus dem Lager der Konservativen bzw. Sozialdemokraten. Zugleich entstammt ein Großteil der vorher nicht politisch aktiven Abgeordneten aus der Wirtschaft. So finden sich in der LERM-Fraktion zahlreiche UnternehmerInnen, leitende Angestellte von Banken und Versicherungen, JuristInnen und MedizinerInnen[3]. Ein ähnliches Bild zeigt

---

3 So zog etwa als prominentestes Beispiel der Unternehmer und Fernsehmoderator

sich in der neuen Regierung, in der u.a. mit Muriel Pénicaud die ehemalige Vorstandsvorsitzende der Unternehmensberatung „Business France" als Sozialministerin sitzt.

Die Geschwindigkeit des Aufstiegs von Macron und seiner Bewegung sowie die parteiübergreifende Unterstützung[4], bei zeitgleicher Auflösung der Sozialdemokratie, verdeutlichen die Tiefe der organischen Krisen. Hier zeigt sich der Versuch der „traditionell führenden Klassen", die Kontrolle über die Situation wiederzugewinnen, die im Begriff war, „ihr mit größerer Geschwindigkeit zu entgleiten" (Gramsci 2012: 1578). Dazu werden nicht nur „Menschen und Programme" ausgetauscht, sondern zugleich findet ein Prozess statt, in dem die „Truppen vieler Parteien unter die Fahne einer einzigen Partei" wechseln; ein „Prozess der Verschmelzung einer ganzen gesellschaftlichen Gruppe unter einer einzigen Führung [...], die als einzige für fähig gehalten wird, ein existentiell dominantes Problem zu lösen und eine tödliche Gefahr abzuwenden" (ebd.).

Bruno Bonnell, Mitgründer des französischen Computerspieleherstellers Attari Games, für LREM ins Parlament ein. Insgesamt gehören zur LREM-Fraktion 148 leitende Angestellte (*cadres*), 60 Selbstständige (*professions libérales*) und 34 Unternehmensleiter (*chefs d'entreprise*). Unter den Abgeordneten von LREM finden sich, wie im gesamten Parlament, keine Arbeiter (*ouvrier*). Vgl. *Liberation*, 20.6.2017.

[4] In dem breiten Unterstützerkreis findet sich neben zahlreichen sozialdemokratischen Funktionären u.a. auch der ehemalige Sekretär der KPF, Robert Hue, der Grüne Daniel Cohn-Bendit, der Vorsitzende der liberalen Partei MoDem, François Bayrou, oder der ehemalige Sekretär der LR, Jean-Baptiste Lemoyne.

Die Herauslösung zahlreicher Funktionäre aus der PS und das Überwechseln prominenter Mitglieder aus anderen Parteien zu „En Marche!" lassen daher erahnen, dass eine Revitalisierung des Zweiparteiensystems – wie wir es kennen – mittelfristig nicht zu erwarten ist. Zum einen, weil die PS nach den Präsidentschafts- und Parlamentswahlen vor ihrer Auflösung steht. Der deutliche Wegfall staatlicher Wahlkampffinanzierung trifft die Partei hart und wird mittelfristig zu einem massiven Abbau von Organisationsstrukturen führen. Zugleich haben mittlerweile zahlreiche Mitglieder die Partei verlassen, darunter auch prominente Funktionäre wie der PS-Präsidentschaftskandidat Benoît Hamon und der ehemaligen Premierminister Manuel Valls.

Zum anderen weil auch die konservative LR stark angeschlagen ist und unmittelbar vor der Spaltung steht. Die beiden dominanten Parteiflügel sehen sich nach den enttäuschenden Wahlergebnissen zunehmend in einem Konflikt: Während der rechte Parteiflügel um den ehemaligen Hochschulminister Laurent Wauquiez das konservative Profil der Partei schärfen und wahltaktisch auch Bündnisse mit dem FN eingehen möchte, strebt der gemäßigte Flügel um Jean-Pierre Raffarin und Christian Estrosi eher eine Ansprache breiter Wählergruppen und ein politisches Wirken ins liberale Lager hinein an. Der parteiinterne Kampf wird dadurch befeuert, dass sich immer mehr gemäßigte Konservative zur liberalen Bewegung „En Marché!" bekennen. Zugleich sind zahlreiche prominente Gesichter zu Macron übergelaufen. Neben Édouard Philippe (Premierminister) und Bruno Le Maire (Wirtschaftsminister) besetzen zwei einflussreiche LR-Mitglieder wichtige Posten in der Regierung von Macron. Diese Entwicklung befördert die Spaltungslinien in LR und stellt die Partei vor eine Zerreißprobe. Die Anziehungskraft, welche von

„En Marche!" auch auf die konservative Partei ausstrahlt, droht die Konservativen mittelfristig zu zerlegen. Erste Anzeichen einer Spaltung zeigten sich schon kurz nach der Parlamentswahl Ende Juni, als sich die konservative Fraktion in der *Assemblée nationale* an dieser Frage entzweite[5]. Ein Zerbrechen der Partei würde daher mit hoher Wahrscheinlichkeit dazu führen, dass der konservative Flügel eine Neukonstitution der französischen Rechten anstrebt, unter Einbeziehung zumindest von Teilen des FN. Demgegenüber wird sich der größere, gemäßigte Flügel „En Marche!" anschließen. Damit wäre dann der Prozess abgeschlossen, der „En Marche!" zu jener Partei hat werden lassen, „welche die Bedürfnisse der Gesamtklasse besser vertritt und zusammenfasst" (Gramsci 2012: 1578).

Wie weiter?

Mit Macron wurde ein Verfechter des „Dritten Weges" zum neuen französischen Staatspräsidenten gewählt (Syrovatka 2017). Sein Regierungsprogramm ist inspiriert von den Ideen Anthony Giddens' (2001: 43) und durchzogen von dem Gedanken, dass „die Unternehmen [...] und [...] privates Kapital von entscheidender Bedeutung für Sozialinvestitionen" sind. Damit steht Macron programmatisch in einer Kontinuität zu Tony Blair und Gerhard Schröder. Es scheint daher fraglich, ob der neue Präsident in der Lage sein wird, die verschiedenen Krisen zu überwinden. Vielmehr ist zu befürchten, dass er die Angebotspolitik der letzten dreißig Jahre weiter verfolgen und radikalisieren wird.

Darauf deutet nicht zuletzt das zentrale Reformvorhaben der Macron-Administration hin. So wird mit großer Wahrscheinlichkeit bei Erscheinen dieses Artikels die im Wahlkampf angekündigte Arbeitsrechtsreform bereits umgesetzt sein. Es ist eine Kampfansage an die Gewerkschaften, deren Einfluss Macron mit allen Mitteln zurückdrängen will. Mit der vierten Arbeitsmarktreform in drei Jahren zielt Macron auf eine weitere Dezentralisierung der Tarifpolitik und einer vollständigen Aufhebung des bereits durch das Loi El Khomri geschleiften Günstigkeitsprinzip[6] bei Lohnverhandlungen. Zudem sehen die bereits veröffentlichten Punkte eine weitere Lockerung des Kündigungsschutzes, die Einführung einer neuen Form des befristeten Arbeitsvertrages, die Deckelung von Abfindungen sowie die Zusammenlegung der drei betrieblichen Arbeitnehmervertretungen vor[7]. Viele der Vorschläge knüpfen an vergangene Arbeitsmarkreformen an und weisen dabei große Überschneidungen mit den Politikempfehlungen des größten französischen Arbeitgeberverbandes MEDEF auf, mit dem Macron schon in seiner Zeit als Wirtschaftsminister und Präsidentschaftsberater eng zusammengearbeitet hatte (Syrovatka 2016: 172ff.). Der Vorsitzende von MEDEF, Pierre Gattaz, beurteilte daher auch den Ausgang der beiden Wahlen positiv als „historische Verschiebung" und „einmalige Gelegenheit für Reformen"[8].

Zur Durchsetzung seiner Reformpläne wird sich Macron auch autoritärer

---

5   Eine Gruppe von 35 Abgeordneten hat mit der „Groupe les Constructifs" eine eigene konservative Fraktion gegründet, welche die Regierungspolitik von Macron unterstützt.

6   Betriebliche Vereinbarungen können Branchentarifverträge unterlaufen, auch wenn sie weniger günstige Bedingungen für die ArbeitnehmerInnen bieten.

7   *Liberation*, 6.7.2017.

8   *Le Monde*, 17.6.2017.

Frankreich nach den Wahlen

Mittel bedienen. So hatte er bereits vor seiner Wahl angekündigt, seine geplanten Arbeitsmarktreformen per Dekret durchzusetzen. Damit umgeht er – trotz komfortabler Parlamentsmehrheit – das normale Gesetzgebungsverfahren, das eine zweifache Lesung sowohl im Parlament als auch im Senat vorsieht. Ziel ist, den Gesetzgebungsprozess zu beschleunigen und die Arbeitsmarktreformen binnen drei Monaten umzusetzen. Damit nutzt Macron ein weiteres Mal, nach dem Loi Macron 2015 und dem Loi El Khomri 2017, einen autoritären Politikmodus, um den Abbau von Arbeitnehmerrechten durchzusetzen (Syrovatka 2016; 2017).

Fazit

Die Präsidentschafts- und Parlamentswahlen haben gezeigt, dass die politische Situation in Frankreich instabil und höchst volatil ist[9]. Zwar kann sich Macron auf eine stabile Parlamentsmehrheit stützen, jedoch beruht diese aufgrund der schlechten Wahlbeteiligung auf einem enormen Legitimationsdefizit. Eine autoritäre Durchsetzung angebotspolitischer Reformen, wie sie u.a. in der Arbeitsmarktpolitik geplant sind, wird die Legitimationskrise daher weiter vertiefen.

Frankreich befindet sich in einer gefährlichen Situation. Eine Ausweitung des „Prinzips des sich selbst regulierenden Marktes" durch die geplanten neoliberalen Reformen wird die Krisendynamiken in Frankreich weiter vertiefen und ein Erstarken des autoritären Populismus begünstigen. Bei einer Spaltung der Konservativen besteht die Gefahr einer Neuformierung der Rechten durch einen Zusammenschluss der konservativen Rechten und des FN. Die Unterstützung für Le Pen durch den Rechtskonservativen Nicolas Dupont-Aignan in der zweiten Runde der Präsidentschaftswahl könnte dabei eine Vorbildfunktion haben. Der nach den Präsidentschaftswahlen aufgebrochene Richtungsstreit und das weniger starke Ergebnis bei den Parlamentswahlen können zugleich nicht darüber hinwegtäuschen, dass der FN seit 2011 zu einer „aktiven politisch-ideologischen Kraft" (Hall 2014: 104) geworden ist. In der Form seiner politisch-strategischen Praxis konnte er ein Projekt artikulieren, das über das klassische rechtsradikale Spektrum hinaus Anziehungskraft entfaltet. Dafür sprechen nicht nur der Einzug von Le Pen in die zweite Runde der Präsidentschaftswahlen und der Gewinn von acht Mandaten in der Nationalversammlung, sondern auch die mediale Präsenz und die politische Akzeptanz der Partei. Eine Vereinigung mit dem rechten Flügel der Konservativen könnte daher die politische Landkarte in Frankreich erneut grundlegend verändern und zu einer Neuformierung der Rechten wesentlich beitragen.

Durch die verschiedenen Krisendynamiken ist ein Kampffeld um die politische Gestaltung des Landes entstanden. Diese historische Situation bietet deshalb auch eine Chance für die Revitalisierung der Linken. Die Wahlen haben gezeigt, dass die Möglichkeit der Konstitution einer popularen Linken besteht. Mit siebzehn Abgeordneten und einer eigenen Parlamentsfraktion verfügt LFI über eine komfortable Ausgangsposition für eine Konsolidierung und Neuformierung der Linken. Die Krise der Kommunistischen Partei und die Pulverisierung der Sozialdemokratie bietet der Linken nun die einmalige Chance, sich grundlegend zu

---

9 So stürzte Macron zuletzt in Umfragen deutlich ab und büßte deutlich an Zustimmung ein.

erneuern und ein gegenhegemoniales Projekt zu entwickeln. Dabei wird es vor allem darauf ankommen, stabile und belastbare Strukturen zu schaffen, die über eine reine WählerInnenmobilisierung hinausgehen[10]. Die Aktivierung der gesellschaftlichen Linken muss in einer lokal verankerten Organisationsstruktur verstetigt werden. Nur dann hat die französische Linke die Möglichkeit, den marktliberalen Reformen von Macron ebenso wie einer revitalisierten Rechten etwas entgegenzusetzen. Die sieben Millionen WählerInnenstimmen für Mélenchon bei den Präsidentschaftswahlen sind dabei Verpflichtung und Verantwortung zugleich.

Literatur

Andolfatto, Dominique u.a. (2016): *Le Front national et les ouvriers*. Paris.

Bourdieu, Pierre (2004): *Der Staatsadel*. Konstanz.

Candeias, Mario/Brie, Michael (2016): Rückkehr der Hoffnung. Für eine offensive Doppelstrategie. URL: http://www.zeitschrift-luxemburg.de/rueckkehr-der-hoffnung-fuer-eine-offensive-doppelstrategie/, Zugriff: 20.6.2017.

Charle, Christophe (2017): Élites politiques et enseignement supérieur. Sociologie historique d'un divorce et d'un échec (1968-2012). In: *Pouvoirs*, Nr. 161: 31-50.

Dörre, Klaus u.a. (2017): Zeitenwende oder: Zeit für eine Wende der Linken. In: *Blätter für deutsche und internationale Politik*, Nr. 4: 97-103.

Giddens, Anthony (2001): *Die Frage der sozialen Ungleichheit*, Frankfurt/M.

Gombin, Joël (2015): Le changement dans la continuité géographies électorales du Front National depuis 1992. In: *Les faux-semblants du Front national*. Paris: 395-416.

Gramsci, Antonio (2012): Gefängnishefte. Hamburg.

Hall, Stuart (2014): *Populismus, Hegemonie, Globalisierung* (Ausgewählte Schriften, Bd. 5). Hamburg.

IPSOS (2017): 2nd tour sociologie des électorats et profil des abstentionnistes. Paris.

Martin, Pierre (2017): „Un séisme politique". L'élection présidentielle de 2017. In: *Commentaire*, Nr. 158: 249-264.

Nachtwey, Oliver (2016): Die Abstiegsgesellschaft. Berlin.

Oberndorfer, Lukas (2016): Europa und Frankreich im Ausnahmezustand. In: PROKLA 46(4): 561-581.

Poulantzas, Nicos (1978): Staatstheorie. Hamburg 2002.

Schmidt, Vivien (2002): The Futures of European Capitalism. Oxford.

Syrovatka, Felix (2015): Der Aufstieg der Madame Le Pen. In: PROKLA 45(3): 387-409.

– (2016): *Die Reformpolitik Frankreichs in der Krise*, Wiesbaden.

– (2017): Die Rückkehr der Modernisten. URL: https://www.rosalux.de/publikation/id/14624/die-rueckkehr-der-modernisten/, Zugriff: 20.6.2017.

Vail, Mark (2010): Recasting Welfare Capitalism. Economic Adjustment in Contemporary France and Germany. Philadelphia.

---

10 Sie dazu die Kritik von Philippe Corcuff am Modell der „Bewegungspartei" in *Liberation*, 29.6.2017.

SUMMARIES PROKLA 188, Vol. 47 (2017), No. 3

Silke van Dyk: Crisis of Facts? On Truth and Falsehood in Politics and the Challenges for Social Criticism. Trump's electoral victory, Brexit, the emergence of the AfD or the strength of right-wing politics in France and Austria indicate a new era of the political in which neoliberal hegemony is being increasingly challenged from the right. The current shift to the far right goes hand in hand with a new quantity and quality of lies and falsehoods. Consequently, many commentators have diagnosed the emergence of a 'post truth society'. Beginning with an overview of this debate, this article assesses the 'post truth' diagnosis and challenges not only the new dimension of lies but also the truth claims of critics. The article argues that we will not be able to understand the characteristics and perils of the post truth society if we do not address the anti-pluralist and elitist neoliberal technocracy of the recent past. The critique of the liberal critique of Trump & Co. raises the question of what an emancipatory social criticism of far-right falsehoods might look like that does not reaffirm liberal dominance on one side and the resurgence of powerful positivist truth claims on the other.

Tilman Reitz: Critique as Ideology. On the Self-Reflection and Institutional Role of the Academic Left. This contribution discusses recent debates on the adequate form of 'critique' with a meta-critical intention. Since the partisans of academic critique typically fail to account for the effects of their own institutional embeddedness, their methodological reflections neutralize oppositional demands and turn political struggle into a scholastic exercise. In an extension of this analysis, the article aims to show how the academic class over-estimates its potential for bringing about liberating political change, how it falsely generalizes its own conditions of existence, and how it really contributes to the justification of capitalist power structures. The suspicion that recent populist attacks on the 'elite' have a fundament in progressive-liberal coalitions thus finds support in the practice of progressive discourse.

Alex Demirović: Social criticism and Justice. Political parties and social movements activists refere to the notion of justice as founding principle of critism. Demirović argues that the norm of justice is not able to motivate criticism and action. The norm of justice plays an important role in professional moral philosophy as is the case in the approaches of Martha Nussbaum or John Rawls. The offer arguments for their claims to give people and states a moral perspective. But the claim of universality that is inherent in moral discourses, always fail. The implication is that people who expect moral philosophy to be an advising knowledge become disappointed and perplexed. This is confirmed by the outcome of empirical research on justice among workers. To explain the dilemma of justice – claiming for universality and being particularistic and part of historical state form – the article takes up arguments developed by Marx and Horkheimer on justice as an ideological form.

Emma Dowling, Silke van Dyk & Stefanie Graefe: On Class Politics, the New Right and the Failures of Identity Politics - a Critical Commentary. How to explain the relative success of the AfD in Germany, the presidential election of Donald Trump in the USA, the Brexit vote or the popularity of the Right in France and elsewhere in Europe? Moreover, why did the Left not see this authoritarian turn coming? One prominent suggestion has been that the Left abandoned the white working class, thereby becoming the inadvertent midwife of a right-wing resurgence. Significant blame for this is in turn apportioned to the emergence of 'identity politics'. In this essay, the authors take issue with this line of argumentation and criticise some of the implicit assumptions they consider problematic in current debates on the Left regarding the relationship between gender, race, class and emancipatory politics. They argue that struggles against both neoliberalism and the New Right require intersectional analyses of contemporary global class relations that do not abandon the important achievements and insights of new and newest social movements.

Michael Heinrich: 150 years of „Capital" - and No End. Some Remarks on an Infinite Story. This article discusses the conditions of a paradoxical reception of Marx's 'Capital', which rests on a distorted classification of Marx's critique of classical political economy as a last representative of this school. This article reveals some examples of an implicit critique in Marx's arguments and discusses the question of what was really new in Marx's theory of value and capital. Furthermore, the article presents some stereotypical examples of contemporary critiques of Marx and in conclusion sketches the unfinished state of 'Capital' and what we can expect from forthcoming publications in MEGA.

Lukas Egger: That "terrible first section". On Louis Althusser's Critique of the Marxian Theory of Value. This paper reconstructs Louis Althusser's criticism of the first section of Capital and the notion of fetishism. It argues that Marx's theory of value is not properly conceivable on the basis of Althusser's theory of science. Therefore, his rejection of value form analysis and the concept of economic mystification is a logical consequence of his epistemological positions.

Hans-Peter Büttner: Critique of Political Economy in the 21st Century. A Comment on the Recent Debates Regarding the Marxian "Transformation Problem". While the majority of the scientific community holds Marxian Value and Price Theory to be internally inconsistent because of the so-called "transformation problem", these claims can be sufficiently refuted. The key to the solution of the "transformation problem" is quite simple, so this contribution, because it requires the rejection of simultanism and physicalism, which represent the genuine method of neoclassical economics, a method that is completely incompatible with Marxian Critique of Political Economy. Outside of the iron cage of neoclassical equilibrium economics, Marxian 'Capital' can be reconstructed without neoclassical "pathologies" and offers us a whole new world of analytical tools for a critical theory of capitalist societies and its dynamics.

Andrea Kretschmann/Aldo Legnaro: States of Exception: Towards a Sociology of a Societal Condition. A state of exception seems to be ubiquitous in our days. However, a distinction should be made between the legal form (state of exception in the first order) and the exceptionality of everyday control techniques (state of exception in the second order). An awareness of these varieties of states of exception allows for an analysis of mutual influences and their respective political functionality as a hinge between modern crises and the management of these crises.

Daniel Mullis: The End of Post-democracy, Overcoming Pessimism. In recent years, political and social conditions have changed dramatically. Many analyses help to capture these dynamics. However, they produce political pessimism: on the one hand there is the image of regression and on the other, a direct link is made between socio-economic decline and the rise of the far-right. To counter these aspects, this article argues that current political events are to be understood less as 'regression' but rather as a moment of movement and the return of deep political struggles. Referring to Jacques Rancière's political thought, the current conditions can be captured as the 'end of post-democracy'. This approach changes the perspective on current social dynamics in a productive way. It allows for an emphasis on movement and the recognition of the windows of opportunity for emancipatory struggles.

Felix Syrovatka: The End of the French Political System. How We knew It. The presidential and parliamentary elections were a political earthquake for the French political system. While the two big parties experienced massive losses of political support, the rise of new political formations took place. Emmanuel Macron is not only the youngest president of the V. Republic so far, he is also the first president not to be supported by either one of the two biggest parties. This article argues that the election results are an expression of a deep crisis of representation in France that is rooted in the economic transformations of the 1970s. The article analyses the political situation after the elections and tries to give an outlook on further political developments in France.

AutorInnen

Hans-Peter Büttner ist Dozent in der Erwachsenenbildung, arbeitet für verschiedene Bildungszentren und ist wissenschaftlicher Beirat von „Kritiknetz – Zeitschrift für Kritische Theorie der Gesellschaft", hp-buettner@web.de.

Alex Demirović ist PROKLA-Redakteur, demirovic@em.uni-frankfurt.de.

Emma Dowling ist wissenschaftliche Mitarbeiterin am Arbeitsbereich Politische Soziologie, Institut für Soziologie, Friedrich-Schiller-Universität Jena.

Silke van Dyk lehrt politische Soziologie an der Friedrich-Schiller-Universität Jena.

Lukas Egger ist Politikwissenschaftler und promoviert derzeit am Institut für Politikwissenschaft in Wien.

Stefanie Graefe ist Privatdozentin für Soziologie an der Friedrich-Schiller-Universität Jena und Mitglied der PROKLA-Redaktion.

Michael Heinrich ist Politikwissenschaftler in Berlin, Mitglied im Beirat der PROKLA-Redaktion.

Andrea Kretschmann ist wissenschaftliche Mitarbeiterin am Centre Marc Bloch, An-Institut der Humboldt-Universität zu Berlin, kretschmann@cmb.hu-berlin.de.

Aldo Legnaro ist freier Sozialwissenschaftler, a.legnaro@t-online.de

Daniel Mullis ist Mitarbeiter am Leibniz-Institut Hessische Stiftung Friedens- und Konfliktforschung und engagiert bei ein Recht auf Stadt.

Tilman Reitz lehrt Wissenssoziologie und Gesellschaftstheorie am Institut für Soziologie der Friedrich-Schiller-Universität Jena.

Felix Syrovatka promoviert an der Eberhard-Karls-Universität Tübingen zur Europäischen Arbeitsmarktpolitik und ist Redaktionsmitglied der PROKLA, felix.syrovatka@fu-berlin.de.

Gerechtigkeit im Treibhaus

Einzelheft 10 €
Im Abo 6,55/5,10 €

9'17

Blätter für deutsche und internationale Politik

USA versus China:
Der unausweichliche Krieg?
Chas W. Freeman

Flucht ohne Grenzen
Micha Brumlik

Fake News oder die Rache der Realität
Naomi Klein

Schicksalsfrage Feminismus
Mithu M. Sanyal

Die Vergötzung des Marktes
Joseph Vogl

Gerechtigkeit im Treibhaus
Wolfgang Sachs

EU: Die verschleppte Krise
Frank Bsirske und Klaus Busch

Die Facebook-Utopie
Roberto Simanowski

www.blaetter.de/kennenlernen